GUIDO MATTIOLI

PREFAZIONE DI
PIERLUIGI ROMEO DI COLLOREDO

L'AVIAZIONE LEGIONARIA IN SPAGNA

VOLUME 2

SOLDIERSHOP PUBLISHING

ITALIA STORICA

ISBN: 978-88-9327-5767 1A EDIZIONE : Maggio 2020
Titolo: **L'aviazione legionaria in Spagna - Vol. 2** (ISE-052) Di Guido Mattioli
Pubblicato da LUCA CRISTINI EDITORE . Cover & Art design: L. S. Cristini
Prima edizione a cura di ASSOCIAZIONE ITALIA STORICA - Genova

L'AVIAZIONE LEGIONARIA, IERI E OGGI

DI PIERLUIGI ROMEO DI COLLOREDO

Il volume del Mattioli che qui viene ripresentato è allo stesso tempo un documento dell'epoca in cui venne scritto, ed una lettura ancor oggi illuminante.

Del documento ha il pregio dell'immediatezza e del rapporto diretto intercorso tra l'autore e i fatti ed i protagonisti, senza mediazioni, la conoscenza diretta non filtrata dal tempo né nata indirettamente dallo studio dei documenti, ma dai colloqui con protagonisti, come Adriano Mantelli, Ernesto Botto, il leggendario comandante della Squadriglia *Gamba di Ferro*, che prendeva nome dalla mutilazione del suo comandante, o Giuseppe Cenni, leggendario cacciatore d'assalto, che morirà abbattuto dagli Alleati con il suo *Stuka* sullo Stretto di Messina, quando già era stata firmata la resa di Cassibile, vittima non tanto e non solo del nemico ma del fumo negli occhi degli alleati tedeschi per il badogliano *la guerra continua*.

L'apparato iconografico è davvero notevole, con decine di fotografie irreperibili altrove.

Alcuni elementi legati all'epoca in cui il Mattioli pubblicò la seconda edizione del suo libro, nel 1940 (la prima è del 1938, a Guerra Civile Spagnola in corso) sono specchio dell'epoca: la ripetuta esaltazione della figura di Ettore Muti, non tanto per il valorosissimo comportamento in Spagna che valse al gerarca ed aviatore romagnolo una meritatissima Medaglia d'Oro al Valor Militare, o per il suo ruolo come referente politico di Galeazzo Ciano - e nei suoi rapporti Muti rivela un acume politico ben diverso dai luoghi comuni su di lui - quanto piuttosto per la sua carica di Segretario Nazionale del Partito Nazionale Fascista, che ricopriva dal 28 ottobre 1939, o, ancora la retorica tipica dell'epoca di talune descrizioni e il tono agiografico.

Non che in ciò non ci sia molto di vero: la Guerra Civile Spagnola segna il punto più alto raggiunto dall'Aviazione militare italiana in tutta la sua storia: non si può discutere che in quegli anni fosse la migliore del mondo, non come purtroppo si pensò, per il materiale, ma per l'addestramento e la capacità combattiva degli uomini, superiori ad avversari ed alleati, spagnoli e germanici.

L'Italia, oltre ad ingenti quantitativi di materiale aeronautico e logistico, inviò in Spagna circa 6.000 uomini della Regia Aeronautica tra aviatori, specialisti ed avieri, 763 aeroplani (tra cui 418 caccia, 180 bombardieri e 112 tra ricognitori-assaltatori, addestratori e idrovolanti).

L'Aviazione Legionaria fu, come detto, ma va ripetuto, la migliore aviazione delle due parti in lotta.

I piloti italiani abbatterono 903 aerei avversari in combattimento (tra i quali 242 I-16, 240 I-5, 48 SB-2 e 14 *Potez* 540[1]).

L'Aviazione Legionaria perse a sua volta 147 velivoli, di cui 68 in combattimento, 21 per contraerea, 7 distrutti al suolo, 3 CR32 catturati per un errore di rotta, gli altri apparecchi andarono perduti per incidente[2]. I piloti italiani decorati di Medaglia d'oro in Spagna furono 54, oltre a due medaglie conferite all'asso nazionalista maggiore Juan Garcia Morato ed al capitano Carlos Haya Gonzales.

Gli assi furono:

Mario Bonzano	con 15 vittorie	
Adriano Mantelli	12	
Corrado Ricci	10	

---

[1] C. Shores, *Spanish Civil War Air Forces*, Oxford 1977, p.50. Sono esclusi dal computo gli aerei abbattuti dalla contrarerea o distrutti al suolo.

[2] F. Pederiali, *Guerra di Spagna e Aviazione Italiana*, Pinerolo 1989, p.372.

Guido Nobili   10
Carlo Romagnoli   9
Giuseppe Cenni   6
Granco Lucchini   5
Enrico degli Incerti   5

dei quali il lettore troverà gli *exploits* narrati mirabilmente nel volume del Mattioli.

Nel corso della guerra di Spagna, i piloti italiani totalizzarono 135.265 ore di volo, compiendo 5.318 azioni di bombardamento, nel corso delle quali vennero sganciate 11.524 tonnellate di bombe e spezzoni[3] .

Tutto ciò improvvisamente, e grottescamente, è tornato d'attualità perché in talune località italiane, grazie alla collaborazione con l'associazione antifascista *AltraItalia* di Barcellona, è stato accolto l'invito del *Memorial Democràtic* della *Generalitat de Catalunya*, che aveva realizzato la Mostra "Catalogna Bombardata" in occasione del 75° anniversario dei bombardamenti fascisti sulla popolazione civile catalana, a esporre tale mostra di stampo propagandistico anche nelle città italiane. Naturalmente all'iniziativa si sono precipitati ad aderire con entusiasmo l'AICVAS (*Associazione Italiana Combattenti Volontari Antifascisti* [stalinisti] di Spagna) e numerose altre sigle come le immancabili ANPI, ANED, *Centro Filippo Buonarroti* e *Logos*, che sono entrate a far parte del suo comitato promotore nazionale. La mostra itinerante ha già fatto tappa in alcune città del Nord. Secondo la presentazione, durante la 2a Repubblica *sarebbe nata l'esperienza democratica più rilevante nella storia della Spagna e - dopo la Rivoluzione d'Ottobre - il punto più alto raggiunto dalle classi lavoratrici per la propria emancipazione*, mentre i bombardamenti iniziati il 30 ottobre 1936 su Barcellona e sulla Catalogna andrebbero considerati come *i primi di carattere terroristico contro i civili di una grande città militarmente indifesa*. Lo scopo della mostra - come ha scritto il 30 aprile 2015 un tale Patrizio Rigobon dell'Università di Ca' Foscari di Venezia - è *suscitare una seria riflessione critica tra i cittadini e i politici del nostro paese*.
In questo senso egli ha ricordato la querela *per crimini di guerra e lesa umanità* presentata dalla suddetta associazione *AltraItalia* e accettata il 22 gennaio 2013 dall'*Audiencia Provincial de Barcelona* contro gli autori materiali e i responsabili di tali bombardamenti, che ha dato luogo all'interrogatorio dell'ex aviatore ultracentenario Luigi Gnecchi. Si auspica indirettamente che il governo italiano segua l'esempio del presidente tedesco Herzog, che nel 1997 presentò le scuse della Germania agli abitanti di Guernica e riconobbe la "colpa" degli aviatori tedeschi della *Legion Condor* nel bombardamento della cittadina, dopo di che il *Bundestag* stanziò 3 milioni di marchi per la realizzazione in essa di un centro sportivo e decise di vietare l'assegnazione di onorificenze in memoria dei membri della Legione Condor. Dal canto nostro, auspicheremmo - pio desiderio - un'analoga querela contro i piloti americani e inglesi ancora vivi, responsabili della morte di almeno 60.000 civili in Italia, nonché le relative scuse dei governi statunitense e britannico. Ma naturalmente non capiterà, né Paesi seri permetterebbero simili carnevalate macabre, ed è anche chiaro il non tanto celato scopo del governo catalano, in caso di indipendenza, di bussare a quattrini nei confronti del governo italiano.
Ovviamente non potevano mancare i nazisti cattivi, sempre attuali, a torto o ragione: basti ricordare le attualissime polemiche e le reazioni isteriche del presidente del Consiglio e di quella della Camera per la distribuzione in edicola della ristampa dell'edizione italiana del *Mein Kampf* hitleriano della Bombiani uscita nel 1934, allegata ad un quotidiano milanese.
E qui gli *antifascisti*, essendo fondamentalmente ignoranti e parlando di cose che non

---

[3] Pierluigi Romeo di Colloredo, *Le Camicie Nere in Spagna 1936- 1939*, Genova 2012, pp. 41 segg.

conoscono se non tramite la propria propaganda autoreferenziale, hanno persa una buona occasione, e se permettono gliela suggeriremo noi.

La Germania nazista fornì alla Spagna di Franco 542 velivoli (di cui 246 caccia, 189 bombardieri e 107 tra trasporti ricognitori e idrovolanti) che andarono a formare la *Legion Condor* nella quale militarono numerosi di piloti e specialisti della *Lutfwaffe* oltre a personale di artiglieria e dei corazzati.

I 16.000 tedeschi della *Condor* diedero complessivamente una buona prova di sé, pur senza raggiungere il risultato degli italiani L'aviazione tedesca, da poco ricostituita da Göring dopo il diktat di Versailles, non aveva raggiunto ancora i livelli addestrativi degli anni successivi, come si vide a Guernica nel 1937. Nel corso delle incursioni sulla cittadina basca l'Aviazione Legionaria colpì l'obbiettivo assegnato, il ponte di Guernica, mentre i piloti tedeschi, forse impediti nella mira dal fumo, gettarono le bombe a caso, creando gravi danni poi enfatizzati dalla propaganda repubblicana, che inventò migliaia di morti che non ci furono mai (se ne ebbero al massimo duecento) e accusò i tedeschi di un bombardamento terroristico contro i civili, che i tedeschi, a differenza degli italiani su Barcellona, non si erano mai sognati di fare.

Scrive Galeazzo Ciano nel proprio diario il 20 marzo 1938:

[...] La verità sui bombardamenti di Barcellona è che li ha ordinati Mussolini a Valle [sottosegretario all'Aeronautica], alla camera, pochi minuti prima di pronunciare il discorso per l'Austria [il 16 marzo]. Franco non ne sapeva niente e ha chiesto di sospenderli. Mussolini pensa che questi bombardamenti siano ottimi per piegare il morale dei rossi, mentre le truppe avanzano in Aragona. Ed ha ragione. Quando l'ho informato del passo di Perth [sir Eric Drummond, lord Perth, ambasciatore britannico a Roma, aveva chiesto la sospensione dei bombardamenti], non se ne è molto preoccupato, anzi si è dichiarato lieto del fatto che gli italiani riescano a destare orrore per la loro aggressività, anziché compiacimento come mandolinisti. Ciò, a suo avviso, ci fa anche salire nella considerazione dei tedeschi, che amano la guerra integrale e spietata[4].

Va ricordato però come anche i bombardieri repubblicani compissero frequenti incursioni sulle città in mano ai nazionalisti come Toledo, Siviglia, tentando di bombardare la basilica della Virgen del Pilar, Burgos. Naturalmente, a guerra finita, il governo di Franco, pur spietato verso gli avversari, non si sognò mai di processare per questo i piloti repubblicani (anche perché, dal 1937, erano di solito i ben più capaci sovietici ad eseguire tali missioni).

Ma adesso è bene chiarire un punto fondamentale.

Il generale Giuseppe Valle, già Capo di Stato Maggiore della Regia Aeronautica, in epoca non sospetta, nel 1958, scrisse a proposito dell'intervento italiano nel conflitto spagnolo:

Occorre riportarci col pensiero alla realtà dei tempi di allora, alla documentata storia dei crimini commessi contro gli uomini e le cose più sacre per comprendere come il ricordo di quel terrore costituisca ancor oggi il più saldo puntello della dittatura di Franco per giustificare la crociata di civiltà che condusse i nostri volontari a battersi contro crudeltà disumane[5].

E qui mi si permetta di autocitarmi[6].

Pochi argomenti sono ancor oggi tanto controversi come la Guerra Civile Spagnola.

Pochi sono solitamente trattati in maniera tanto schematica che manichea: i buoni e i cattivi.

Da ragazzino mi colpì, in un documentario trasmesso dalla Rai su Hemingway, la frase, che diceva, più o meno: "*È in Spagna, dalla parte giusta, quella repubblicana*".

L'inizio della sentenza inoppugnabile non lo ricordo parola per parola, ma ricordo benissimo la frase: *dalla parte giusta, quella repubblicana*.

La parte giusta?

---

[4] Galeazzo Ciano, *Diario 1937- 1943*, Milano 1990, p.115

[5] Giuseppe Valle, cit. in Giuseppe D'Avanzo, *Ali e Poltrone*, Roma 1981, pp. 207-208.

[6] Romeo di Colloredo, *Fiamme Nere!*, cit., pp. 7-8.

Da una parte Stalin, la Francia del Fronte Popolare, dall'altra Franco, Mussolini, e, in maniera poco più che insignificante, Hitler.

Nella storia non esistono buoni o cattivi. Ma questa volta c'era un male maggiore, quello dei *rojos*, contro un male minore, quello di Franco.

Precisiamo sin da ora che la parte da cui combatterono gli italiani non è *la parte giusta*. È la parte *meno sbagliata*. Quella delle chiese profanate, distrutte o trasformate in osterie, come la chiesa madrilena dei santi Giusto e Pastore, dei quadri del Greco, di Tintoretto, del van der Veyden, del Velàsquez, di Ribeira, di Tiziano, distrutti perché di soggetto religioso, dei preti, dei borghesi e degli ufficiali scannati, delle suore stuprate, dei *paseos*, delle camere di tortura, è l'altra, quella che taluni spacciano per la *parte giusta*.

Vero è che i plotoni di esecuzione li ebbe anche Franco, ma è vero anche che i nazionalisti non massacrarono i loro alleati in purghe interne, come a Barcellona, quando vennero scannati trotzkisti del POUM[7] ed anarchici delle FAI[8] dagli uomini di Stalin, inclusi gli italiani Ercoli (Togliatti), Longo, Vidali, Barontini[9].

Vero è che dalla supposta *parte giusta* c'era quell'André Marty che si guadagnò il soprannome di *carnacero de Albacete* per aver fatto fucilare cinquecento volontari delle Brigate Internazionali, gente andata in Spagna volontariamente per combattere il fascismo, con l'accusa di *deviazionismo trotzkista*.

Vero è che Hitler non inviò in Spagna la GeStaPo: i tedeschi non inviarono in Spagna elementi delle SS o del partito nazionalsocialista, ma solo unità militari della *Luftwaffe* e della *Wehrmacht*, al comando del generale Volkmann, e, per la parte aeronautica, del generale Sperrle. [10], ma Stalin la NKVD ed il GRU[11] sì.

Non si può parlare di *parte giusta* quando Stalin fornì alla Spagna Repubblicana 47 milioni di rubli, raccolti tramite il *Comintern*, cui si aggiunsero altri 70 milioni forniti direttamente dal governo sovietico, negli anni delle purghe e del massacro dei kulaki.

Secondo le stime del governo inglese, tra il luglio del 1936 e il dicembre 1938, l'Unione Sovietica fornì alla Spagna Repubblicana 250 aerei da combattimento, 1.400 autocarri, 731 carri armati, 1.230 pezzi d'artiglieria, senza contare l'armamento individuale, e senza contare le decine e decine di migliaia di tonnellate di rifornimenti e attrezzature militari di tutti i tipi sbarcate nel corso del conflitto dai piroscafi russi nei porti di Valencia, Alicante, Cartagena e Barcellona. No, decisamente chi aveva legami così stretti con la dittatura staliniana non poteva essere dalla *parte giusta*. Lo scopo di Stalin, tutt'altro che umanitario, era ovviamente di creare una repubblica "sorella" da utilizzare quale porto mediterraneo ed atlantico dell'Unione Sovietica. Il controllo del Mar Nero e della Spagna avrebbe fatto del Mediterraneo un mare sovietico.

Il danno fatto dagli eccessi degli anarchici e dai trotzkisti contro il clero e le chiese, che tanto aveva fatto inorridire anche i repubblicani più moderati, fu tale che nel 1937, su pressione di Stalin, e del suo proconsole Ercole Ercoli (Palmiro Togliatti) i comunisti iniziarono la liquidazione degli avversari. A Barcellona Camillo Berneri fu prelevato in casa da una *ceka* di sei comunisti, e ammazzato nella pubblica strada con un colpo alla testa. Dopo gli anarchici fu la volta dei trotzkisti del *Partido Obriero de Unificaciòn Marxista*[12]; di questa purga resta

---

[7] *Partito Obriero de Unificaciòn Marxista.*

[8] *Federaciòn Anarquista Iberica*

[9] Sul ruolo dei comunisti italiani nelle purghe spagnole: A. Kolpakidi, *La barricata spagnola*, in S. Bertelli, F.Bigazzi, *P.C.I.: la storia dimenticata*, Milano 2001, pp. 113- 157.

[10] H. Hidalgo Salazar, *Ayuda Alemana a España 1936- 1939*, Madrid 1975.

[11] *Narodnij Kommisariat Vnutrennik Del*, Commissariato del popolo per la sicurezza interna, poi, dopo varie denominazioni, KGB; *Glavnoe Razvedyvatel'noe Upravlenie*, servizi segreti militari. Sui servizi sovietici in Spagna, cfr. C. Andrew, O. Gordiewskij, *KGB. The Inside Story of Foreign Operation from Lenin to Gorbaciov*, New York 1991 (tr.it. Milano 1993, pp. 173 segg.).

[12] Usiamo il termine con i quali i marxisti del POUM sono ancor oggi comunemente chiamati, anche se non avevano legami con Leon Trotzskij.

la testimonianza di George Orwell in *Omaggio alla Catalogna*. Cervello dei massacri di Barcellona furono i comunisti italiani, i più legati a Stalin: da Ercoli-Togliatti sino al triestino Vittorio Vidali (Carlos Contrera) esecutore materiale di un gran numero di esecuzioni.
L'ordine di arrestare tutta la direzione del POUM venne dato personalmente da Togliatti e da Dolores Ibarruri, la *Pasionaria*, alla *Guardia de Asalto*[13].
Vittorio Vidali - che fu implicato personalmente nell'assassino di Leon Trotzskij in Messico nel 1940 - partecipò insieme al rappresentante dell'NKVD Orlov anche all'arresto ed all'interrogatorio sotto tortura, durato trenta ore, di Andresog Nin, segretario del POUM:

dopo alcuni giorni la sua faccia non era che una maschera di sangue[14].

Nin morì probabilmente sotto le torture, anche se Vidali disse che era stato fucilato senza che avesse parlato.
L'anarchico italiano Carlo Tresca, che era stato amico dello stalinista triestino negli anni Venti, definì il Vidali

capo di spie, traditori e assassini. Quando appare lui sento l'odore di morte. Mi domando: chi sarà la sua prossima vittima[15]?

Tresca fu assassinato nel 1943, a New York, dove aveva fondata la *Società G. Mazzini*, da killer tra i quali c'era, quasi certamente, lo stesso Vidali, cosa data per assodata dai trotzkisti[16].
Secondo il giornale francese *"La Lotte Oùvriere"* del 16 maggio 1937, le vittime della *controrivoluzione borghese staliniana* furono novecento solo nei primi giorni.
Mussolini commentò:

Nella capitale della Catalogna, durante alcuni giorni e alcune notti, i fratelli hanno ucciso i fratelli, i cugini hanno scannato i cugini, i socialisti, insieme ai comunisti "staliniani" hanno massacrato gli anarchici e i comunisti "trotzkisti" [...]
Mentre gli anarchici sono in uno stato di terribile esasperazione contro i comunisti, costoro, dalle colonne del loro giornale, Il Grido del popolo, non solo approvano l'azione del governo catalano, ma incitano il Governo a ripulire la Catalogna dai nemici interni superstiti, che sarebbero gli anarchici, i "trotzkisti", i sindacalisti. Dopo di che l'ordine regnerà a Barcellona, come già a Varsavia!
Questo è l'antifascismo internazionale nella sua più genuina espressione: odio e sangue![17]

Chi si scandalizza, forse ignora questo giudizio:

La fascistizzazione della Spagna sarebbe un altro colpo per le istituzioni parlamentari in Europa. D'altra parte il comunismo in Spagna sarebbe un disastro più grave e più irreparabile, e bisogna augurarsi che esso venga schiacciato [...] Armando i comunisti il governo spagnolo si è assunto una tremenda responsabilità ed ha firmato il proprio decreto di morte [...] In Ispagna si rivela chiaramente la tattica del Comintern, che consiste nel favorire la nascita di un governo debole per poterlo poi facilmente rovesciare con le armi e stabilire un regime sovietico. La bolscevizzazione della Spagna sarebbe un vero disastro per l'Europa, e darebbe alle attività del Governo sovietico un nuovo impulso minaccioso per tutti i paesi.
Noi dobbiamo tutti augurarci che il comunismo spagnolo sia schiacciato, e questo è indubbiamente il sentimento oggi prevalente in Inghilterra, anche se, di fronte agli avvenimenti spagnoli, siamo decisi a mantenere un atteggiamento di neutralità[18].

---

[13] R. Conquest, *The Great Terror*, London 1968, p. 654 della trad.it.
[14] Ibid.
[15] Cit. in Kolpakidi, in Bertelli, Bigazzi 2001, p149.
[16] Su Vidali ed il suo ruolo nei massacri spagnoli, ibid. pp. 122 segg.; *Cahier Leon Trotsky* 3, 1979. Vidali era l'amante della fotografa comunista friulana Tina Modotti.
[17] B. Mussolini, *Barcellona, Il Popolo d'Italia* n.140, 21 Maggio 1937 XXIV.
[18] Winston Churchill, colloquio con l'ambasciatore italiano a Londra Dino Grandi, 8 agosto 1936, trascritto nel rapporto intitolato *Rivoluzione spagnola - atteggiamento inglese. Colloquio con Winston Churchill*, 9 agosto 1936 XV, MAE I, busta 102.

Queste parole di Winston Churchill possono essere ancor oggi sottoscritte in toto, ancor più alla luce degli avvenimenti spagnoli prima - i massacri di sindacalisti, anarchici e trotzkisti, considerati concorrenti dei comunisti stalinisti - e poi di quelli europei ed extraeuropei del secondo dopoguerra e della Guerra Fredda[19].
Si facciano pure le loro mostre, ma sappiano che nessuno è disposto ad accettare le menzogne dei tirapiedi italiani di Stalin. Per questo la riproposizione di testi come questo del Mattioli sono un salutare antidoto contro chi vuole cancellare la Storia, quella vera, e imporre magari con leggi proposte dall'onorevole Fiano di turno la menzogna. Una menzogna rossa di sangue. Sangue non solo nazionalista o fascista, di sacerdoti e monache, ma anche di centinaia di antifascisti massacrati dai comunisti, soprattutto da quelli italiani.

---

[19] Si veda R. Radosh, M. R. Habek, Georgi Sevostyanov (curr.) *Spain Betrayed: The Soviet Union in the Spanish Civil War*, Yale 2001, basato sugli archivi militari sovietici.

PREMESSA

Questo libro esce in un periodo di gloria per l'Italia Fascista, che vede realizzate dal genio del Duce le sue secolari aspirazioni.

Esce in edizione completa, pazientemente curata in vari anni di ricerche che ci hanno permesso di raccogliere un materiale di dati e notizie veramente imponente e tale da costituire una documentazione unica nel campo della guerra aerea.

La prima edizione di questo libro ebbe una risonanza mondiale perché di esso si servirono i caporioni spagnoli per documentare al mondo la flagrante partecipazione dell'Italia Fascista, alla guerra di Spagna. Quasi che l'Italia Fascista ne avesse fatto mistero! Il Times, *il* Temps, *il* New York Times, *ne hanno fatto grande illustrazione. La duchessa di Atholl ne parlò a Montreal in una grande conferenza di propaganda a favore della Spagna rossa. Il libro in questione fu presentato al Comitato di non intervento con una relazione di Negrin e proprio Ettore Muti doveva trovare tale relazione a Barcellona, nello studio del famigerato Presidente.*

Se la prima edizione, che era una modesta pubblicazione di duecento pagine, con una trentina di illustrazioni, appassionò il pubblico italiano e straniero, crediamo che questa nuova ediz., completamente rinnovata, debba veramente interessare per il materiale imponente di documentazione e di illustrazione che essa possiede.

L'entusiasmo ci ha preso e non abbiamo messo limiti alla mole del libro ed alla quantità di illustrazioni. Tutto il materiale che abbiamo raccolto ci è apparso prezioso, ai fini di documentare l'opera dei nostri insuperabili aviatori nei cieli della Spagna.

Abbiamo cercato di citarne il massimo numero possibile, poiché nella nostra non breve esperienza editoriale, abbiamo constatato quale prezioso ed efficace mezzo di propaganda, sia il far conoscere ai figli ed ai parenti tutti, l'esempio dei loro cari. È una scuola di eroismo e di emulazione che l'aviazione fascista ha inaugurato da lunghi anni e gli effetti meravigliosi si vedono oggi nel trionfale avverarsi delle previsioni del Duce, nel campo della lotta per la libertà europea.

La raccolta di episodi e di illustrazioni che siamo riusciti a mettere insieme, con un assiduo lavoro di ricerca, dimostra come l'aviazione dell'Asse fosse entrata in funzione molto prima della guerra attuale e quale importanza decisiva abbia avuto nella preparazione e nello svolgimento del conflitto, che in questi giorni ha fatto vedere al mondo i primi grandiosi segni della potenza delle potenze dell'Asse.

I piloti italiani, affratellati a quelli tedeschi nella guerra di Spagna hanno iniziato fino dal 1936 l'opera eroica dell'Aviazione dell'Asse in guerra.

Questo libro è dedicato ad Ettore Muti e non poteva essere altrimenti.

Egli è l'unico legionario che abbia vissuto l'epopea di Spagna dal principio alla fine, compiendo una ininterrotta opera che univa il quotidiano eroismo al sapiente lavoro politico, che veniva diretto dal nostro infaticabile Ministro degli Esteri, Conte Galeazzo Ciano di Cortellazzo, esecutore dinamico e fattivo delle direttive del Duce. Le gesta di Ettore Muti nei cieli della Spagna appartengono alle imprese leggendarie che si inquadreranno nella storia dei secoli dell'Italia e della Spagna, che d'ora innanzi hanno un lavoro colossale da svolgere per la civiltà mediterranea, e per la civiltà della nuova Europa.

Questo libro, di mole non comune e di documentazione veramente eccezionale ci è costato fatiche enormi e sacrifici di ogni genere. Dobbiamo ringraziare la squisita cortesia dell'illustre camerata Senatore Luigi Burgo che con spirito di giovanile entusiasmo ha facilitato la nostra opera ed un grazie che viene dal cuore dobbiamo rivolgere ai camerati squadristi Comm. Biagio Porrino di Praj Biellese e Comm. Adolfo Fila di Cossato i quali si sono adoperati affinché vedesse la luce nella veste più ricca e più decorosa per la più grande esaltazione dell'Ala Fascista in Spagna. Biagio Porrino è stato per noi un fraterno collaboratore e teniamo a testimoniare in questo libro il suo affettuoso e generoso aiuto datoci con l'impulso meraviglioso del quale è dotata la sua eccezionale fibra di grande italiano e di squadrista intelligente, coraggioso ed operoso.

Questa opera esce in un momento di gloria che definisce e segna una pietra miliare della storia fascista. I legionari dei cieli della Spagna sono ancora in lotta nei cieli della Patria, dell'Europa e del continente africano, contro le plutocrazie che già li contrastarono subdolamente nei cieli della Spagna. Ma oggi costrette a battersi in campo aperto, e già nel corso di pochi mesi di lotta la Francia ha abbassato le armi.

Il combattimento continua contro la grande nemica del benessere europeo, l'Inghilterra, e l'Aviazione Fascista si batte fianco a fianco con i camerati germanici, che ogni giorno arricchiscono la loro grande storia di nuova gloria. Tutti i nostri gerarchi sono nella lotta. La gloriosa Disperata *ha innalzato di nuovo il suo gagliardetto guidata dal suo eroico Comandante e ha mietuto in questi giorni allori su allori. Di questa nuova guerra daremo ampia documentazione nell'opera* L'Aviazione dell'Asse in guerra *che è già in avanzata compilazione.*

Oggi innalziamo i nostri pensieri agli eroi che vegliano sui destini del nostro grande paese così immortalmente diretto dal DUCE magnanimo e formuliamo i più fieri auspici, che sono assoluta certezza, per la nuova Italia Imperiale e per la nuova Europa che uscirà trionfalmente dall'eroica opera accomunata delle potenze dell'Asse.

GUIDO MATTIOLI
Roma, 25 giugno 1940-XVIII.

LA BATTAGLIA DELL'EBRO

Conclusasi la prima fase dell'offensiva nazionale in Aragona, chiusa l'enorme sacca triangolare di Teruel, sboccati al mare alle foci dell'Ebro ed allargata subito l'occupazione verso Sagunto, i nazionali, nella seconda decade di maggio, erano in grado di sviluppare l'azione offensiva per liberare altre regioni.

Ma i rossi non erano ancora giunti agli estremi per quanto divisi in due parti, e a Tremp tentarono a loro volta un'azione offensiva.

Si apriva per l'Aviazione Legionaria, col tentativo di riscossa comunista, un nuovo periodo di grande attività e di continuo lavoro. Attività e lavoro che, stroncato il tentativo dell'Ebro, dovevano proseguire ed aumentare con la ripresa dell'avanzata nazionale sui fronti del Levante.

Tutte le specialità dell'Aviazione Legionaria parteciparono con immutato slancio alle quotidiane azioni nei cieli del Levante. Il bombardamento e la ricognizione, la caccia e l'assalto rinnovarono sul fronte dell'Ebro gli ormai consueti ardimenti per i quali i piloti legionari s'erano creata altissima fama.

Tra i bombardieri, infaticabili si dimostrarono quelli del 35° Gruppo Autonomo, formato dai «BR. 20» e dai «Ba. 65», questi ultimi impiegati per il mitragliamento e lo spezzonamento e poi anche per il bombardamento in picchiata con bombe di 100 chili. Tutti i giorni questi apparecchi dovevano assolvere qualche importante compito. Le posizioni rosse di Penarroya, Tavernela, San Cristobal, La Horca, Mosqueruela, Mongay, Monte Gallinovo, Cubelas, Bonavent, Isona ed altre, tanto nel settore di Teruel come in quello Tremp, come ancora in quello di Lerida, cioè tutti notevolmente distanti l'uno dall'altro e distanti pure dal campo di Tudela donde gli apparecchi partivano, conobbero l'offesa delle rapide «Cicogne».

Preparati con accuratezza, ma effettuati sempre con sorpresa, furono anche i numerosissimi bombardamenti compiuti dai temuti «S. 79» sul porto di Barcellona, sul campo di aviazione di Cobra, sulla stazione di Port Bou. Durante essi, sia che fossero effettuati da alta o da media quota, la perizia nel lancio si rivelò grandissima dimostrando ancora una volta che l'ardimento non era la sola dote dei bombardieri legionari, ma che essi possedevano altresì abilità, scuola, stile.

È, del resto, nella stessa sempre intensa attività che più si può vedere il virtuosismo dei volatori legionari; poiché il tenere il cielo da padroni è indice anche di ardimento oltre che di potenza. Per offrire un esempio di questa attività segnaliamo la settimana compresa tra il 24 ed il 30 maggio 1938: 1500 ore di volo compì l'Aviazione Legionaria nonostante l'inclemenza del tempo, accumulando cospicui risultati nel campo tattico ed in quello strategico.

Cerchiamo qui di elencare questa attività, pur senza avere la pretesa di darla al completo e non senza ricordare che proprio alla fine di maggio cadeva da prode presso Linares de Mora, nell'adempimento del dovere, uno dei più intrepidi piloti legionari, il sergente Gastone Picchini, che in dieci mesi di permanenza in Spagna aveva dato ripetute prove di valore. Alla sua memoria fu assegnata la medaglia d'oro al valor militare con questa superba motivazione: «Sergente pilota da caccia, volontario in missione di guerra per l'affermazione degli ideali fascisti, in dieci mesi di lotta si distingueva per grande valore e audacia in moltissime azioni e combattimenti aerei sui fronti di Madrid, Belchite, Huesca e Teruel, rientrando più volte con l'apparecchio colpito.

Chiesto ed ottenuto di far parte di una speciale squadriglia da mitragliamento, riconfermava, in travolgenti e temerarie azioni a volo radente, le sue mirabili doti di combattente e di aviatore. Il 31 maggio 1938, mentre a volo radente, sfidando la furia della reazione antiaerea, mitragliava insistentemente alcune batterie avversarie presso Linares de Mora, immolava gloriosamente la vita colpito dal fuoco nemico, contro il quale aveva portato per 441 volte la sua implacabile azione».

Ma proseguiamo nella cronistoria, che è lo specchio smagliante dell'enorme, instancabile attività svolta in ogni tempo e in ogni luogo dall'Aviazione Legionaria.

Il giorno 24 maggio i legionari delle Baleari bombardano il porto di Barcellona, Port Bou ed il campo di aviazione nemico di Cebrà; l'aviazione continentale interviene contro notevoli concentramenti di truppe e materiali a Brixols, a Balaguer, e a Monte Gallinovo. Una formazione di una trentina di «Rata» che tenta attaccare una formazione di nostri bombardieri, si dilegua non appena un gruppo di «CR. 32» accenna ad uno dei soliti attacchi in grande stile. Il giorno 25 nonostante il maltempo, apparecchi bimotori e trimotori dell'Aviazione Legionaria bombardano alcuni concentramenti ad Isona ed a Ramiro sul fronte centrale; sono ripetuti gli attacchi sui campi nemici di Cebrà e di Cassa. Il 26 e il 27 le condizioni atmosferiche proibitive non permettono lo svolgersi di attività intensa e redditizia oltre la semplice ricognizione e le crociere della difesa.

Il 28 l'aviazione delle Baleari torna ad offendere il porto di Barcellona con visibili effetti sulla darsena, sul molo e sui piroscafi alla fonda; si reca poi sul porto di Valencia ove bombarda efficacemente il molo, la stazione marittima e ferroviaria provocando grandi incendi. Ma dell'opera veramente imponente dell'Aviazione Legionaria delle Baleari diremo con la dovuta diffusione più oltre, e se qui la ricordiamo gli è per meglio fare rimarcare che le sue azioni si sono sempre inquadrate alla perfezione e tempestivamente nel complesso della guerra civile di Spagna a pieno sostegno della Causa franchista.

L'aviazione continentale continua nelle sue missioni offensive sui concentramenti rossi di Boixols, di Isona e sulle posizioni nemiche di Artesa sul Segre.

Il giorno 29 gruppi di «S. 79» dei «Sorci Verdi» e di «BR. 20» delle «Cicogne» scaricano tonnellate di esplosivo sulle posizioni nemiche di Balaguer ed a nord di Sort; i legionari delle Baleari tornano sul porto di Barcellona provocando numerosi incendi sulla darsena di ponente e sui piroscafi attraccati. Vengono altresì colpiti i depositi di Porto Rosas. Il 30 maggio il bombardamento del generale Garda martella le posizioni di Leinares e di Monte Franco, che saranno più tardi occupate dalle truppe del generale Valino, e si porta alternativamente sui capisaldi e sui concentramenti del fronte di Balaguer e di quello di Teruel. I «Falchi» delle Baleari ritornano sul porto di Valencia, provocando esplosioni ed incendi, e sulla centrale di Adrian de Besus, con risultati soddisfacenti.

In questo stesso giorno un'altra epica battaglia aerea si accende nel cielo di Puebla de Valverde. Incontro al lento ma progressivo dilagare dei Castigliani del generale Varela, Miaja ha creduto di creare un ostacolo efficace lanciando alcune dense formazioni di circa quaranta unità fra «Curtiss» e «Rata», col compito di mitragliare e bombardare le colonne avanzanti. Ma prima ancora che attraversino le linee di battaglia una formazione di non più di quattordici «Fiat CR. 32» piomba da più alta quota sugli attaccanti. È un'azione magnifica: i nazionali, poiché il gruppo «CR. 32» era al comando del maggiore Salas, si mostrano degni emuli dei valorosi e gloriosi aviatori legionari italiani.

La fulminea azione dei cacciatori franchisti non solo impedisce l'incursione nemica, sbandando la formazione e costringendola alla fuga, ma è coronata da una splendida vittoria perché sette «Curtiss» e due «Rata» si abbattono al suolo, colpiti dal tiro micidiale dei cacciatori, mentre altre cinque unità non raggiungono le basi di partenza.

L'aviazione rossa si è consolata di questa e delle precedenti sconfitte con una incursione su Palma di Majorca ed ha fatto alcuni feriti fra la popolazione civile.

Tutti i giorni, come si vede, la instancabile aviazione di Franco non ha dato tregua al nemico e non ha abbandonato un istante indifeso il cielo; le crociere dei «CR. 32» si sono avvicendate sui vari fronti, e questa attenta per quanto estenuante vigilanza ha reso vana ogni esplosione rabbiosa dell'aviazione nemica e l'ha castigata assai spesso duramente. I bombardieri hanno svolto sempre da par loro quella temutissima e redditizia azione che tutti sanno.

E la elencazione degli episodi e dell'attività varia può continuare. Basta, infatti, riferirsi agli avvenimenti della settimana precedente, cioè al periodo in cui i rossi tentarono di capovolgere, almeno parzialmente, le sorti della guerra sferrando una formidabile quanto inutile offensiva contro Tremp e la testa di ponte di Balaguer in Aragona.

In quei giorni l'aviazione bolscevica, continuamente rifornita dalle ben note fonti, si dimostrò molto attiva con un susseguirsi di rapide incursioni, compiute tuttavia con grande cautela, sulle posizioni dei nazionali di Solchaga. I «Martin Bomber», scortati da nugoli di «Rata» e di «Curtiss», si avvicendarono più volte nel cielo di Tremp ed in quello di Balaguer per mitragliare e per bombardare, cercando di compiere le missioni in gran fretta, senza troppo preoccuparsi di scegliere e di centrare il bersaglio.

Merita di essere ricordato — a dimostrare quanto sempre sia stata tempestiva ed efficace l'azione degli aerei franchisti in appoggio delle truppe terrestri — il susseguirsi di interventi nel settore Belcaire-Balaguer dei bombardieri legionari allorché l'attacco in forze dei rossi si era abbattuto violentissimo sulle linee nazionali costringendo in qualche punto all'arretramento. L'accorrere prontissimo dei bombardieri legionari valse a ristabilire le posizioni e a portare lo sterminio nelle truppe rosse di rincalzo dai «Fiat B.R.» e dagli «S. 79» a Mongay, Lerida e Belcaire.

Le pattuglie si susseguivano l'una dietro l'altra, a brevissimi intervalli di tempo, in modo da non concedere un istante di tregua alle truppe, che costrette a sparpagliarsi ed a cercare scampo non poterono più assolvere il loro compito che era quello di alimentare l'attacco con ondate successive contro le posizioni nazionali.

Accadde così che l'attacco rosso si esaurì ben presto: le prime ondate coi carri furono costrette a ripiegare, venendo anch'esse a trovarsi sotto la tempesta di fuoco degli aviatori, che tramutarono in fuga disordinata il loro ripiegamento.

E non fu opera della audace, sempre pronta specialità della ricognizione se la preparazione di questa offensiva fu seguita in ogni sua fase e conosciuta in tutti i suoi dettagli, sì che fu possibile attendere l'urto a piè fermo nel momento che i comandi marxisti avevano prestabilito? Non si deve a tale specialità l'esecuzione di un metodico, continuo, utilissimo lavoro di osservazione, di esplorazione e di collegamento durante tutto il periodo precedente l'offensiva, lavoro che permise di conoscere a tempo debito i fantasiosi piani nemici?

C'è motivo di affermare, dunque, che tutte le specialità dell'Aviazione Legionaria, abbiano sempre saputo svolgere il compito loro assegnato, per arduo e difficile che fosse. Ed è appunto per lo stile e per l'ardimento che ne ha in ogni caso contraddistinto l'azione che l'aviazione franchista è riuscita a dominare nei cieli di Catalogna, anche quando, come a Tremp e a Balaguer, quella rossa ha tentato di imporsi con il numero. Nei cieli di Catalogna, nel Levante ed ovunque.

Conquistata, dopo la battaglia del Maestrazgo, Castellon de la Plana, eliminata quasi completamente l'enorme borsa che da Teruel saliva all'Alfambra e a Montalban, per scendere quindi a Morella e ad Albocacer, restituito alla Spagna nazionale un vastissimo territorio, l'esercito franchista del levante aveva oltrepassato il Mijares e puntava, verso la fine della seconda decade di giugno, su Burriana e su Sagunto. Contemporaneamente in Estremadura, uno dei più tranquilli fronti, s'era riaccesa, ad opera del generale Queipo de Llano, la lotta, e rapidi progressi venivano conseguiti dalle fanterie nazionaliste.

Tanto sulla riva mediterranea, quanto in Estremadura, l'Aviazione Legionaria continuava a recare tutto il suo prezioso contributo di attività con la ricognizione, col bombardamento e con la caccia. Le ali legionarie non si lasciavano sfuggire la padronanza del cielo ed ogni giorno aggiungevano nuovi successi, nuove vittorie al già ricchissimo serto. Sul mare si bombardavano quotidianamente le navi contrabbandiere con cui i rossi di Barcellona e di Valencia erano riforniti dalle compiacenti nazioni bolsceviche e bolscevizzate, e di bombe venivano tempestate dagli «S. 81», «S. 79», dai «Fiat B.R. 20» le località costiere ove il contrabbando faceva capo. L'Aviazione Legionaria, vigile tutrice delle truppe terrestri operanti da Teruel al litorale, apriva ad esse la strada guidandole con l'osservazione lontana, spazzando gli ostacoli che via via si erigevano dinanzi, impedendo alle forze aeree rosse di intervenire per ritardarne o impedirne l'azione.

In Estremadura, nel mese di giugno, si pose in rilievo per la preziosa, utilissima attività svolta, quel gruppo «Gamba di ferro», comandato da Rossi e che tanta gloria s'era già acquistata. Il giorno 8, nel cielo di Lucena del Cid, ottenne una vittoria strepitosa combattendo contro una formazione della caccia rossa costituita da una trentina di apparecchi che per l'intervento di un'altra formazione, diventarono poi quarantacinque. In quel combattimento il comportamento dei piloti fu superiore ad ogni previsione, tanto che undici apparecchi nemici caddero abbattuti. Con il maggiore Rossi, dettero prova di rara capacità di comando i comandanti delle tre squadriglie del gruppo, il capitano Baylon, il capitano Falconi e il capitano Borzoni.

Come sempre, gli aviatori legionari di ogni specialità si prodigavano senza soste per accelerare il trionfo della causa franchista per la quale si batteva con valore e accanimento non obliabili i piloti dell'ormai robusta aviazione spagnola comandati dall'asso nazionale Morato. Fu proprio questi che il 25 giugno scrisse una pagina di gloria incomparabile assaltando da solo nel cielo di Puebla de Valverde una formazione di 48 aerei rossi, di cui 16 bombardieri e 32 cacciatori. E Garcia Morato, manovrando con impareggiabile abilità e con ardimento unico, riuscì ad abbattere uno dopo l'altro due grossi «Martin Bomber» uscendo illeso dal combattimento dopo avere scompaginato la formazione degli attoniti piloti rossi.

Aviazione Legionaria italiana. Legione Condor tedesca ed Aviazione Nazionalista andarono a gara in questo periodo nell'accumulare vittorie. Dall'altra parte nulla si poteva fare per togliere alle ali di Franco il dominio del cielo, dominio che era effettivo come attestava l'imponente numero di 948 apparecchi franco-sovietici abbattuti dall'inizio della campagna al 30 giugno 1938 da parte dell'artiglieria e delle forze aeree riunite della Spagna nazionale.

Alla fine del primo semestre del 1938 come si poteva apprendere da un comunicato tanto arido quanto eloquente — il contributo dall'ala fascista nei cieli di Spagna era rappresentato da queste cifre: 487 apparecchi nemici abbattuti, tutti controllati; 93 apparecchi nemici abbattuti non controllati; perdute 93 persone in totale tra deceduti, prigionieri e dispersi.

Ecco come si traduceva in cifre il contributo dell'Aviazione Legionaria alla lotta combattuta in Spagna contro l'obbrobriosa coalizione antifascista. Ecco il suo glorioso, gloriosissimo stato di servizio.

L'albo delle strepitose vittorie era tuttavia destinato ad ampliarsi ancora. Di imprese gloriose, arditissime, eroiche, l'Aviazione Legionaria di ogni specialità ha saputo compierne ancora e molte.

Nel periodo dell'avanzata franchista verso Sagunto l'attività fu intensissima. Dalle Baleari le squadriglie impavide e possenti dei «Falchi» si portarono ripetutamente su Valencia, lasciando cadere il micidiale carico di bombe su officine, depositi, navi sotto scarico, su Alicante, bombardando il porto ed i piroscafi, su Barcellona, colpendovi la stazione radio, su Gandia, e su molte altre località della costa. Fu un martellamento continuo, preciso, efficacissimo, compiuto a tutte le ore con spavalda sicurezza e che non lasciava respiro ai rossi neppure nelle retrovie.

Le «Cicogne», attive come sempre, nella sola giornata del 13 luglio bombardarono efficacemente il tronco stradale e ferroviario a nord-est di Albentosa e spezzonarono truppe e carriaggi sulla stessa strada. Prima erano stati i «BR. 20» a lanciare due tonnellate e mezza di esplosivo; poi i «Ba. 65» intervennero per completare l'opera seminando di spezzoni la zona nonostante la violenta reazione antiaerea nemica. Il bombardamento della strada di Albentosa, sulla quale il traffico era intenso, doveva, del resto, ripetersi nei giorni seguenti.

Dal canto loro gli «Sparvieri» spiccavano quotidianamente il volo dai campi terrestri e andavano a seminare di bombe le difese avversarie, i centri di rifornimento, le colonne in marcia, facilitando l'azione delle truppe operanti a terra.

A sua volta l'aviazione da caccia, sempre vigile, sempre pronta, non lasciava passare occasione per dimostrare la sua valentìa ed accumulava ogni giorno vittorie dando in fiamme apparecchi della caccia e del bombardamento nemici. Il 13 luglio sopra Segorbe, in seguito a rapido combattimento, nove «Curtiss» furono abbattuti.

Nella stessa giornata il gruppo di Rossi, lanciatosi contro superiori forze avversarie, riuscì ad abbattere, nel cielo di Sarraion, un «Martin Bomber» e quattro «Rata». Il 17, fra Alcira e Valencia, fu la volta di altri sei apparecchi dello stesso tipo; il giorno dopo, nella zona di Mijares, a conclusione di una dura battaglia aerea, ben otto «Rata» e cinque «Curtiss», oltre ad altri cinque probabili, furono abbattuti dai piloti dei «Fiat»: il 19 toccò la stessa sorte a quattro «Boeing» sorpresi nella zona di Sagunto... e si potrebbe continuare.

Protagonista superbo e valoroso del combattimento del 18 fu quel gruppo «Asso di bastoni» che già si era coperto di gloria nei cieli di Spagna. Quel giorno il gruppo con le sue tre squadriglie — la 18ª di Raffi, la 10ª di Foschini e la 20ª di Calosso — stava effettuando il servizio di protezione delle linee dai mitragliamenti aerei, quando vengono scorti alcuni «Curtiss», a quota bassa, che tentavano di raggiungere il fronte con evidente intenzione di mitragliare.

I piloti rossi si accorgono subito dei «Fiat» e cercano di tornare indietro immediatamente. Il nucleo più basso del gruppo li attacca con decisione, pur essendo al limite dell'autonomia, mentre il nucleo più alto, per tacita intesa, molte opportunamente, si accinge a proteggere l'azione. Come è da prevedere i «Curtiss» non sono soli: una ventina di «Rata», molto più alti dei «CR. 32», stanno di protezione. All'attacco dei «32» contro i «Curtiss» si lanciano, con il favore della quota, sul gruppo. Questo desiste immediatamente, compatto, dall'azione sui «Curtiss» ed impegna a fondo i «Rata». Dopo 10 minuti, di essi nel cielo non si ha più traccia: a terra, fra i boschi verdi delle colline di Altura e Alcublas, cominciano a notarsi i primi roghi prodotti dai «Rata» abbattuti. I «Fiat» non indugiano: la scarsezza del carburante e lo sfruttamento del successo impongono tempestività di azione sui «Curtiss» che si trovano sotto. Con essi è diversa la tattica del combattimento, ma i legionari son ben preparati; «lavorano» con impulsività, ma non si lasciano trascinare in duelli individuali. Per 20 minuti dura la seconda fase del combattimento, caratterizzata da un continuo martellamento dei «CR. 32» dall'alto sui «Curtiss» di sotto. Alla fine sono esattamente 18 i focolari che ardono nei boschi delle sierre sottostanti, fra Viver, Liria e Segorbe.

La maggior parte dei «Fiat» non può rientrare a Puig Moreno perché e senza benzina e atterra a Teruel.

Del gruppo il capitano Raffi, nell'irruenza e nell'entusiasmo della lotta, si porta tanto addosso ad un «Rata», per colpirlo sicuramente con le armi, da investirlo in pieno. È costretto a lanciarsi col paracadute ed è fatto prigioniero con il sergente Vestrini, colpito più volte al velivolo. Purtroppo il gruppo lamenta anche la perdita del tenente Fruttini; probabilmente colpito mortalmente si immola con il suo velivolo su di un picco nei pressi del paese di Altura. Terminata la guerra verrà trovato con il suo velivolo in mezzo al verde del bosco che lo ha custodito per quasi un anno. Ricomposto, sarà trasportato ed avrà degna sepoltura nel cimitero di Saragozza, accanto ai fratelli legionari caduti per la Causa fascista nella zona nord della Spagna.

Come risultati del combattimento sono dati dal gruppo: 15 apparecchi abbattuti e due probabilmente abbattuti.

Nonostante i nuovi copiosissimi rifornimenti l'aviazione rossa doveva sempre cedere di fronte a quella legionaria, che nei piloti della Spagna nazionale aveva emuli superbi ed arditissimi.

In terra, intanto, l'offensiva franchista si andava sviluppando, sia sulla via di Sagunto che in Estremadura. Giorno per giorno si riduceva nel Levante il saliente dell'alto Mijares, mentre con azione energica nel mezzogiorno si raccorciava il fronte a cavallo della Guadiana restituendo alla Spagna nazionale centinaia di chilometri quadrati di territorio. Nell'uno e nell'altro settore, e poi in quello dell'Ebro, ove si era scatenata la grande offensiva comunista, alimentata dal continuo contrabbando di uomini e mezzi, l'Aviazione Legionaria fascista — sempre coadiuvata da quella germanica e dall'aviazione spagnola — dette nuove prove del suo valore e mise ancora una volta in rilievo la sua altissima e spesso decisiva funzione per il conseguimento della vittoria.

Stralciamo qualche fatto dalla cronaca di quei giorni di fine luglio. Il giorno 21 le «Cicogne» effettuano successivamente e sempre con efficacia il bombardamento delle posizioni nemiche di Viver, delle batterie di Navajas e i dintorni di Segorbe. Il 22, su tutto il cielo di battaglia, l'aviazione nazionale fu attivissima: bombardò le stazioni di Denia, Puzol e Sagunto e, in un combattimento che vide 17 apparecchi legionari contro 40 rossi, di questi ultimi ne abbatté 3. Nei tre giorni compresi fra il 21 e il 23 furono effettuati dalle splendide formazioni degli «Sparvieri» e dei «Falchi» tre attacchi notturni e diurni agli impianti portuali di Barcellona, due fortissimi alle centrali idroelettriche del rio Besos, uno agli stabilimenti bellici di Fals, due al porto di Valencia, dove tre piroscafi furono colpiti provocando scoppi di munizioni nelle stive, uno al porto di Alicante, uno alle fabbriche di Castel de Fels a sud-ovest di Barcellona, e uno agli stabilimenti bellici di Badalona: inoltre furono bombardate le immediate retrovie, paralizzando il movimento. Nell'Estremadura, il giorno 22 la caccia abbatteva, nella zona di El Toro, due «Curtiss» e sul rio Palancia, fronte del Levante, la squadriglia «Frecce» dell'attacco al suolo spezzonava e mitragliava le colonne nemiche sorprese in movimento sulle rotabili. Del resto attivissimi furono in queste giornate tutti i gruppi legionari della caccia che il comando di stormo sapeva saggiamente e tempestivamente impiegare.

Ed ecco la battaglia dell'Ebro, cominciata con le sorprese di Fayon e Aspe, e conclusasi dopo più di tre mesi con la piena disfatta dei rossi che, portatisi fin verso Gandesa, passato l'Ebro su un arco di alcune decine di miglia, furono prima brillantemente fronteggiati e contenuti dalle truppe franchiste e poi ricacciati, sconfitti per ogni verso sul fiume.

Durante questi tre mesi l'Aviazione Legionaria ha scritto pagine insuperabili di gloria, di valore, di ardimento, di eroismo rendendo servigi di preziosità incalcolabile. Specialmente nei primi giorni dell'offensiva comunista lo intervento dei legionari alati fu decisivo. I sessanta battaglioni rossi che fino al 25 avevano passato l'Ebro costituendo una estesa testa di ponte conobbero l'efficacia del martellamento aereo legionario.

I bombardieri dell'aviazione del Tercio hanno senza tregua battuto le passerelle di Flix, di Ascò, di Benisanet, colpendole spesso con tiri massicci di bombe da cento chilogrammi. I «Pipistrelli», gli «Sparvieri», le «Cicogne», i volontari della «Condor» non hanno concesso respiro al nemico. Negli intervalli del bombardamento i pontieri rossi ristabilivano i passaggi, favoriti dalla semplicità del materiale: lavori di Sisifo. Quante volte fu risistemato quel ponte insommergibile di Flix su cui più si era accanito il bombardamento legionario! Ancora le stesse formazioni facevano saltare le passerelle ricostruite, tempestavano di esplosivi le rive dell'Ebro, presso Rasquera, ove il materiale maggiore veniva sistematicamente demolito e gli specialisti costretti a fuggire. E l'aviazione rossa non osava farsi viva.

Tipica è stata il giorno 25 l'azione del 35° gruppo da bombardamento veloce. Dopo che erano stati battuti dai «B.R. 20» Garbiel e la quota 850 a sud di Pavias, un «Ba 65», eseguendo una ricognizione nella zona di Flix segnala movimenti di truppe avversarie e nota che due ponti di barche sono stati gettati attraverso l'Ebro, uno in prossimità di Flix e l'altro vicino ad Ascò. Mezz'ora dopo effettuata la ricognizione decollano dal campo di Puig Moreno tre «Ba 65» e si recano sugli obiettivi. Viene effettuato il bombardamento in picchiata da una quota relativa di 600 metri circa. Le bombe esplodono a poca distanza del ponte di Flix senza, però, colpirlo. Più tardi due pattuglie di tre apparecchi ritornano sui ponti per spezzonarli e mitragliarli. Miotto e Piccolomini coi loro gregari passano e ripassano sugli obiettivi eseguendo con precisione la missione; ma Piccolomini ha l'apparecchio colpito al motore e, ferito nella persona, deve atterrare fuori campo a Gandesa. Anche i «B.R. 20» intervengono portando l'offesa sugli stessi obiettivi. E anche essi vengono fatti segno a violento fuoco contraereo. È qui che cade, colpito nella fusoliera, l'apparecchio del capitano Fruttini, trascinando nella morte il maresciallo Moro e il sergente Ceruti.

L'episodio glorioso aveva avuto inizio nel cielo di Flix dove le «Cicogne», cioè i modernissimi «BR. 20», si erano avvicendati in due formazioni nel bombardamento del ponte.

Capo della seconda formazione era il capitano Fruttini, pilota della grande guerra, legionario fiumano, combattente d'Africa, A bordo, oltre a Fruttini, v'erano il tenente Bertelli, il maresciallo Moro, il sergente maggiore Lombardi, il sergente maggiore motorista Ceruti e gli avieri scelti Pellizzari e Carlini. Qualche istante dopo effettuato il lancio, mentre la formazione vola in una bufera di contraerei, una granata da 75 colpisce di sotto, verso prua, il bimotore, scoppia nell'interno, uccide il sergente maggiore Ceruti, frantuma i serbatoi della benzina e squarcia l'apparecchio largamente sotto e sopra. Fruttini lascia immediatamente la cabina di puntamento e si porta al posto di pilotaggio di sinistra. Provati poi i comandi e constatato che essi rispondono abbastanza, per quanto l'aereo, senza precipitare, perda quota a quasi dieci metri al secondo, egli ordina al tenente Bertelli di disciplinare il lancio col paracadute dell'equipaggio, non appena l'aereo sia sulle truppe nazionali. La grande «Cicogna» ferita è ora quasi sulla verticale di Pobla de Masaluca: Bertelli fa lanciare Pellizzari, Carlini e Lombardi. Da 3000 metri il bimotore è sceso rapidamente a 500. Fruttini ordina, calmissimo, a Bertelli di lanciarsi, che nulla gli resta da fare a bordo. Bertelli si lancia. Rimangono ai due posti di pilotaggio il capitano e il maresciallo Moro. Essi potrebbero ora, aprendo il soffitto della cabina, lanciarsi a loro volta. Non lo fanno perché sentono sotto il loro pugno la macchina rispondere, anche se nulla essi possono per sostenerla e per rallentarne il precipitoso avvicinamento al suolo. È la sublime decisione che è nei volatori di gran razza di tentare l'atterraggio, di non abbandonare la macchina ferita a morte finche rimane una probabilità su centomila di salvarla. Essi vedono il terreno rotto, roccioso, rigato da barranchi. Forse su questa strisciolina di settanta od ottanta metri essi riusciranno ad atterrare col bimotore fedele e sul quale cento azioni di guerra hanno compiuto. Anche il giorno avanti aveva avuto l'ala sinistra passata parte a parte dalle cannonate, là sulla via di Sagunto. I quattro camerati, appesi ai paracadute, scendono lentamente dall'azzurro e vedono affondare rapidamente la grande «Cicogna» col comandante eroico e con l'intrepido Moro. Il bimotore sprofonda, ancora in equilibrio per la miracolosa bravura dei due piloti; alla fine, a cinquanta metri da terra, una raffica fa sbandare la macchina, la fa scivolare sulla diritta, la butta giù. Fruttini e Moro, eroici fino alla morte, cadono da prodi. E il nome della medaglia d'oro Lamberto Fruttini arricchisce ora, con quello di Arnaldo Moro, l'elenco dei grandi valorosi dell'ala legionaria.

Ecco la motivazione della medaglia d'oro di Fruttini:

«Volontario in missione di guerra per l'affermazione degli ideali fascisti, comandante di squadriglia da bombardamento dell'aviazione legionaria, era costante esempio di ardimento e perizia conducendo a termine le più rischiose missioni, anche con l'aereo colpito dal fuoco nemico.

Nell'azione di martellamento dei ponti dell'Ebro, abbassandosi a poche centinaia di metri per essere più preciso nel tiro, aveva l'apparecchio colpito in pieno da una granata che uccideva il motorista e devastava l'apparecchio, compromettendone gravemente la stabilità.

Ordinato ai camerati di lanciarsi successivamente col paracadute, rimaneva al posto di comando.

Nel generoso tentativo di riportare l'apparecchio entro le linee nazionali, immolava gloriosamente la sua balda giovinezza per la grandezza della Patria».

Ed ecco quella di Arnaldo Moro:

«Volontario in missione di guerra per l'affermazione degli ideali fascisti, reduce dalla guerra d'Africa, pilota di eccezionale bravura, dava continue prove di grande valore e di profondo sprezzo del pericolo.

Secondo pilota di velivolo a capo di una formazione incaricata di bombardare i ponti dell'Ebro, fatto segno ad intensissima e precisa reazione contraerea, aveva l'apparecchio colpito in pieno da una granata che uccideva il motorista e devastava l'apparecchio, compromettendone gravemente la stabilità.

Ricevuto l'ordine di lanciarsi col paracadute, come già avvenuto per il resto dell'equipaggio, rinunciava alla sicura salvezza per restare al fianco del proprio comandante e coadiuvarlo nel disperato tentativo di raggiungere le linee nazionali.

Precipitava poco dopo, immolando la vita generosa per la grandezza della Patria Fascista».

Di episodi di sublime eroismo, di gloria incomparabile, di ardimento eccelso questo periodo della guerra aerea di Spagna è tutto infiorato: come i precedenti, come i seguenti. Per ottenere il dominio dell'aria non si poteva prescindere dal sacrificio.

Soltanto il giorno seguente, verso il tramonto, i caccia sovietici apparvero nel cielo di Viver in forte formazione, ma nonostante la prevalenza numerica trovarono più prudente cercar scampo con la fuga, non senza però aver pagato il tributo al valore legionario con cinque apparecchi.

Per più giorni i bombardieri legionari poterono battere, indisturbati, i punti dell'Ebro dove transitavano i rossi, riuscendo a spezzare uno dopo l'altro i ponti che uno dopo l'altro erano stati costruiti e a far tacere l'artiglieria contraerea della zona. Solo quello di Flix continuava a reggere nonostante i precisi lanci di bombe.

Si deve certamente all'Aviazione Legionaria italiana e tedesca se l'offensiva rossa, a cui tanto aveva contribuito la Francia con ufficiali e mezzi bellici, poté considerarsi morta subito dopo la sua nascita, se il grosso delle formazioni comuniste non osò trasportarsi oltre l'Ebro con la paura di trovarsi subito dopo isolato, se gli obiettivi non furono ne raggiunti ne avvicinati. E dire che l'offensiva era stata preparata con grandissima cura, nel massimo silenzio e con l'appoggio internazionale. Con essa i comunisti si ripromettevano la grande vittoria che doveva loro ridonare il controllo di tutta la riva mediterranea, rendere possibile la riunione territoriale di Barcellona a Valencia, conquistare Saragozza.

Certamente l'attività aviatoria legionaria poche altre volte fu più intensa.

Fra il 13 e il 25 luglio tutti gli apparecchi legionari furono impiegati in modo ininterrotto in un continuo andirivieni dai campi. Ecco i dati: per il bombardamento: 783 voli, 93 azioni, 750 tonnellate di esplosivi gettate sul nemico; per la caccia: 26 crociere e 488 voli di scorta, 76 crociere e 1124 voli di caccia, 20 apparecchi nemici abbattuti sicuramente e 24 probabilmente.

Per la ricognizione: 43 ricognizioni diurne e 8 notturne; 11 azioni e 69 voli per mitragliare, nel pieno della battaglia, le fanterie nemiche; 23.000 colpi di mitragliatrice sparati sulla terra dall'aria; 7200 chili di spezzoni lanciati. E per concludere, in quei tredici giorni, gli apparecchi dell'aviazione del Tercio hanno compiuto 2008 voli di guerra, per un totale di 5630 ore di volo; hanno lanciato 758 tonnellate fra bombe e spezzoni; sparato 45 mila colpi di mitragliatrice alle fanterie o agli apparecchi nemici.

Questi aridi dati bastano a fare un quadro. Si potrà aggiungere un breve commento. I bombardieri, come sempre, hanno avuto un compito doppio: sono stati gettati sulle retrovie del nemico, strade, ferrovie, centri di concentramento, ma si sono anche di continuo affiancati all'azione. dell'artiglieria, contribuendo a risolvere col loro intervento difficili situazioni locali.

Sul modo con cui è stato svolto il primo compito, più strettamente appropriato all'aviazione, le truppe avanzanti hanno trovato palesi testimonianze, specialmente nel centro ferroviario di Albentosa, nelle vie che lo circondano, nelle stazioni di Rubielos de Mora. In quanto al secondo compito, i fanti sanno quale aiuto materiale e quale sostegno morale sia stato per essi il martellamento dal cielo della fortissima linea di Albentosa.

Altro commento è che l'aviazione nemica, nonostante la sua nuova potenza, fu ancora una volta piegata. Dal 13 al 25 luglio risultò in costante declino, per numero e audacia di tentativi di difesa e di offesa.

Mai l'aviazione rossa osò attaccare gli apparecchi dei bombardieri; mai poté seriamente ostacolare l'opera legionaria. Il combattimento cercato dai caccia legionari fu evitato, per quanto essi poterono, dai rossi.

Tutto ciò era dovuto soprattutto alle eccelse qualità di questi indomiti ed infaticabili piloti.

Si affermò a suo tempo: «Chi volesse conoscere profondamente da quale razza gagliarda provengano gli italiani basterebbe sostasse per un poco in uno dei campi ove risiede un reparto dell'Aviazione Legionaria». Ed è vero, assolutamente vero. Per tutte le specialità l'adattamento dei piloti in tende e baracche e la modestia delle loro mense sono state sicuro indizio di frugalità; la paziente attesa di ordini e l'inesausta presenza degli specialisti intorno agli apparecchi, ai motori ed alle armi di bordo — talché le macchine di volo erano ad ogni momento pronte a balzare in aria — rispecchiavano il sicuro senso del dovere da cui ogni individuo è stato animato ed un sentimento gerarchico profondamente sentito. La sana allegria con cui ogni azione di guerra, come la snervante attesa sui campi, veniva affrontata, dimostra la vigoria fisica e psichica invidiabile e la serena coscienza che la causa che essi hanno servito era giusta ed eccelsa.

Stroncata sul nascere la poderosa offensiva comunista dell'Ebro, le forze franchiste ripresero l'iniziativa cominciando quel logoramento delle truppe rosse e più quella controffensiva pacata, metodica, irresistibile che doveva riportare il fronte alla linea del fiume.

L'aviazione franchista, che tanto aveva contribuito alla vittoria mettendo le divisioni rosse in gravi condizioni logistiche, proseguì instancabilmente la multiforme attività. I caccia ebbero finalmente la possibilità di misurarsi col nemico, che durante tutta la battaglia dell'Ebro non si era fatto vivo. Ciò avvenne due volte in una stessa giornata, e l'onore del combattimento toccò prima al gruppo nazionale di Garda Morato che si lanciò coi suoi «Fiat» contro una trentina di «Curtiss», tra Mequinenza e Fayon, abbattendone sei in fiamme, e poi ai volontari della «Condor» che si buttarono con una squadriglia di velocissimi «Messerschmidt» contro un nugolo di «Rata», nel cielo di Ascò, facendone precipitare tre.

Il caso aveva escluso quel giorno i legionari fascisti dal combattimento, ma essi tennero egualmente il cielo da padroni. E così fu nei giorni seguenti, perché le squadriglie dei «Pipistrelli», degli «Sparvieri» e delle «Cicogne» tempestarono implacabilmente e con piena efficacia ogni punto sensibile del nemico: dai ponti agli ammassamenti di materiale, dai nodi stradali ai parchi di velivoli, dalle postazioni di artiglieria alle colonne in marcia.

Nello stesso tempo gli apparecchi da bombardamento lontano si spingevano su Barcellona, su Valencia, su Sagunto e su altre località della costa lasciando cadere i micidiali carichi di bombe su quei variati obiettivi militari. È inutile, pertanto, tracciare un consuntivo di tutta questa portentosa attività.

L'opera veramente decisiva dell'Aviazione Legionaria si può riassumere nelle seguenti cifre, per quanto l'aridità di esse non riesca a dare l'impressione di tutto lo sforzo che è stato richiesto. Dall'inizio della battaglia dell'Ebro alla fine di luglio, circa 4000 voli di guerra con un totale di 2000 ore di volo sono stati compiuti dall'Aviazione Legionaria; oltre 1200 tonnellate di bombe e di spezzoni sono stati lanciati, e sono stati sparati 70 mila colpi di mitragliatrice in azioni sia di mitragliamento contro truppe a terra, sia in combattimenti aerei. Le lunghe crociere di protezione che la caccia legionaria ha dovuto effettuare per frenare le azioni aggressive dell'aviazione rossa non si contano.

Non sono mancati naturalmente episodi salienti nei quali l'altissimo valore dei baldi aviatori legionari ha spezzato ancora una volta l'azione di appoggio alle truppe a terra dell'aviazione rossa. Intere formazioni rosse da bombardamento sono state attaccate malgrado la protezione della loro caccia, che, seppure intervenuta gettandosi sui nostri mentre questi scompaginavano le formazioni dei bombardieri, è sempre stata costretta alla fuga dalla immediata reazione dei valorosi cacciatori.

Il 22 mentre soli nove «CR. 20» fanno servizio di protezione alle linee, si presenta una formazione di bombardieri, protetta da circa 25 caccia, i nove «CR.», che appartengono al gruppo «Asso di bastoni» affrontano risolutamente e con ardimento i «Martin» costringendoli a desistere dal bombardamento, e si attirano così l'ira e l'urto immane della caccia avversaria, baldanzosa perché conscia del minimo numero di «CR.» da affrontare e per essere su proprio territorio. I nove legionari si difendono con accanimento e risolutezza, moltiplicandosi nello sforzo di superare l'avversario con il metodo, la fede e la forte volontà di vincere. Dopo circa 15 minuti il cielo è sgombro dai rossi. Di «Fiat» ne sono caduti tre; due sono rientrati a Teruel durante il combattimento perché gravemente danneggiati. Sono abbattuti: Oliosi, mitragliato selvaggiamente mentre scende in paracadute avendo dovuto abbandonare il velivolo in fiamme; Guiducci e Lucchini, vittime del nutrito fuoco avversario, fatti subito prigionieri e liberati poi con la presa di Barcellona. La complessità del combattimento e la sua caratteristica vivacità non hanno permesso ai legionari di contare le loro vittorie sui rossi e perciò alla sera il gruppo dichiara di non poter dare apparecchi sicuramente abbattuti. Da documenti rossi, invece, risulterà più tardi che ben 6 sono stati i loro apparecchi abbattuti in quel combattimento. Bilancio vantaggioso per il gruppo per la brillante azione svolta in condizioni di assoluta inferiorità e per il notevole numero di rossi abbattuti. Dimostrazione di capacità ed allo stesso tempo di massima serietà nella denuncia dei risultati dell'azione.

Il giorno successivo l'«Asso di bastoni» — al cui comando era stato preposto il maggiore Remondino, un altro valoroso dell'ala fascista — è ancora fortunato: di scorta indiretta, sulla zona di Viver, intercetta una formazione di 9 «Martin» che si accingono a bombardare le linee. Anche questa volta sono protetti da un notevole numero di caccia. Lo scaglione basso del gruppo attacca risolutamente i bombardieri mentre lo scaglione più alto si porta contro i caccia. I «Martin» fanno immediato ritorno senza poter mollare le bombe sugli obiettivi. Tre di essi mentre si allontanano accusano i colpi ricevuti lasciandosi dietro abbondanti strisce di fumo nero. La caccia di scorta invece di intervenire, affrontando lo scaglione alto, di numero molto inferiore, stima più opportuno sottrarsi, facendo appello alla superiorità di velocità, all'inseguimento dei «32» che invano insistono per circa 30 Km. dentro il territorio rosso.

Episodi come questi non ne sono mancati anche negli altri giorni. Lo stesso gruppo, il 27 luglio, si scontrò con 23 «Rata» e 15 «Curtiss» nel cielo di Teresa. Anche qui i rossi pagarono caro, malgrado la loro soverchiarne preponderanza, il combattimento impegnato: 2 «Rata» ed un «Curtiss» furono abbattuti in fiamme, e un «Rata» ed un «Curtiss» poterono anch'essi considerarsi perduti. Purtroppo nella foga della mischia il tenente Borgogno, che nel gruppo aveva preso il posto di Raffi, è colpito al radiatore dell'olio ed al motore e deve prendere terra in territorio avversario. Si saprà poi che, pur ferito atterra magnificamente bene in un vigneto: constatata l'impossibilità di ripartire, piuttosto di dare all'avversario il velivolo efficiente, appicca il fuoco alla macchina mentre stanno giungendo i miliziani. Per tale atto arrischia l'immediata fucilazione: è salvato dal sopraggiungere provvidenziale di un pilota rosso abbattuto nei pressi, che cameratescamente lo sottrae al furore della truppa e del popolo.

L'azione di tamponamento dei cacciatori legionari frenò così l'aggressività dell'aviazione rossa, opportunamente rinforzata per lo sviluppo della nuova offensiva, e valse il dominio dell'aria ai bombardieri legionari che, non curanti del tempo e della massacrante fatica imposta dalle ripetute azioni di guerra, riuscirono ad interrompere con mitragliamenti reiterati il passaggio delle truppe rosse sull'Ebro, facendo saltare i ponti gettati dal nemico via via che questi venivano riattivati.

Il 27 luglio ben sei ponti sull'Ebro furono fatti saltare, tagliando così la linfa dei rinforzi alle truppe rosse che li avevano varcati. La pressione del nemico fu in tal modo contenuta e quindi, con seguenti azioni violentissime di bombardamento, furono distrutte intere unità che avevano già passato l'Ebro e si stavano attestando.

Centinaia di mitragliamenti «a catena» sulle truppe di rincalzo al di là dell'Ebro, costrinsero ad un rallentamento e quindi allo spegnimento dell'azione.

E' qui opportuno ricordare che «las cadenas», cioè «le catene» degli apparecchi furono inventate da Bonomi, il quale usò per la prima volta questo sistema di mitragliamento e di bombardamento continuato proprio a Navalcarnero, dove i rossi erano solidamente trincerati e non si potevano travolgere con attacco frontale. In quell'occasione Bonomi mandò le squadriglie dei «Ro 37» a prendere di rovescio le trincee; i «Ro 37» uno per uno scesero sulle trincee nemiche tirando le bombe da 15 chili e gli spezzoni e mitragliando uno per uno ripetutamente i miliziani che, vistisi a mal partito, tagliarono la corda dando modo ai nazionali di occupare anche quella importante posizione. Ma ritorniamo alle operazioni sul ponte dell'Ebro.

Il dominio, specialmente in quello scorcio di luglio e nel successivo agosto, fu assoluto. Per giorni interi gli aviatori legionari non riuscirono ad avvistare apparecchio nemico e quando il caso volle che qualche formazione rossa si alzasse nel cielo per effettuare questa o quella missione, i legionari rintuzzarono qualsiasi sua velleità, la costrinsero a desistere, la batterono senza tregua. Il cielo apparteneva all'aviazione franchista: da ricognizione, da assalto, da bombardamento, da caccia. Le cifre che ne rispecchiano l'attività lo documentano irrefutabilmente.

Eccole: dal 25 luglio al 5 agosto furono compiuti dall'Aviazione Legionaria 1672 voli di guerra con un totale di 2825 ore di volo; si lanciarono circa 462.000 chilogrammi di esplosivo e si spararono 5600 colpi di mitragliatrice.

Le perdite inflitte al nemico furono gravissime; nell'ansa dell'Ebro, ove s'era sviluppata l'offensiva dei rossi, furono compiute 58 azioni di bombardamento con l'impiego totale di 541 apparecchi. L'offesa aerea fu portata, coi bombardamenti, sui ponti e le passerelle di Mequinenza, di Flix, di Ascò, di Mora la Nueva. Inoltre furono bombardati i barranchi, dove, in voli di ricognizione, erano stati rilevati importanti concentramenti nemici.

Azioni aeree di mitragliamento, inoltre, furono effettuate sui ponti e sulle passerelle dove vennero lanciati più di 2000 spezzoni da due chilogrammi, e sparati circa 5.000 colpi di mitragliatrice.

L'azione delle forze da caccia fu intensissima per i voli di scorta agli apparecchi da bombardamento e per le crociere di sorveglianza. Il consuntivo numera 13 crociere di scorta con l'impiego totale di 327 velivoli e 13 crociere di sorveglianza con l'impiego totale di 352 velivoli.

E ci sono poi i bombardamenti lontani su Barcellona, Valencia, Alicante, Sagunto e tante altre località. E c'è la grande, perseverante, silenziosa attività della ricognizione.

Ai cacciatori, sempre presenti ovunque, il generalissimo Franco, proprio in questo periodo, che fu tanto pieno di vittorie e di eroismi, dette una prova tangibile del suo alto apprezzamento concedendo al 23° Gruppo legionario, quello conosciuto col nome di «Asso di bastoni», — comandato allora dal ten. col. Zotti, l'ardimentoso pilota che, a guerra finita, un incidente di volo ha strappato alla vita nel mare Tirreno — la medaglia militare collettiva, una delle più alte decorazioni che possono essere concesse ad un reparto combattente, con una motivazione che è motivo di onore e di orgoglio:

«I Gruppi da caccia «Fiat» dell'Aviazione Legionaria hanno avuto una parte tanto brillante nella guerra che ad essi si deve una gran parte dei risultati conseguiti nelle operazioni sui diversi fronti. Tra essi si è distinto in modo straordinario il 23° Gruppo, il quale, sotto la guida sicura di un valoroso capo ha combattuto in tal modo da meritarsi numerose citazioni di comandanti di grandi unità. Fra le azioni di questo Gruppo emergono quelle dal 29 maggio al 3 giugno 1937 sul fronte di La Granja-Segovia, nel quale lottò con successo contro forze aeree superiori di numero, e dal 6 luglio al 26 luglio 1937 nel combattimento di Brunete, specialmente nei primi giorni, sopportando da solo gli attacchi impetuosi di tutta l'aviazione rossa concentrata nel detto settore».

Fu questa la seconda medaglia militare collettiva conferita a reparti dell'Aviazione Legionaria. La prima venne assegnata alla squadriglia da caccia della «Cucaracha», nella quale si raggruppavano i primi cacciatori volontari italiani che seppero cogliere 76 vittorie aeree in 70 giorni di attività.

Sono di questo movimentatissimo agosto le imprese sempre più serrate e sempre più efficaci dei bombardieri legionari, condotte su ben altri obiettivi di quelli tanto cari ai bombardieri rossi. Mentre questi, durante tutta la guerra, si sono scagliati sulle inermi popolazioni delle città mietendo fra esse vittime numerosissime (un calcolo approssimativo le fa ascendere, fino al giugno 1938, ad oltre 19.000), l'aviazione da bombardamento di Franco ha solo mirato ad obiettivi militari, preferendo tra questi i porti in cui si effettuava il contrabbando di materiale bellico. Uno studio speciale era fatto per evitare fino al limite della possibilità la distruzione dei centri abitati, la falcidia delle popolazioni civili, il danneggiamento delle numerosissime opere d'arte. Eppure sovente era difficile fare una discriminante perché i rossi non si peritavano di risparmiare il patrimonio artistico di Spagna e l'usavano invece come schermo a fini militarli.
Ma l'abilità dei bombardieri legionari fu tale in ogni circostanza da salvare ciò che era salvabile. E questo poterono ottenere pur sapendo che per farlo era necessario correre il maggior rischio.
A parte il quotidiano bombardamento dei ponti dell'Ebro e delle opere contraeree protettive ad essi intorno, l'aviazione pesante legionaria fu in continua attività per tutto il mese di agosto. I gruppi dei «Falchi», dei «Pipistrelli», degli «Sparvieri», delle «Cicogne», delle «Linci», si emularono ed andarono a gara nel tenere il cielo. Ogni giorno le squadriglie possenti e velocissime si levavano in volo dai campi insulari e continentali per portare l'offesa su obiettivi vicini e lontani, scortati o no dalla non meno attiva specialità della caccia.
I piloti di essa, da tempo, non s'incontravano con i rossi. Eseguivano inappuntabilmente le loro lunghe crociere; ma il nemico non si vedeva. Finalmente il 5 agosto nel cielo di Gandesa il gruppo Tessari ha la ventura di rompere il ghiaccio. Tre squadriglie del gruppo «Cucaracha» sono in cielo; due a circa 6000 metri, una a 7000, in protezione. È anche nella formazione legionaria, pilotando un «CR. 32», il comandante dello stormo di caccia il valoroso colonnello D'Aurelio. Appaiono cinque bombardieri rossi sui 5000 metri e sopra due formazioni di una squadriglia l'una, di «Rata». François attacca i «Martin Bomber». Tessari e i suoi si buttano sui «Rata». Fassi subito ne incendia uno. Tessari non vede il suo bruciare, ma da presso lo riempie di pallottole sul dorso mentre gli si rovescia davanti. Non può sapere come e dove ha toccato terra, perché un altro «Rata» lo punta. Spara di nuovo un po' lontano; l'altro si rovescia, va giù come un bolide... senza fumo. La 24ª intanto insegue i «Martin» fin quasi al mare. Ritornati a casa, sono risultati abbattuti con certezza un «Martin Bomber» ed un «Rata», più due «Rata» non accertati. Ma Tessari era un novizio della guerra e non s'era azzardato a denunciare i suoi due.
Torniamo, ora, a dire dei bombardieri legionari, le cui gesta dimostrano quanto redditizio per la Causa franchista fosse il loro impiego.
Da Puig Moreno le «Cicogne» spiccavano quotidianamente il volo verso gli obiettivi che in questo periodo di mezzo agosto sono quasi unicamente i ponti rossi dell'Ebro. Su tali obiettivi i «B.R. 20» lasciarono cadere il giorno 6 agosto 60 bombe da 100 chili, il 7 altre 48 bombe dello stesso peso e così pure il 12; altre 8 il giorno 15. Anche «Ba 65» si accanirono contro quei ponti dai quali traeva alimento l'offensiva rossa su Gandesa. Il giorno 12 quattro di queste «Cicogne» da assalto effettuano il bombardamento in picchiata del ponte nord e finalmente lo colpiscono in pieno; il 15 l'azione è ripetuta con ottimi risultati nonostante la reazione vivacissima della difesa contraerea.
Il giorno 16 venivano prese di mira le posizioni e le località di ammassamento delle riserve dei rossi a nord-est della Sierra de Pandos. Gli «Sparvieri» legionari eseguirono invece un'azione massiccia sui barranchi dei dintorni di Abejuela, sul fronte del Levante, colpendo importanti obiettivi militari e visibili concentramenti nemici. Una squadriglia di «Breda 65»

d'assalto, dal canto suo, attaccò ancora una volta il ponte su palafitte di Flix, spezzandolo con un tiro a tuffo di media altezza e l'aviazione delle Baleari bombardò il porto di Villajoyosa.

Sempre nella stessa giornata, per dodici ore consecutive, i «Pipistrelli», le «Cicogne», gli «Sparvieri», le «Linci», i gruppi valorosi della nuova Spagna, quelli altrettanto possenti della «Condor» hanno coperto di ferro e di fuoco le quote, preso di mira i barranchi ove si ammassavano le riserve, impedito il traffico sulle strade da quote altissime o da poche centinaia di metri.

E l'aviazione da caccia rossa non si faceva viva perché il cielo era guardato e inibito ad essi dall'«Asso di bastoni», dalla «Cucaracha», dalla «Gamba di Ferro» i gruppi legionari imbattibili. Comparve invece, quando l'ultimo bombardiere franchista era svanito all'orizzonte, presumendo di trovare il cielo sgombro per tentare il mitragliamento delle truppe che salivano sulla Sierra di Pandesa. Ma erano sopravvenuti di guardia i prodi cacciatori dei gruppi di Garda Morato, l'asso degli assi, e del comandante Salas e stormeggiavano le fulminee squadriglie dei «Messerschmitt». Una cinquantina tra «Rata» e «Curtiss» trovarono perciò chi li attendeva. Fu un combattimento durato almeno venti minuti tra Gandesa e l'Ebro; alla fine gli apparecchi sovietici abbandonarono la lotta ma tredici di essi erano precipitati in fiamme o si erano infranti al suolo.

Tutti i giorni, anche quando il tempo con le sue formazioni temporalesche non era propizio, i bombardieri legionari tenevano il cielo portando tutto il loro efficacissimo contributo nella preparazione della controffensiva dell'Ebro sia bombardando le linee del fronte e sia portando l'offesa nelle retrovie.

E quando, all'inizio della terza decade d'agosto, la controffensiva fu scoccata, gli aerei, con perfetta e simultanea azione con quella delle fanterie e delle artiglierie, martellarono senza tregua le posizioni rosse, batterono le vie di comunicazione, paralizzarono qualsiasi movimento di una certa importanza e terrorizzarono i difensori miliziani. Certamente buona parte del merito del successo nell'azione franchista va attribuito ai gruppi legionari di bombardamento: alle «Cicogne», ai «Pipistrelli» e agli altri che, in un modo o nell'altro, vi parteciparono. Se il massiccio del Gaeta, ad esempio, poté essere conquistato, molto si deve al bombardamento preventivo intensissimo ed efficacissimo compiuto dall'ala legionaria. Da Bibaroja a Benifallet nell'arco dell'Ebro le incursioni dei bombardieri franchisti si succedettero senza interruzione per tutta la durata dell'offensiva ed ebbero termine solo quando l'ultimo soldato rosso ebbe riattraversato il fiume.

Non è certo possibile ricostruire la cronaca di queste ossessionanti azioni, ed essa, d'altra parte, non dipingerebbe mai compiutamente l'efficacia della martellante e demolitoria opera. Basterà dire che ogni giorno gli obiettivi furono raggiunti e battuti con tutta l'efficacia prevista. I differenti gruppi andarono a gara in questa immane e perigliosa fatica meritandosi il più ampio riconoscimento.

Durante questo periodo anche la caccia, in costante servizio di vigilanza e di protezione delle squadriglie da bombardamento, riassaporò la gioia del combattimento e della vittoria. Per molti giorni l'aviazione comunista non si era fatta viva; toccata dalle molte lezioni ricevute, aveva disertato i cieli. Soltanto il 16 agosto s'era levata in massa dai campi, ma quando i legionari non erano più nel cielo, e ciò nonostante ebbe quel che si meritava dai camerati spagnoli e tedeschi. Quando osò ripresentarsi conobbe nuovamente la dura sconfitta.

Così il 23 agosto. Nella mattinata il valoroso gruppo legionario dell'«Asso di bastoni», in crociera libera sul grande arco dell'ansa dell'Ebro, scorta una nutrita formazione di «Rata» a più di 6 mila metri che puntava sul fiume ed in basso dei «Martin Bomber» che stavano tagliando l'Ebro all'altezza di Ascò per portarsi sulle linee nazionali, fulmineamente si buttò sui bombardieri sovietici con una pattuglia di 9 «Fiat», mentre altre due pattuglie, a maggior quota, attaccarono violentemente i «Rata».

I «Martin Bomber», liberatisi dell'esplosivo sullo stesso territorio rosso, cercarono di sfruttare le loro superiori doti di velocità per sfuggire all'attacco dei cacciatori legionari, ma questi ultimi, piombandovi sopra come bolidi, li mitragliarono con tanta foga da farne precipitare due in fiamme; un altro, accanitamente inseguito e tenuto sotto il fuoco implacabile delle armi italiane, fu fatto scendere sbandatissimo e lasciandosi dietro una scia di fumo, preludio fatale dell'incendio.

Intanto, duemila metri più in alto, il resto del gruppo «Asso di bastoni» si batteva con la bravura e l'impeto ben conosciuti. Il combattimento durò una decina di minuti e alla fine i legionari rimasero incontrastati dominatori del cielo della lotta. Quattro «Rata» furono abbattuti in fiamme. Del gruppo il sergente Bracco, ferito alla schiena da un proiettile passato attraverso lo schienale ed il paracadute, tornò nel territorio nazionale verso Saragozza dirigendosi dove sapeva di trovare un ospedale per le cure della sua ferita. Purtroppo nei pressi di Saragozza, non reggendo alla fatica, all'estremo delle forze, portatosi all'atterraggio su terreno di fortuna, un solco di terreno, non valutabile dal volo, fece capottare il velivolo che si incendiò. Il sergente Bracco, ferito, non poté sottrarsi alle fiamme e donò così la sua bella esistenza: esempio fulgido di un eroismo spinto contro il destino infausto.

Dell'«Asso di bastoni», oltre a Bracco, s'erano distinti per audacia e valore, insieme col comandante Remondino, il capitano Foschini, il capitano Bonzano, i tenenti Locatelli, Gori, Spagnolini, Rigatti, Farina e Tomaselli, i marescialli Lozei e Borghi e il sergente Buvoli, i quali tutti, o individualmente o collettivamente avevano ottenuto la vittoria nei duelli col nemico.

Nella serata dello stesso 23 agosto, alle ore 18, il gruppo legionario da caccia della «Cucaracha», in crociera di interdizione sull'Ebro, mentre i bombardieri tempestavano i traghetti della zona di Ascò, incontrò una quarantina di «Rata». I valorosi cacciatori legionari, al cui comando dopo François era subentrato il tenente colonnello Tessari, tagliata la via al nemico li costrinsero ad accettare il combattimento che si risolse con l'abbattimento in torcia di sei «Rata», mentre un settimo apparecchio fu segnalato abbattuto probabile. Fra l'«Asso di bastoni» e la «Cucaracha» l'Aviazione Legionaria da cuccia abbatté quel giorno dieci «Rata» sicuri e due probabili, due «Martin Bomber» e un altro probabile; e cioè un totale della giornata per tutta l'aviazione franchista di undici caccia sicuri e sei probabili e tre bombardieri sicuri e uno probabile.

Fruttifero per la caccia legionaria fu anche il giorno seguente. Poco dopo le otto il gruppo della «Cucaracha» su 29 apparecchi era in crociera sull'Ebro quando scorse duemila metri più in basso due pattuglie di tre apparecchi ciascuno da bombardamento. Nello stesso tempo avvistava in quota più di una trentina di «Rata», altissimi.

Il comandante legionario alla testa dello scaglione più basso del suo gruppo piombò fulmineamente sui «Martin Bomber» rimasti, mentre le due altre formazioni attaccavano con estrema decisione i «Rata» tenendoli impegnati e impedendo loro di intervenire in aiuto dei bombardieri.

I «Martin Bomber» picchiando disperatamente e fidando sulla velocità superiore, tentarono allora di sottrarsi all'attacco dei «Fiat» ma la pattuglia che li puntava aveva netto vantaggio di quota e durante l'affondata a pieno motore ebbe il tempo di crivellarne uno di colpi. Mentre gli altri riuscivano a staccarsi dagli inseguitori, quello colpito lasciava la formazione e perdeva quota sbandatissimo, con qualche focolaio d'incendio a bordo, ed andò a perdersi non molto lontano, appena al di là dell'Ebro.

Il combattimento accesosi fra i caccia, alimentato ben presto dalla pattuglia del comandante della «Cucaracha», risalito in quota dopo l'attacco ai bombardieri, fu serrato e si spostò gradatamente in territorio nemico. Alla fine il nemico aveva perduto sei apparecchi sicuri e uno giudicato probabile, mentre la formazione legionaria rientrò al completo sul campo.

Oltre agli aerei abbattuti, i legionari provocarono anche la resa di un cacciatore rosso che, preso in coda da due «Fiat», fece cenno con le mani che rinunziava ad ogni velleità di difesa e fu accompagnato bene addentro alle linee franchiste, dove fu costretto ad atterrare ed arrendersi. Si distinse in questo combattimento la squadriglia autonoma da caccia e mitragliamento denominata «Frecce». Terrore dei rossi, questa squadriglia comandata dal valoroso capitano Vosilla si era ormai acquistata una grande rinomanza nella sua opera di attacco al suolo con mitragliatrici e spezzoni. La sua gloriosa opera doveva continuare fino alla fine della guerra a prezzo di sangue nei dieci combattimenti sostenuti, nei quali ebbe il 50 per cento dei caduti ed alcune medaglie d'oro fra i suoi prodi.

In totale, dunque, ben otto apparecchi costò al nemico quel combattimento in cui le tre squadriglie del gruppo di Tessari e la squadriglia autonoma di Vosilla gareggiarono in valore e in bravura nel comune intendimento della vittoria legionaria.

E potremmo proseguire nella rievocazione di accanite battaglie aeree nelle quali rifulse il valore dei piloti legionari. Potremmo continuare ad elencare le fulminee e fulminanti azioni dei bombardieri sempre e ovunque presenti. La storia dell'attività quotidiana non reca vuoti, non segna pause; al contrario, è sempre densa di avvenimenti gloriosi.

Nel mese di agosto, dunque, come anche in quello di settembre, mentre la controffensiva franchista sull'Ebro entrava nella fase acuta, l'Aviazione Legionaria, si accanì particolarmente contro le difese rosse della sacca dell'Ebro tenendo sotto continuo bombardamento la testa di ponte di Ascò e le linee di resistenza, neutralizzando ogni velleità avversaria. Ogni giorno «Sparvieri» e «Cicogne» si alternavano sui difficili obiettivi effettuando quei tiri precisi e compatti che ben si possono dire una nuova conquista della tecnica aerea del bombardamento. Il cielo era sempre dominato dall'ala legionaria e nazionale poiché difficilmente i rossi, cacciatori e bombardieri che fossero, osavano farsi vivi. E quando tentarono le vie del cielo furono sempre sonoramente battuti. Così accadde il 26 agosto sulla testa di ponte dell'Ebro e a sud dalla Guadiana; così fu il 30 successivo nel cielo nell'Estremadura e così avvenne il giorno seguente sopra Batea.

Questo susseguirsi di vittorie che i legionari andavano a cercare poiché l'aviazione rossa si faceva sempre più timida e più pavida portò, alla fine di agosto, gli apparecchi nemici abbattuti dall'inizio della guerra dal complesso delle forze aeree di Franco al bel numero di circa un migliaio di cui gli otto decimi almeno russi.

Certo è che la battaglia dell'Ebro, vittoriosa in terra per le forze franchiste, fu doppiamente vittoriosa in cielo per la Spagna nazionale per la enorme superiorità dimostrata in ogni circostanza dalla valorosa Aviazione Legionaria.

Qualche episodio merita di essere ricordato tra i moltissimi. Ad esempio quello del 4 settembre, giorno in cui i «Pipistrelli» e le «Cicogne» agirono a fondo lanciandosi con veemenza inaudita gli uni sulle vie conducenti dal Gaeta a Corbera e gli altri sulle difese della Venta de los Campesinos ove una polveriera fu colpita in pieno. Fu questa un'azione di forza e di potenza, preludente un seguito di bombardamenti efficacissimi che tanto valsero ad aprire la via alle truppe terrestri. Come al solito, l'aviazione comunista non tentò di farsi viva. Quando credette di far sentire la sua presenza ebbe quel che si meritava. Così accadde il giorno seguente, mentre il bombardamento svolgeva la sua opera sulle linee nemiche della Venta de los Campesinos. Masse formidabili di «Rata» e di «Curtiss» si erano lanciate contro le squadriglie dei «Pipistrelli» alla cui scorta immediata erano le pattuglie del gruppo «Asso di bastoni». Ma più in alto si trovava l'intero gruppo «Cucaracha», il quale piombò fulmineo sulle formazioni rosse abbattendo alla prima scarica tre «Curtiss» e trascinando gli altri lontano dai bombardieri legionari. Come sempre, lo straordinario valore, la bravura, l'insuperabile spirito di collaborazione fra le pattuglie legionarie, rifulgevano. La lotta, spostatasi gradatamente verso oriente, tanto che gli ultimi mitragliamenti avvennero a est di Falset, ben addentro perciò in territorio nemico, durò circa un quarto d'ora. E quando il gruppo dell'«Asso di bastoni», esaurita la sua guardia al bombardamento pesante, accorse per rincalzare i camerati, nessun cacciatore rosso era più in vista. Contando i tre già segnalati, gli imbattibili piloti della «Cucaracha» avevano fatto precipitare sotto i loro colpi quattro «Rata» e quattro «Curtiss», mentre altri due «Rata» e un «Curtiss» erano considerati abbattuti probabili. Tutti i cacciatori legionari rientrarono regolarmente alla loro base dopo la stupenda vittoria.

Al combattimento aveva anche preso parte il comandante della caccia legionaria che con due soli gregari si trovò nel bel mezzo della giostra quando più essa si fece serrata. E' da rimarcare che la mischia fu improntata ad una netta superiorità di manovra del gruppo e fu caratterizzata dall'aggressività individuale di ogni pilota dei «Fiat». Dei cavalieri azzurri risultarono abbattitori sicuri Visintini, Marini, Ferrero, Tozzi, Scarpetta, Mayone, Acerbi e Fassi.

Il 5 settembre, sul fronte di Gandesa, il gruppo «Asso di bastoni» è di scorta diretta ai vecchi e gloriosi «S. 81». Mentre essi stanno effettuando il tiro, circa 15 caccia rossi, infiltratisi senza essere visti da un altro gruppo legionario in scorta indiretta, si avvicinano nell'intento di colpire i bombardieri. Prontamente i «CR. 32» di scorta diretta dell'«Asso di bastoni» si rivoltano, rintuzzano l'offesa ponendo, subito, i rossi in fuga precipitosa. Nel piccolo episodio, senza risultati dichiarati di velivoli rossi abbattuti, è una dimostrazione dello stile e della capacità degli elementi del gruppo. Nella scorta diretta, infatti, la massima abnegazione deve dominare i cacciatori: pochi avversari in posizione favorevole costituiscono un boccone facile per i «32», basta mollare i bombardieri ed inseguire l'avversario. Tale soluzione è contro le buone regole, il compito immediato non lo permette, nessun «CR. 32» perciò manca al suo dovere confermando la massima fiducia dei bombardieri.

II giorno successivo il gruppo dà un'altra lampante dimostrazione di serietà e chiarezza d'intenti. Mentre compie una delle solite crociere sul fronte di Gandesa, piccoli nuclei di caccia rossa si profilano all'orizzonte. Il gruppo li tiene ben d'occhio, ma non abbandona il cielo da difendere per un inseguimento pur tanto desiderato. Qualche tempo dopo appaiono, lontano, nuclei di bombardieri che, naturalmente, non attendono molto ad invertire la rotta ed a scomparire dalla vista, scorgendo i «32». Se il gruppo si fosse fatto adescare dalla caccia rossa inseguendola sul suo territorio, avrebbe lasciato libero e sicuro accesso ai bombardieri sugli obiettivi nazionali.

Giornata memorabile per la caccia legionaria fu quella del 21 settembre in cui il gruppo «Gamba di ferro» comandato da Baylon, e la squadriglia autonoma, comandata da Zannetti, e cioè un totale di 27 apparecchi, combatterono contro poco meno di una quarantina di cacciatori rossi nel cielo di Flix La Palma nell'interno del territorio rosso fino al limite dell'autonomia dei «Fiat» legionari. I risultati del combattimento consistettero in due «Rata» abbattuti ed altri cinque «Rata» probabili fatti cadere, ma sopratutto nell'intelligentissimo, accorto ed abile comportamento dei tre comandanti della 32ª, 33ª e squadriglia autonoma, i capitani Falconi e Borzoni ed il tenente Zanetti, i quali, resisi sempre conto delle situazioni che si andavano via via prospettando, hanno manovrato, coadiuvati abilmente dai gregari, nella maniera esatta che le circostanze richiedevano dimostrando la loro prontezza nell'apprezzamento della situazione, la loro assennata e disciplinata iniziativa oltreché abilità, affiatamento ed animosità per la loro condotta.

Qualche giorno dopo, il 24 settembre, il gruppo «Asso di bastoni» riesce, forse per la prima volta nella guerra aerea di Spagna, a realizzare un combattimento serrato, disciplinato, organico; dopo del quale, liquidato l'avversario, si rimette in formazione e continua il servizio. Giova ricordare che in tutti i combattimenti i cacciatori, di solito, dopo il primo urto, si sciolgono, la mischia rompe i contatti, il duello singolo impera. Ogni elemento, nel perseguire la singola vittoria, si stacca dalla massa, diventa unità che, finita l'azione singola, si trova isolato senza avere di meglio da fare che tornare alla base per raccontare l'episodio, per manifestare la gioia, per esprimere il giubilo della vittoria ottenuta. Così in effetti succede: dopo il combattimento l'unità tattica si scioglie, ogni singolo elemento o piccolo gruppetto torna alla base avendo perso il contatto con il rimanente. Ciò porta al cessare del «servizio» per il quale è in volo; il cielo diventa sgombro e quindi l'avversario organizzato può svolgere le sue azioni offensive dopo di avere impunemente adescato la caccia data la sua maggiore velocità.

Invece il 24 il gruppo, coi suoi due scaglioni, attacca contemporaneamente due masse di caccia avversaria: sono «Rata» che giungono quasi sulle linee, più alti dei «32» e più numerosi. I legionari li affrontano con irruenza, ma si mantengono collegati e riuniti sulla zona da difendere. Tutto il combattimento resta sui 5000 metri di quota, nessun «32» si stacca. Dopo 20 minuti di «Rata» non se ne vedono più, in basso i «Curtiss» che sono, come al solito, in accompagnamento dei «Rata», sono attaccati da un gruppo nazionale che è appena giunto sul fronte. L'«Asso di bastoni» contribuisce alla piena disfatta anche dei «Curtiss»; ma non si scioglie; con gli elementi riuniti in formazione continua, fino al termine stabilito, il servizio di crociera e rientra così compatto al campo di Sariñena. Sono dichiarati abbattuti 3 «Rata» ed 1 «Curtiss» e 3 «Rata» probabilmente abbattuti.

Altra bella vittoria fu quella conseguita il giorno prima, 23 settembre, dal gruppo «Gamba di ferro» contro 35 «Rata» che scortavano sei «Katiuska» verso Corbera. Uno dei bimotori da bombardamento andò subito in fiamme, gli altri furono costretti alla fuga. E dei «Rata» ben sei furono precipitati al suolo. In quella stessa giornata l'aviazione spagnola e quella legionaria tedesca avevano a loro volta inferto sonore lezioni ai rossi, sì che in totale ben 16 apparecchi nemici risultavano, alla sera, abbattuti.

Ma tutti i giorni le ali legionarie annoveravano vittorie per la stretta guardia e il prontissimo intervento della caccia. E tutti i giorni la ricognizione ed il bombardamento tenevano baldamente il cielo da padroni assoluti. L'offensiva dell'Ebro, invero, ha mostrato ancora una volta quanto valga nella risoluzione di una situazione critica l'intervento tempestivo e sapiente delle forze aeree; ancora una volta l'uomo ha dimostrato di quali eccezionali qualità può fare sfoggio quando disponga di un formidabile strumento di volo e ancora una volta gli aviatori legionari hanno dato esempio, come sempre, di una attività instancabile e di una dedizione senza limiti.

E' difficile fare un consuntivo del contributo recato dall'Aviazione Legionaria in questa duplice battaglia. Certamente fu risolutivo, perché prima impedì il traboccare rapido delle masse comuniste verso Gandesa e Saragozza, e dopo aprì il varco alle truppe franchiste lanciate alla controffensiva. Il dominio del cielo, che sempre i legionari seppero tenere, fu un coefficiente d'incommensurabile valore per il conseguimento della vittoria definitiva.

Altre sbalorditive imprese la caccia legionaria le compì il 9 ottobre a nord della Venta de los Campesinos quando l'«Asso di bastoni» si lanciò contro 10 «Katiuska» da bombardamento ed i 15 «Rata» che ne formavano la scorta immediata, abbatteva in meno di un minuto tre grossi bombardieri rossi e, voltasi subito dopo contro la scorta dei caccia, rinforzata da altri 40 «Rata» che sino allora si erano tenuti lontani, ingaggiava il combattimento nella proporzione di uno contro due e riusciva a scompaginare la formidabile formazione dopo aver abbattuto sicuramente sei «Rata». Di rilievo in questo scontro è il fatto che ormai per l'«Asso di bastoni», come per tutti gli altri gruppi da caccia legionari, la disciplina nella lotta era diventata consuetudine. Anche quel giorno l'azione si era svolta esemplarmente senza perdita alcuna e questo perché dopo avere attaccato di sorpresa, a valanga, i bombardieri rossi, i cacciatori legionari si erano avventati compatti contro gli avversari della scorta impegnando il combattimento per una ventina di minuti al termine dei quali la formazione legionaria si era ritrovata perfettamente ricomposta sì da poter proseguire, dopo la meravigliosa vittoria, la propria missione.

Oltre l'«Asso di bastoni» presero parte al combattimento la notissima squadriglia autonoma dell'eroico Zannetti e la pattuglia del Comando di Stormo con lo stesso comandante colonnello D'Aurelio. Tutti i reparti, per un verso o per l'altro, contribuirono egregiamente alla magnifica vittoria.

Ancora nel cielo di Ascò, il giorno seguente, l'«Asso di bastoni» si trovò impegnato contro bombardieri e cacciatori rossi. Il gruppo, comandato da Remondino, si comportò come sempre, cioè valorosamente, e conseguì un'altra fulgida vittoria distruggendo due «Martin Bomber» e sei «Rata» più altri probabili. Giocondi e Farina abbatterono ciascuno un avversario; Remondino, Rigatti, Manuelli, Roveda, Galbiati, Bertotti, Bonzano, Locatelli, Pierobon,

Montanari, Sterzi e Bevilacqua collaborarono nell'abbattimento degli altri.

Una bella vittoria fu ottenuta il giorno 14 successivo dai piloti della «Cucaracha», della sezione del Comando Stormo e della squadriglia «Frecce», in collaborazione, nel cielo di Corbera e Flix. Quattro «Rata» sicuri e due probabili abbattuti furono i risultati finali. La lotta certamente fu dura perché tanto il comandante che il vicecomandante della 25^a squadriglia, che si era lanciata disperatamente all'attacco contro una formazione agguerritissima, ebbero gli apparecchi gravemente colpiti. E poi i legionari s'erano trovati a combattere contro un numero quasi doppio di avversari che pure si dimostrarono abili manovrieri e ardimentosi. Il gruppo «Cucaracha» ebbe nel suo comandante, Tessari, l'esemplare trascinatore e nei comandanti di squadriglia e nei gregari dei perfetti, valorosissimi seguaci.

Egualmente avvenne il 30 ottobre nel cielo di Ascò. Dell'episodio fu protagonista, il gruppo della «Cucaracha» che, dopo aver messo in fuga una formazione di dodici «Martin Bomber» impegnò il combattimento contro una quarantina di caccia mettendone fuori causa undici. In questa battaglia aerea rifulsero l'eroismo, la valentìa e l'audacia del valoroso pilota Baylon che s'era lanciato contro un «Rata». Il duello fu drammaticissimo. Baylon ed il pilota rosso, mitragliandosi di prua volando l'uno contro l'altro alle velocità sommate di più di 700 chilometri all'ora, prolungarono le raffiche fino a pochi metri di distanza. Quando entrambi, in extremis, tentarono la virata acrobatica era troppo tardi per evitare la collisione. Il «Rata» che aveva perduto un'ala nel terribile scontro, precipitò sfasciandosi completamente ancora in aria; il «Fiat» che aveva perduto metà di una delle semi ali inferiori fu riportato al campo miracolosamente da Baylon, il quale anche in un frangente come quello provò la sua fenomenale bravura oltre che il suo durissimo spirito di combattente. Partecipò al combattimento anche la squadriglia autonoma di Zannetti i cui piloti gareggiarono con quelli del gruppo «Cucaracha» in abilità ed ardimento.

Lo stesso 16° gruppo, col concorso della squadriglia autonoma di Zannetti, combatté il giorno seguente su Mora de Ebro contro alcuni caccia rossi e ne abbatté due ad opera di Tessari, Baylon, Meille, Pinna, Colombo, Stoppani, Ceccacci, Accorsi, Raimondi e Iadanza i quali cercarono di superarsi a vicenda per ottenere tangibili risultati.

Se agguerrite si dimostravano le squadriglie da caccia dell'Aviazione Legionaria non meno agguerrite furono quelle dei bombardieri durante questo periodo. Sempre in prima linea si misero le veloci «Cicogne» al cui comando era subentrato il ten. col. Ugo Rampelli. I bombardamenti eseguiti nella zona di Corbera, della Venta de los Campesinos, di Faterella, della Sierra de Caballos, le molte ricognizioni fotografiche eseguite in varie zone, le lunghe crociere di vigilanza compiute dai «Ba 65», provano che le «Cicogne» furono continuamente in attività in quel mese di ottobre.

Risale anche a quel periodo la brillante azione offensiva, tra le tante altre, di una formazione di «Sparvieri» sulle giogaie di M. Fatarella, condotta, il 28 ottobre proprio dal generale Pricolo - in quei giorni giunto dall'Italia per breve visita ispettiva - il quale, spinto dalla sua indomita passione di vecchio bombardiere, aveva voluto guidare di persona, con giovanile entusiasmo e magnifico esempio di stile fascista, le ali legionarie sulle munitissime posizioni nemiche.

Così, in quei giorni in cui l'esercito franchista conseguiva una fulgida vittoria iniziando brillantemente la controffensiva con cui doveva ricacciare al di là dell'Ebro le baldanzose truppe sovietiche e mentre i legionari di terra, carichi di gloria e di valore, rientravano in Patria accolti con gli onori del trionfo, i legionari dell'aria continuavano a portare il loro potente, efficacissimo e sempre tempestivo contributo nella sanguinosa lotta della civiltà in terra di Spagna.

Questo contributo fu particolarmente efficace nel corso della controffensiva nazionale sull'Ebro. Lo comprova l'ordine del giorno del 16 novembre inviato dal generale Bernasconi ai vari reparti:

«Aviatori legionari, con oggi tutto il territorio che il nemico, attraversato di sorpresa l'Ebro, aveva fatto proprio è stato totalmente liberato. L'Aviazione Legionaria ha diuturnamente vissuto la lunga e dura battaglia, contribuendo con il suo slancio tradizionale, magnifico di potenza e di valore, alla risoluzione delle più importanti operazioni. Innumerevoli apparecchi avversari sono stati abbattuti dalla nostra insuperabile caccia, i più difesi baluardi nemici ed i munitissimi suoi ponti sono stati devastati dai nostri precisi bombardieri, il più paziente e prezioso lavoro è stato compiuto dalla nostra infaticabile ricognizione. Ringrazio gli aviatori legionari e tutto il personale per queste nuove brillanti imprese che aggiungono altri allori al già imponente serto di vittorie. Li invito a rivolgere il pensiero riverente alla memoria dei nostri gloriosi caduti. Li invito altresì a formulare l'augurio più vivo di prossima liberazione per i valorosi camerati, che nel compiere il loro dovere, caddero prigionieri».

Nel successivo mese di novembre gli aviatori legionari dei gruppi «Asso di bastoni» e «Cucaracha», nonché gli aviatori spagnoli delle due famose formazioni capitanate da Garda Morato e Salas, sostennero oltre dieci combattimenti aerei con l'aviazione rossa, quasi sempre sulle linee nemiche. Tutti i combattimenti riuscirono vittoriosi e confermarono di nuovo la netta superiorità dell'aviazione di Franco. Per chi ama le cifre la statistica degli aeroplani rossi abbattuti in novembre numera: 25 apparecchi «Boeing» accertati, quattro probabili, 35 apparecchi «Curtiss» accertati, 5 probabili; 1 «Martin Bomber», accertato. Dal canto suo l'aviazione da bombardamento pesante aveva abbattuto nello stesso periodo quattro «Boeing» e due «Curtiss» accertati, nonché un «Curtiss» probabile.

Di questo periodo non possono essere dimenticati due episodi di cui furono protagonisti i piloti della caccia. Primo fra tutti la battaglia aerea del 1° novembre svoltasi nel cielo di Ascò e di Mora de Ebro, battaglia che vide il gruppo di Tessari e la squadriglia di Zannetti impegnati contro un'ottantina almeno di caccia avversari. Quel giorno il combattimento durò quaranta minuti e fu infernale. Ogni «Fiat» si trovò a lottare contro tre, quattro e persino cinque apparecchi nemici che, forti nella loro stragrande superiorità numerica, spiegarono un'aggressività che i duri colpi precedenti avevano alimentata. Quel giorno tutti i piloti legionari scrissero pagine superbe di eroismo superando le loro precedenti magnifiche gesta; ognuno di essi collaborò efficacemente alla distruzione dei dodici apparecchi rossi per i quali fu potuto effettuare il controllo, sì che le vittorie furono attribuite collettivamente a tutti. In quel combattimento furono sparati dai legionari quasi settemila colpi e moltissimi andarono a segno; ma in quel combattimento si ebbe anche la perdita dolorosa di Ido Zannetti, caduto da eroe sul campo della gloria.

L'altro episodio è la battaglia sostenuta nel cielo di Flix e di Mora de Ebro, l'11 novembre, ancora dal gruppo «Cucaracha» a cui si era unita la pattuglia del Comando di stormo, con D'Aurelio, e un nucleo di apparecchi della squadriglia autonoma. I risultati del combattimento si cifrarono in 14 caccia rossi, fra «Rata» e «Curtiss» abbattuti certi e 12 altri abbattuti probabili.

Tutte le specialità avevano concorso nella misura ad esse assegnata ed oltre: dalla sempre vigile ricognizione che col gruppo «Linci» si era resa preziosissima nel servizio per l'artiglieria e nella pronta segnalazione di qualsiasi movimento entro le linee avversarie; dalla rapidissima specialità dell'assalto che con inaudita temerarietà spazzava col fuoco centrato delle proprie mitragliatrici tutte le strade ove i movimenti erano stati avvertiti; alla specialità del bombardamento leggero che, spezzonando le difese rosse sulla linea del fuoco come pure i nodi delle retrovie ed i depositi prossimi al fronte, era la pattuglia avanzata di sfondamento nelle offensive e la prima barriera protettiva contro gli attacchi avversari; al bombardamento pesante che teneva continuamente sotto controllo le lontane linee di rifornimento rosse e portava l'offesa sui grandi porti ove il contrabbando avveniva; alla valorosissima caccia, infine, che proteggeva sapientemente le specialità consorelle, rintuzzava ogni velleità avversaria, mieteva vittorie su vittorie contro i bombardieri e cacciatori nemici.

Tra ogni specialità, tra ogni gruppo, tra ogni squadriglia sono sempre esistiti, nell'Aviazione Legionaria, quello spirito di emulazione e quella volontà di superamento capaci di portare a compiere le più grandi, le più eroiche, le più sublimi gesta.

Mossi dal grande ideale fascista, sicuri di sé stessi per la grande fiducia nei mezzi posseduti, abili, capaci, allenatissimi, i piloti legionari e tutti gli uomini addetti ai reparti aerei, si sono prodigati fino al limite dell'umana possibilità per fare trionfare la causa di Franco nell'episodio singolo come in tutto l'insieme della guerra civile. Ed hanno pienamente raggiunto il loro intento specialmente in quella che fu chiamata la battaglia dell'Ebro.

Le pagine che essi hanno scritto nel libro della guerra civile di Spagna, sono pagine di gloria incomparabile, di virtù eccelsa, di eroismo sublime.

LA LIBERAZIONE DELLA CATALOGNA

Nell'aureo libro della lotta contro i rossi in terra di Spagna l'Aviazione Legionaria doveva subito dopo scrivere in altro smagliante capitolo tutto di vittorie e di gloria: in quel declinare dell'anno 1938 ed in quell'inizio del 1939, periodo di vittoria piena per la Spagna di Franco, periodo in cui Barcellona e l'intera Catalogna furono restituite alla Spagna nazionale.

Nella battaglia di Catalogna, iniziata sul Segre da quella minuscola testa di ponte di Leros che fu il trampolino di lancio per le truppe legionarie, sviluppatasi poi sull'intero fronte orientale dai Pirenei al Mare Mediterraneo, conclusasi con la rotta completa dei rossi oltre il confine francese fino all'accogliente territorio gallico, in poco più di un mese di lotta dura, estenuante, mai priva di rallentamenti, i combattenti dell'aria dettero nuove prove di capacità, di abilità, di tenacia, di abnegazione, di valore e contribuirono efficacemente in ogni circostanza al conseguimento della folgorante vittoria.

Si può oggi ben dire che di fronte agli impavidi cavalieri dell'aria legionari e nazionali l'aviazione rossa di Catalogna non sia mai praticamente esistita nonostante i continui rifornimenti di uomini e mezzi ch'essa ricevette dalle prodighe nazioni demo-bolsceviche. E se queste forze aeree tentarono talvolta di reagire, fidandosi su circostanze particolarmente favorevoli, durissima lezione toccò ad esse per opera dei legionari del cielo che al comando del valoroso capacissimo generale Bernasconi, che in terra di Spagna si è guadagnato la promozione a generale di squadra aerea per merito di guerra, compirono azioni leggendarie.

Come sempre tutta l'Aviazione Legionaria nei suoi vari organismi, negli uomini di volo e di servizio, nei mezzi rispose pienamente durante la battaglia di Catalogna: fu uno strumento perfetto e dal quale si poterono ottenere risultati meravigliosi.

L'offensiva nazionale nella Catalogna fu sferrata con una grandiosità di concezione e con una tale precisione di metodo che dimostrano a sufficienza che la guerra di Spagna venne condotta dopo il primo anno secondo le regole di un conflitto moderno con notevole abbondanza di mezzi meccanici modernissimi adoperati secondo ampio concetto strategico.

La regolarità con cui l'offensiva nazionale prese sviluppo fu tale che può dirsi la principale caratteristica della grandiosa battaglia combattuta in terra di Spagna.

L'avanzata delle gloriose truppe di Franco fu vigorosamente sostenuta dall'aviazione: di nuovo i reparti aerei, che nel periodo di preparazione dell'offensiva non erano rimasti in «descanso», ma avevano metodicamente portato la loro offesa nei centri strategici più importanti, bombardando campi nemici e distruggendo le fabbriche di «Rata» intorno a Reus, tornarono a sovrastare, con la loro terrificante presenza il cielo nemico di prima linea.

Le azioni dei bombardieri si avvicendarono ininterrottamente: tutti i reparti gareggiarono in attività; le pattuglie si susseguirono alle pattuglie, e dove la resistenza fu più tenace, più violenta, più intensa vi fu la caduta delle bombe. Ogni reparto effettuò almeno tre missioni ogni giorno, e in tal modo l'aviazione nazionale parve come triplicata.

Questa attività cominciò con lo stesso inizio dell'offensiva: la vigilia di Natale con lo sviluppo dell'azione a terra andò rapidamente aumentando, si estese sull'intero fronte e fu portata ai lontani centri dell'interno. Vi parteciparono tutte le specialità: il bombardamento, la caccia, la ricognizione, l'assalto, e tutte con slancio meraviglioso, superbo.

Preludio movimentato alla ripresa delle grandi operazioni fu lo spezzonamento efficacissimo eseguito dalle «Cicogne» di Rampelli sull'osservatorio di Monte Meneo, il 20 dicembre.

L'azione fu magnificamente emulata il giorno successivo dai «B.R. 20» dello stesso gruppo, su Torrebases, e poi nelle zone di Mayals, Alfes, Aspa e Casteldans.

Intanto anche la caccia proseguiva nel mietere vittorie. Il giorno 21 fu il gruppo «Cucaracha» a collezionarne una magnifica nel cielo di Aytona contro formazioni di «Martin Bomber» e di «Rata» che però cercarono subito scampo nella fuga usufruendo della maggiore velocità.

Nonostante il rapido dileguarsi del nemico i cacciatori di Tessari, coi quali si trovava il comandante di tutta la caccia legionaria che mai tralasciava occasione per cimentarsi nella lotta, riuscirono ad abbattere un «Martin Bomber», quattro «Rata» ed un altro apparecchio di tipo sconosciuto. Come sempre tutti i piloti che parteciparono all'azione si comportarono nel modo più brillante contribuendo ciascuno per la sua parte all'ottenimento della vittoria che significava ancora una volta dominio dell'aria. Più fortunati degli altri furono il tenente La Ferla, al quale va il merito di avere distrutto il bombardiere rosso, il capitano Travaglini, che fece precipitare l'apparecchio di tipo sconosciuto, e poi Accorsi, Zannier, Miani e Varacca, che abbatterono i «Rata». Al ritorno non pochi piloti legionari constatarono che i loro apparecchi recavano i segni della lotta rappresentati dai colpi dei proietti sparati dalle mitragliatrici avversarie. E fu buon per loro che riuscirono a rientrare indenni nella persona.

La vigilia di Natale fu ancora il gruppo «Cucaracha» a trovarsi impegnato in una dura battaglia. Ventidue apparecchi legionari, in crociera libera di protezione sul fronte di Lerida, affrontarono decisamente una soverchiante formazione di «Curtiss» che navigava in alto con scopi non bene precisati. I rossi, sotto l'irruenza dei legionari, cercarono di portarsi sul loro territorio e di tutto fecero per svincolarsi. Ma i piloti di Tessari, con un'ostinazione somma, non mollarono la preda e quando qualche pattuglia sgusciava via ritornavano all'attacco con raddoppiata foga. Le squadriglie legionarie guidate da Travaglini, Maione e Meille, furono superbe per slancio ed impeto. La lotta fu così accanita che, cominciata sopra il Segre, si esaurì soltanto oltre Casteldans. Ben quattordici «Curtiss» furono distrutti ed altri quattro risultarono abbattuti probabili. Anche i legionari furono provati perché Marini, che aveva a lungo valorosamente combattuto precipitò col suo «CR. 32» in un rogo ardente immolandosi per la vittoria dell'ideale, e il suo compagno di squadriglia, il sergente Accorsi, dopo essersi battuto contro tre «Curtiss» contemporaneamente e dopo averne buttati giù due in fiamme, accortosi che anche il suo «CR. 32» era incendiato ad un'ala, fu costretto ad effettuare un atterraggio di fortuna nel quale cappottò e rimase ferito.

Bellissimi episodi questi di Marini e Accorsi, che ancora una volta dimostravano di quale eccezionale tempra fossero i piloti dell'Italia fascista!

Proprio in uno dei primi giorni dell'offensiva una memorabile battaglia aerea fu combattuta nel cielo di Catalogna, tra Aspa, Cogull, Albages, Cervia, Montblanch, Valls, nel settore cioè dove operavano le divisioni legionarie comandate dall'eroico generale Gambara. Fu una battaglia violenta, che si svolse senza tregua e che segnò, come sempre, una strepitosa vittoria per l'ala legionaria.

Un intero gruppo dei cacciatori legionari, si trovava in crociera di protezione nel cielo di Aspa: era costituito di due scaglioni di 12 apparecchi ciascuno, naviganti l'uno a 5.000 metri e l'altro a 5.800. Mentre stava esplorando sulla linea di fronte del nemico, apparve all'improvviso, navigando verso nord-est sud-ovest, una formazione di cinque velivoli a cuneo. Erano cinque «Curtiss» ordinati in formazione insolita e che costituivano la pattuglia di punta di un vero sciame di 35 o 40 apparecchi dello stesso tipo disposti in una scalatura di formazione dall'alto in basso fino a terra. Lo scopo era evidente così dalla massa come dall'ordine dello stormo nemico: avvicinarsi in superficie e battere a mitraglia le linee nazionali dove le fanterie erano in procinto di muoversi all'attacco. Proprio, secondo quanto prestabilito, doveva entrare in scena il bombardamento legionario che il gruppo dei «CR 32» aveva la consegna di proteggere. «Non conviene — pensa il comandante, ed agisce subito in conseguenza — attaccare i «Curtiss» immediatamente: meglio è tenerli sott'occhio per precisarne le mosse e le intenzioni. Non mancherà il tempo di prenderli in mezzo avendo più chiari ed esatti i loro obiettivi, e perciò stringerli in un attacco della massima efficacia».

Ma dal cielo soprastante nuovi velivoli rossi vennero ad accrescere la massa nemica, accingendosi ad entrare nella zona Aspa-Castedans-Cogull: era una pattuglia di «Martin Bomber» contornata da 15 «Rata». Le due formazioni tendevano ad affiancarsi sul punto di entrare aggressivamente nella zona che il gruppo dei «CR 32» aveva il compio di proteggere.

Occorreva che i bombardieri legionari trovassero il cielo sgombro al loro sopraggiungere, e fermare e smembrare la formazione dei «Curtiss» e dei «Martin Bomber» scortati dai «Rata» con un attacco rapido che ne sorprendesse e ne sconvolgesse il piano e la rotta.

Gli ordini corsero così da squadriglia a squadriglia attraverso i 24 apparecchi: bastarono pochi segnali a stabilire il fronte di combattimento. Tutti i piloti percepirono in un lampo il piano di battaglia: mossero all'assalto in velocità, e il crepitio crescente delle mitragliatrici accompagnò il rombo dei motori.

Il capitano, che comandava lo scaglione più alto di quota, tagliò la strada alla formazione mista dei «Martin Bomber» e «Rata». La manovra d'interdizione scompaginò le squadriglie avversarie. Il legionario comandante lo scaglione a quota più bassa portò gli apparecchi sopra i «Curtiss», e puntò col vantaggio dall'alto in basso l'avversario, sì che ogni pilota poté scegliere facilmente il bersaglio e colpirlo. Benché di numero più forti del doppio, i «Curtiss» dovevano, perché in condizioni di inferiorità di quota, subire la violenza del primo assalto. Chi picchia prima picchia due volte. Allorché l'avversario tentò il contrattacco in massa, i 12 piloti legionari poterono sostenere freddamente la furia offesa del nemico, tenerla a freno con l'abilità acrobatica e col colpo d'occhio alla mira, contrastarla arditamente a viso aperto.

Ecco iniziarsi la «giostra» aerea violenta e serrata; un susseguirsi di duelli a pochi metri dall'avversario, così che il pericolo maggiore non era rappresentato dalle armi, ma dalle collisioni continuamente sul punto di pronunciarsi. La tattica dei «Curtiss» poggiava sulla scherma di attirare verso terra i «CR. 32» con l'idea di dominarli in manovra; e la foga dei cacciatori legionari sembrava che l'assecondasse portandosi a combattere a bassissima quota sul terreno, dove ardevano i roghi dei primi tre o quattro apparecchi nemici abbattuti. Furono pochi minuti di combattimento strenuo al repentaglio del corpo a corpo; l'acrobazia del discendere a fior di terra e del risalire come di scatto, quel gettarsi a picco e a spirale fra terra e cielo che era un metodo tutto nuovo ed inusitato di combattere chiamato nel gergo aviatorio «bomba».

Una ventata di ripresa in altezza annullò la tattica del nemico, troppo evidente per mettere nella trappola i legionari, i quali ripresero improvvisamente quota, riportandosi sopra i «Curtiss» e dominandoli. Il bersaglio era multiforme, ma ben definito. Gli accordi si stabilivano automaticamente e limpidamente tra gli apparecchi. La lizza non diventò mai angusta. Dei piloti legionari, chi puntava e chi riprendeva quota senza sbagliare il calcolo dello spazio e senza preoccupazione ai compagni.

Frattanto lo scaglione superiore aveva in breve sgominato i «Martin Bomber» che fuggivano verso la direzione di provenienza, abbandonando il campo in un disordinato dietro-fronte. Pareva, ad ogni modo, che i «Rata» di scorta non volessero seguire i fuggiaschi e tirassero ad affiancarsi ai «Curtiss» nell'impegno del combattimento. Tutto lo scaglione si precipitò, all'assalto dei «Rata» e gli apparecchi nemici fecero una brusca giravolta, invertirono la rotta, scapparono in salvo al seguito dei «Martin». Un «Rata» degli ultimi a fuggire, non si sa se il più coraggioso o il più malandato, fu raggiunto e abbattuto.

L'aviazione da caccia del Tercio era padrona della battaglia. Gli apparecchi da bombardamento legionari avevano raggiunto gli obiettivi, senza ostacoli.

Dopo circa un'ora di lotta, degli apparecchi rossi non rimaneva che qualche «Curtiss» dal volo sbilenco che si allungava verso le gole della Sierra di Montsant, si sbandava e si riprendeva in cerca di una via di scampo sulla pianura.

L'inseguimento fu fatto dai «CR. 32» con l'arma alle reni del nemico. A volo sfrenato, picchiando e cabrando, gli aviatori del Tercio incalzarono le unità rosse che apparivano a mano a mano assottigliate.

Così, i cacciatori legionari giunsero, serrando alla coda gli avversari e tagliando la rotta, sul campo rosso di Valls, la tana, il rifugio dove gli sconfitti tendevano ad atterrare, a 60 chilometri dentro le linee nemiche.

I piloti del «Tercio» non avevano più munizioni. La battaglia era stata così intensa da portarsi via fin l'ultima cartuccia.

Mancavano i proiettili: una breve scarica, esigua e tagliente, aveva abbattuto un «Curtiss» ai margini del campo. Ma i superstiti rossi non dovevano salvarsi. La mancanza dei proiettili non ruppe quella battaglia d'acrobazia, sempre più irta e serrata di punte che quasi ottenebrava e chiudeva l'orizzonte al nemico.

Il nemico smarriva, così tenuto e percosso, persino il senso della baldanza in casa propria: perdeva quota, cercava terra, raccoglieva le forze, tentava di reagire; e subito giù a capofitto si trovava intorno l'apparecchio legionario che gli sconvolgeva la manovra, e la canna della mitragliatrice che lo puntava sicura a pochi metri come a bruciapelo.

Fu deliberatamente un seguito di puntate in bianco dei «CR. 32» che i rossi sopportarono per pochi istanti; poi, il timor panico, fece perdere ai piloti rossi anche l'energia dell'atterraggio. Gli ultimi «Curtiss» superstiti si capovolsero e si sfasciarono nel campo di Valls senza scarica di mitragliatrici.

Gli aviatori legionari avevano gettata, e solo con l'alta perizia del volo, la beffa della vittoria nel covo sicuro dell'aviazione nemica. Ed avevano conquistato il campo, preso il possesso del territorio, impressa l'ala della vittoria in uno dei luoghi più gelosi e più muniti della difesa rossa.

Si contarono così a terra 15 fuochi provocati da velivoli abbattuti, e tre «Curtiss» s'erano rovesciati sul campo senza incendiarsi. Cinque paracadute furono visti aperti nel cielo della battaglia.

La vittoria fu certamente una delle più belle, forse la più bella fra le molte ottenute dall'«Asso di bastoni», e tuttavia costò il lutto d'una perdita all'aviazione del Tercio: la morte del sergente pilota Aldo Gasparini, che, ferito nella prima fase del combattimento, era riuscito a rientrare e a superare le linee. Aveva tentata la manovra d'atterraggio, forse allo stremo delle forze. Era caduto col suo velivolo, congiunto all'apparecchio eroicamente.

«Volontario in missione di guerra per l'affermazione degli ideali fascisti — dice la motivazione della medaglia d'oro che alla sua memoria fu assegnata — pilota da caccia, partecipava a numerose azioni belliche distinguendosi sempre per valore e sprezzo del pericolo.

In quattro combattimenti contro soverchianti forze nemiche, si comportava da valoroso contribuendo col suo magnifico slancio e spirito combattivo all'abbattimento di numerosi apparecchi avversari.

Nel combattimento del 28 dicembre del suo reparto contro cinquanta apparecchi nemici, si slanciò nella mischia con indomito valore riuscendo ad abbatterne uno: ferito gravemente subito dopo l'impari lotta e costretto ad abbandonarla, anziché affidarsi al paracadute, che gli offriva la salvezza, per non cadere prigioniero tentava con supremo sforzo di rientrare nelle linee nazionali, ove giunto stremato dalle forze precipitava immolando la giovane esistenza alla nobile causa che aveva abbracciata».

Sulla condotta e l'esito dell'azione del 28 dicembre è opportuno fare alcune considerazioni.

Il gruppo dell'«Asso di bastoni» dal 9 ottobre non aveva più effettuato combattimenti; ciò aveva determinato, anche nei caratteri più tranquilli e sereni, una specie di reazione che si manifestava in nervosismo, smania di fare, insofferenza. Solo il profondo convincimento della bontà del sistema, della necessità di essere disciplinati per il migliore e più redditizio impiego del gruppo riuscì a tenere a freno gli spiriti molto provati dall'attesa snervante dei servizi severissimi.

I legionari, il 28, lottarono con accanimento, senza menomamente intaccare i principi basilari di impiego. La forza, la fede, la sicurezza di vittoria fu tale che l'azione si svolse in profondità, raggiungendo risultati insperati che solo la perfetta coordinazione e l'intesa più sentita permisero di realizzare.

In effetti i componenti del gruppo, pur nella grande voluttà della lotta, non persero il collegamento tra di loro, seguirono i capi formazione con continuità; l'aiuto reciproco fu realizzato in pieno con l'esito di non avere da lamentare nessuna perdita ed al momento della riunione in forza, prima del ritorno, furono prontamente tutti assieme. Ne è da pensare che il lungo inseguimento e l'eccessivo entrare nel territorio avversario fosse fatto con leggerezza, senza ragion veduta. Il gruppo aveva da proteggere il bombardamento: attuò pienamente tale protezione, perché vide e seguì i «79» che agirono indisturbati all'inizio dell'azione. I «32» non avevano altri bombardieri da aspettare e da proteggere; d'altro canto era certo che la gran massa rossa di aviazione in quel momento era in volo, impegnata dal gruppo; quindi non poteva esserci sorpresa alcuna sulle linee.

La capacità di azione del gruppo, basata sulla disciplinata volontà di tutti i componenti, permise la realizzazione di un sogno meraviglioso: dare battaglia fino in casa loro ai caccia rossi! Il tutto con risultati materiali e morali grandiosi.

Chiuse l'attività vittoriosa della caccia legionaria in quel mese di dicembre il combattimento sostenuto dal 16° gruppo nel cielo di Montblanch il giorno 30. Anche la squadriglia autonoma, al cui comando era succeduto Iannicelli, vi partecipò e, come sempre, conquistò la sua parte di gloria. Lo scopo del volo era una crociera di protezione del bombardamento nazionale. Una pattuglia di questi apparecchi, indugiatasi sugli obiettivi, fu assalita da nugoli di caccia avversari; ma vigilava il gruppo legionario che ne intercettò l'assalto attirandosi addosso tutti i «Rata» ed i «Curtiss». Ne scaturì un combattimento accanito, violentissimo, disordinato e caratterizzato dall'azione individuale. Si combatté persino sotto i mille metri con foga furibonda e persino i «Rata», soliti ad accettare il combattimento in quota, vi si trovarono impegnati. Il carosello fu fantastico, assolutamente indescrivibile. Breve: al suo termine, dopo quarantacinque minuti, dieci nemici sicuri più cinque probabili erano stati distrutti. Dei legionari solo un «CR. 32», quello di Zannier, fu abbattuto. Memorabile fu il comportamento del capitano Majone, comandante della 24ª squadriglia: solo, ad un certo momento, si trovò a fronteggiare una ventina di apparecchi nemici; eppure mitragliò otto «Curtiss» abbattendone uno, e scaricò le sue armi su quattro «Rata» distruggendo un apparecchio anche di tale tipo. La batosta fu accusata dai rossi.

Da quel giorno l'aviazione rossa di Catalogna non ha più osato contrastare la supremazia di quella di Franco. Snidata dalle sue basi terrestri, costretta ad emigrare di campo in campo, ha finito per fuggire nell'accogliente terra di Francia al di là dei Pirenei.

In tutta la battaglia di Catalogna l'Aviazione Legionaria si è moltiplicata in attività recando sempre il suo concorso efficacissimo, spesso risolutivo. Conosciutissimo è il tempestivo decisivo suo intervento nella offensiva per Barcellona.

Durante l'avanzata del Corpo Misto Legionari e Frecce verso l'Alfes e Casteldans la famigerata divisione «Lister» aveva tentata una manovra per linee interne, gettandosi sul fianco sinistro dei legionari della «Littorio». Ma i movimenti erano stati notati, vennero segnalati dagli osservatori a terra e nel cielo; il bombardamento fu chiamato ad intervenire, ed intervenne infatti al momento giusto. Il giorno 30 dicembre si poté notare che la zona di Casteldans e di Alfes era congestionata di truppe rosse, di automezzi e di carri armati, e che una serie di quote a sud di Alfes era trasformata in fortilizi, in veri nidi di mitragliatrici e di armi automatiche di cui era così ricco il nemico; da quelle quote una spavalda brigata della divisione era pronta a sferrare l'attacco.

Il gruppo delle «Cicogne» che si era acquistata fama, nell'Aviazione Legionaria, di effettuare tiri stupefacenti, solcava il cielo, in quell'ora, ed il suo bersaglio erano le posizioni della «Lister» a meno di cinquecento metri dalle linee legionarie; le duecento bombe «da 50» caddero sulle truppe nemiche ammassate, sulle loro armi, sui loro carri, con una precisione inesorabile, un grappolo ogni secondo, nonostante che fossero state sganciate dalla quota di 4500 metri. La brigata attaccante, decimata, dovette desistere dal tentativo. La sera le «Cicogne» legionarie ebbero, insieme alle congratulazioni del loro generale, anche i ringraziamenti ammirati del comandante del Corpo Legionari e Frecce. «Oggi avete superbamente combattuto, luminosamente vinto. La cooperazione fra cielo e terra è stata meravigliosa. Siete stati come sempre grandi. Vi ringrazio vivamente».

A sua volta l'aviazione da caccia raccoglieva vittorie su vittorie. In meno di dieci giorni più di sessanta apparecchi certi aveva perduto il nemico rosso sotto i colpi precisi dei cacciatori legionari, sì che alla fine dell'anno era possibile chiudere un bilancio assolutamente smagliante: 837 apparecchi marxisti abbattuti dall'inizio della guerra, contro una perdita di 85 apparecchi. Eccone il dettaglio:

Da bombardamento tipo «Potez»	14	–	14
Da bombardamento tipo «Martin B.»	46	11	57
Da bombardamento tipo non ident.	7	2	9
Da caccia tipo «Loire»	8	–	8
10	10	1	11
Da caccia tipo «Nieuport»	11	–	11
Da caccia tipo «Spad»	1	–	1
Da caccia tipo «Boeing»	4	–	4
Da caccia tipo «Rata»	209	68	277
Da caccia tipo «Curtiss»	22	32	254
Da caccia tipo «Assalto»	12	–	12
Da caccia tipo non identificati	12	–	12
sesquiplano d'assalto tipo «Bitra»	9	–	9
da ricognizione tipo «Papagajos»	27	4	31
da ricognizione tipo «Breguet»	18	–	18
da turismo	4	–	4
dirigibili	2	–	2
draken	1	–	1
Totali	674	103	837

Ed ecco, per contro, il dettaglio preciso delle perdite legionarie fino alla stessa data:

da caccia «CR. 32»	72
d'assalto «Ba. 65»	2
da bombardamento «S. 81»	4
da bombardamento «S. 79»	4
da bombardamento «BR. 20»	1
da ricognizione «RO. 37»	2
Totale	85

Il confronto tra le vittorie e le perdite documenta, con l'incontestabile valore delle cifre, la schiacciante superiorità degli aviatori che combatterono eroicamente per la liberazione della Spagna dall'invasore rosso. Le cifre abbracciano tutta l'epopea dell'Ala Legionaria dalla costituzione della prima squadriglia da bombardamento del Tercio alle ultime imprese degli «Sparvieri», delle «Cicogne», della «Cucaracha», dell'«Asso di bastoni», dei «Falchi» delle Baleari, fino alla fine del 1938; e ricapitolano quelle azioni leggendarie di cui abbiamo tentato di dare qualche documentazione. Incursioni, combattimenti, azioni in massa e duelli audaci costituiscono il consuntivo della guerra aerea nella quale l'Ala Legionaria ha rifulso di gloria. Ma le cifre contengono anche importanti insegnamenti. L'elenco dei velivoli rossi abbattuti reca nomi di macchine assai favorevolmente note per le loro caratteristiche belliche. Se queste macchine — pur così numerose, anzi sempre superiori di numero a quelle legionarie — non sono riuscite ad avere il sopravvento sopra l'avversario è perché l'organizzazione che presidiava al loro impiego e l'animo di coloro che le guidavano, erano in stato di netta inferiorità rispetto all'attrezzatura e allo spirito dei volontari della Legione.
Di là erano, mercenari senza fede, uomini animati da venalità e da odio, senza patria calati in terra di Spagna per correre l'avventura; di qua si trovavano soldati volontariamente accorsi in difesa di un ideale supremo — quello della Rivoluzione Fascista — pronti a tutto dare per conseguire nel nome di Mussolini la vittoria. Alla differente statura morale degli uomini corrisponde la diversità delle due organizzazioni militari: una — quella ispano-sovietica —

caotica, eterogenea, fatta di elementi raccoglitticci, tra i quali soltanto russi e francesi avevano talvolta tempra di soldati; l'altra — quella legionaria-nazionale — perfettamente omogenea, disciplinata, ordinata, se pure necessariamente improvvisata e costituita *ad hoc.*

Ma proseguiamo nella svelta cronistoria, fino alla liberazione di Barcellona, fino alla restituzione di tutta la Catalogna alla Spagna nazionale. Sono gli ultimi aneliti della guerra di Spagna e la vittoria di Franco si sta tramutando in trionfale successo.
Il 30 dicembre tra Reus e Valls, cioè nelle vicinanze di Tarragona, in duelli impegnati tra nazionali e rossi, i primi conseguirono nuovi successi.
Mentre i cacciatori legionari continuavano ad infilzare vittorie sull'ormai sconquassata aviazione rossa, i gruppi di assalto, le terribili «Cicogne» mitragliarono e spezzonarono le strade nemiche impedendo qualsiasi velleità riorganizzativa, agevolando il celere procedere delle colonne convergenti su Barcellona. Alfes, Artesa de Lerida, lo stradale tra Albages e Casteldans, Arbeca, Bell Lloch furono gli obiettivi su cui più insistettero le «Cicogne» di Rampelli, i veloci «BR. 20» il cui impiego era ormai diventato consueto in quelle giornate. Gli aerei dell'aviazione d'assalto scendevano giù a picco da 2000 metri, passavano a meno di 50 metri sui nazionali, che esultanti li salutavano, e si avventuravano sul nemico a 480 chilometri all'ora irrorandoli di spezzoni, sventagliandoli con migliaia di colpi di mitragliatrice. Superbi di ardimento, questi assaltatori infierivano colpi tremendi alle divisioni nemiche privandole persino della volontà combattiva.
Né meno fattiva era l'azione del bombardamento veloce alle isole Baleari. Ogni giorno, più e più volte nello stesso giorno, partendo da basi lontane, i superbi trimotori legionari portavano con precisione matematica l'offesa sugli obiettivi militari della Spagna rossa, specialmente sui porti della costa ove il contrabbando si andava effettuando. Valencia e Barcellona erano le mete preferite, dove gli obiettivi risultavano di maggiore importanza; ma lungo tutta la costa in mano ai rossi, in ogni piccolo porto, i «Falchi» delle Baleari, soprattutto, scaricavano tonnellate e tonnellate di bombe con effetti micidiali.
La ricognizione, il gruppo veloce delle «Linci», a sua volta è stata in continua attività spingendosi nelle retrovie nemiche, osservando attentamente e minutamente ogni fatto, ogni movimento. È stata l'occhio vigile, preziosissimo per i comandi del campo tattico ed in quello strategico. I suoi servizi sono valsi ad accelerare e a completare il trionfo delle armi franchiste.
Non meno delle altre specialità la caccia si rendeva utile durante gli ultimi aneliti della guerra in Catalogna. C'era ancora da vigilare nel cielo per rintuzzare qualsiasi ritorno offensivo delle rimanenti forze aeree nemiche; c'era da proteggere i bombardieri nazionali nella loro opera smantellatrice; c'era da stanare i residui della caccia rossa per distruggerli.
Lo stormo di D'Aurelio s'incaricò, nel mese di gennaio, di tutto questo. I tre gruppi e le altre aliquote andarono ancora una volta a gara nell'accumulare vittorie, affermazioni e successi. In ciascuno dei piloti v'era la percezione della fine vittoriosa della guerra e ciascuno di essi vi voleva pervenire in bellezza. Gli ultimi combattimenti provarono nuovamente l'alto spirito bellico di questi valorosi del cielo.
Il giorno 8 gennaio ne danno la dimostrazione le squadriglie del gruppo «Cucaracha» e quella autonoma di attacco al suolo nel cielo di Montblanch e Tarragona combattendo contro una ventina di aerei avversari che alla prima avvisaglia fuggono senza però evitare perdite. Il 12 successivo sono ancora le stesse quattro squadriglie con Tessari in testa ad impegnarsi su Montblanch contro formazioni rosse di «Curtiss» e di «Rata» in una dura lotta che ha portato allo sfasciamento delle forze aeree nemiche dalle quali una decina di apparecchi, tra certi e probabili, vengono abbattuti. Il giorno seguente è l'«Asso di bastoni» a fugare un paio di dozzine di «Curtiss» che tentano di mitragliare le truppe nazionali e legionarie; la manovra dei «CR. 32» è bellissima e sorte l'effetto voluto perché non si doveva impegnare il combattimento dato che i legionari avevano il compito di proteggere gli «S. 79» ed i «BR. 20» agenti nella zona. Risultati concreti ottengono però, il giorno 25, il gruppo «Cucaracha»

e la squadriglia di Jannicelli, che riescono ad agganciare dei caccia rossi di scorta ad alcuni bombardieri e li inseguono con l'arma alle reni fino sul campo di Granollers. Quattro «Rata» vengono abbattuti in questa azione; dei legionari cade Masi, ma si salva col paracadute.

Ogni giorno, fino a quello dell'occupazione della capitale catalana, tutte le specialità dell'Aviazione Legionaria si prodigarono incessantemente con una continuità di intenti che ancora una volta rivelava la perfezione dell'organizzazione, l'altissimo slancio combattivo, la pienezza della fede incrollabile. Ogni giorno il serto di vittorie, di successi e di affermazioni andava arricchendosi, così come a terra l'esercito di Franco, e il Corpo di Truppe Volontarie andavano cogliendo la strepitosa, folgorante vittoria che segnava il crollo di tutta l'impalcatura, rossa in Catalogna.

Nuovi bombardamenti furono chiamati a compiere gli aviatori legionari, per accelerare il processo dissolutivo rosso in Catalogna, durante il mese di gennaio 1938. Alle azioni parteciparono sopratutto, a formazioni varie, le «Cicogne». Il quadrivio a sud di Ciutadilla, il nodo stradale di Malda, la zona di S. Martino de Tons, la strada di S. Coloni de Guerald, i barranchi di Santa Maria de Miralles, il bivio di Igualada e numerosi altri obiettivi furono assoggettati dal lancio di bombe da formazioni di «Cicogne» comandate da Rampelli, da Miotto e da Fargnoli. Velocissimi gli apparecchi legionari giungevano sugli obiettivi e vi lasciavano cadere il carico micidiale, spesso fatti segno a violenta reazione antiaerea.

Poi l'offesa fu portata sempre più prossima alla capitale catalana, la cui sorte era ormai segnata. Ancora qualche bombardamento sul porto, da cui i piroscafi rossi cercavano fuggire con i caporioni ed il bottino accumulato in due anni di depredazioni, e poi Barcellona cadde come pera matura. I corpi d'esercito nazionali, con in testa il «Caudillo», entrarono in città da trionfatori, mentre in cielo volteggiavano le ali legionarie che non recavano l'offesa micidiale ma stavano ad indicare la potenza della Spagna nazionale.

Dell'offesa condotta per due anni consecutivi, il porto e gli obiettivi militari di Barcellona recavano i segni evidenti. Che i ripetuti bombardamenti avessero sempre ottenuto risultati concreti lo si sapeva: ma ora che essi si potevano constatare, toccare con mano, il martellamento continuo effettuato dai bombardieri legionari appariva sotto una assai più smagliante luce di verità.

Chi era entrato in Barcellona con le truppe liberatrici poteva vedere tra le darsene e i moli moltissimi piroscafi affondati. Di taluno emergevano ancora gli alberi, di tal'altri si intravedeva la carena, altri si rivelavano come una macchia oscura facente chiazza sul verde cupo delle acque. Un cimitero di navi che i gavitelli dipinti di rosso indicavano là dove bisognava girare al largo per non incocciare su un relitto di vapore contrabbandiere, spesso colato a picco senza avere avuto neppure il tempo di scaricare i cannoni, i carri e le mitragliatrici provenienti dalla Russia o dalla Francia. V'era un vapore buttato di traverso come un cetaceo gettato dalla marea sulla spiaggia; un altro affondato di prua, sollevante in alto la poppa scoprendo la doppia elica e il nominativo greco; un terzo che doveva essersi spaccato nelle strutture centrali perché niente altro appariva che la ruota di prua e la poppa arrotondata.

Tre quarti dello spazio d'acqua del porto accanto ai moli risultavano completamente inutilizzati, perché vi si trovavano affondati o fortemente danneggiati i piroscafi *Miocene, Rio Segre, Averinon, Tampico, Jolanda, Guadapercas, Sac. I, Sutambrok, Tofino, Sac. III, Ville de Madrid, Asuneia de la Pena, Rosa, Forberbrok, African, Mariner, Argentina, Uruguay, Auxilio, Nova, Salvador, Artea, Mahon, Alicante, Isabel, Madux, Scaltro, Lopez de la Torre, Sixto Canova, Ricardo,* più tre velieri, un sottomarino, un battello pompa.

Dai registri del porto risultava che furono inoltre seriamente danneggiati i piroscafi: *Lacke, Newcastle, Slanwell, Campero, Halbill, Berenice, Verbomille, Torres, Sac. IV, Sac. VI, Sac. II, Lealtad, Nercametza, Serafin, Alcira, Thorpebay, Ghopie, Brasil, Mercedes, Presidente Macia, Capitano Segarsa.*

Le autorità rosse non tentarono neppure di ripulire il porto di tante carcasse ostacolanti il traffico, perché nessuna impresa di ricuperi volle accettare le lusinghiere offerte fatte dal Governo marxista. Soltanto una volta — nel novembre 1938 — ci fu un gruppo di imprese marsigliesi che accettò di iniziare i lavori di sgombero dei porti rossi dalle carcasse delle navi affondate e iniziò la sua attività nel porto di Palamos, all'imboccatura del quale affioravano ben sei navi. Arrivarono due pontoni, un piroscafo di appoggio e una cinquantina di operai con contratto di assicurazione per duecentomila franchi, con cento franchi giornalieri di paga e con un premio di una sterlina per ogni giorno di effettivo lavoro compiuto. Per proteggere il lavoro il Governo di Barcellona fece dislocare intorno a Palamos quattro batterie antiaeree e i marsigliesi incominciarono. Due giorni dopo, però, arrivò una formazione legionaria che bombardò il porto incutendo tanta paura ai marsigliesi che nella stessa giornata il piroscafo appoggio si prese a rimorchio i pontoni e se li riportò donde erano venuti.

Certo è che i bombardieri della base delle Baleari hanno sempre costituito un vero terrore per i rossi di Barcellona come per quelli di tutte le altre località costiere. A Barcellona i bombardamenti non solo affondarono navi ed altre resero in pessime condizioni, ma devastarono anche i moli, le darsene, le gettate, i magazzini, i depositi e tutto quanto cioè poteva contribuire in un modo o nell'altro a facilitare quel contrabbando di armi che le nazioni democratiche e comuniste hanno alimentato.

Del resto per avere un quadro pieno delle azioni svolte dai bombardieri legionari sui porti della Catalogna conviene riportarsi alla documentata relazione fatta al riguardo dallo stesso comandante dell'Aviazione Legionaria, il valoroso generale Monti, che era succeduto al generale Bernasconi.

«I porti attraverso i quali poteva svolgersi il traffico a favore della Catalogna, — dice la relazione, datata col 5 febbraio 1939 — erano: Tarragona, Barcellona, Palamos, Rosas e Porto La Selva.

Questi tre ultimi erano quanto mai inadatti ad un traffico di una certa importanza, a causa della loro deficiente attrezzatura portuale, della scarsa profondità di fondali e della loro esposizione ai venti; il porto di Tarragona, pur essendo meglio attrezzato dei precedenti, dopo l'arrivo al mare delle truppe di Franco vide pressoché paralizzata la sua attività a causa della vicinanza alle linee nazionali. In ogni caso anche esso poteva svolgere un traffico assai modesto.

L'unico porto pertanto dove affluiva la quasi totalità del traffico marittimo era quello di Barcellona, che poteva considerarsi come il polmone necessario alla vita dell'Esercito e della popolazione di tutta la Catalogna.

L'attrezzatura portuale di Barcellona era tale da permettere in un solo giorno un traffico uguale al traffico globale che tutti altri porti, uniti insieme, potevano svolgere in una decina di giorni.

L'aviazione delle Baleari, compenetrata della necessità di disturbare ed impedire il più possibile questo traffico, fin dalla fine del 1937 aveva portato la sua azione offensiva sui porti di Catalogna, Valencia, Tarragona, Barcellona.

Il pericolo della paralisi dei rifornimenti via mare dovette apparire così forte al governo rosso, che Indalecio Prieto, com'è noto, nel gennaio 1938 lanciò un appello radiofonico per un armistizio aereo.

Sono note le ripercussioni della guerra al traffico, nelle conferenze di Nyon e nelle agitazioni così dette umanitarie dei parlamenti e delle stampe delle potenze democratiche contro i bombardieri aerei.

Quest'azione di martellamento sui porti che per ragioni di politica generale dovette subire una sosta per alcuni mesi, ripresa dopo lo sbocco al mare dei nazionali, fu condotta in maniera sempre più accentuata specialmente nel secondo semestre del 1938.

Le azioni di bombardamento venivano eseguite di giorno e, a volte, anche di notte e la loro periodicità era in relazione all'efficienza dei mezzi ed alle condizioni atmosferiche del largo tratto di mare da sorvolare.

In alcuni sopralluoghi fatti al porto di Barcellona subito dopo l'occupazione della città e nei giorni successivi, si è avuta una visione apocalittica degli effetti disastrosi dei bombardamenti aerei subiti dal porto, che presenta lo aspetto della più grande desolazione.

Ancora oggi si trovano nelle sue acque alcune petroliere ed una buona ventina di piroscafi di medio-grosso tonnellaggio, colpiti in pieno dalle bombe; alcuni di questi piroscafi affiorano appena, altri sono parzialmente immersi.

Nella darsena della marina da guerra trovasi anche sollevato su sostegni il sommergibile C-1, colpito in pieno da una bomba da 15 Kg. sulla fiancata destra di poppa, verso la metà del novembre 1938.

Lo squarcio prodotto dalla bomba ha le dimensioni di due metri abbondanti nel senso longitudinale e quattro metri e più nel senso trasversale.

Il sommergibile rimase immerso per qualche mese e solo recentemente venne recuperato.

I fabbricati esistenti sui moli ed i magazzini adiacenti sono stati tutti colpiti più volte e si trovano in condizioni così precarie di stabilità, che occorrerà ricostruirli quasi completamente.

I moli si presentano sconvolti e disseminati di buche e qua e là il loro piano si è parzialmente abbassato di livello rispetto a quello primitivo.

Lungo i binari, spesso scardinati dalla loro sede, che si sviluppano attraverso i moli si vedono vagoni ferroviari sventrati ed usciti dalle rotaie; dappertutto tubazioni rotte e lamiere di piroscafi danneggiati.

Il visitatore oggi ha la netta visione degli effetti spaventosi che un bombardamento aereo metodico può produrre sopra un porto; e questa visione aumenta ancora di più qualora si trasporti ai vicini depositi di petrolio della «Campsa», situati alle falde del forte Monjuich.

Dei grandiosi depositi, una buona dozzina, colpiti in pieno dalle bombe, sono stati schiacciati come focacce e le lamiere contorte ed irregolarmente spezzate qua e là risultano fuse parzialmente dalle calorie sviluppate negli incendi.

Altri depositi tuttora in piedi sono stati ugualmente colpiti nei fianchi; nello spazio intercedente fra di essi ed i caseggiati della Direzione e dei magazzini le tubazioni interrate sono tutte scardinate, contorte e spezzate.

Da quanto hanno riferito alcuni operai addetti all'arsenale di Barcellona risulta che in seguito all'intensificarsi dei bombardamenti aerei il traffico nel porto, prima intensissimo, venne rapidamente scemando, tanto che negli ultimi mesi vi arrivavano 3-4 piroscafi per volta e il loro arrivo era spesso intervallato da alcuni giorni e qualche volta da una settimana di assenza completa di traffico estero.

Ciò che richiama anche l'attenzione del visitatore è la netta delimitazione della zona colpita dai bombardamenti aerei, come se una cortina invisibile avesse rappresentato il limite, oltre il quale le bombe non dovessero cadere. La zona battuta infatti è quella del porto e dei caseggiati immediatamente adiacenti.

Se si pensi che i bombardamenti, prevalentemente diurni, venivano eseguiti a quota mai inferiore ai 5500 m. e qualche volta superiore ai 6000 m. sotto un nutritissimo fuoco di artiglieria e con frequenti, vivaci reazioni della caccia avversaria, si ha dimostrazione delle precisioni del lancio e del grado di addestramento degli equipaggi.

Da quanto brevemente si è scritto risulta che la paralisi del porto di Barcellona ha contribuito a minare inesorabilmente la resistenza dell'Esercito e della popolazione della Catalogna.

Né questa paralisi del traffico marittimo poteva esser attenuata in modo apprezzabile dalle due linee ferroviarie di Puigcerdà e Port Bou che, attraverso i Pirenei, congiungono la Catalogna alla Francia.

Infatti per trasportare il carico di un solo piroscafo di 8000 tonn. occorrerebbero 1000 vagoni ferroviari, attribuendo ad ognuno di essi la capacità media di 8 tonn., tenuto conto del volume del materiale ingombrante.

Supponendo ogni treno formato di 29 vagoni, media questa imposta dalla natura del percorso delle due ferrovie, si ha un totale di 50 treni necessari al trasporto del materiale scaricato da un solo piroscafo di 8000 tonn.

È da tener presente nel caso concreto che la ferrovia del Puigcerdà ha un solo binario e, data la zona impervia attraversata, durante la stagione invernale ha scarso rendimento.

Da questi dati indicativi risulta chiaramente come il funzionamento delle due ferrovie, anch'esse del resto spesso fatte segno a incursioni offensive; non ha potuto che molto scarsamente compensare la paralisi quasi completa del porto di Barcellona, né ha attenuato i danni gravissimi causati ai rifornimenti di ogni natura, resi sempre più pressanti dalle necessità belliche e dagli approvvigionamenti di tutta la popolazione civile.

Ormai a Barcellona ed in tutta la Catalogna già da mesi si soffriva la fame più desolante.

Nessun dubbio quindi che i bombardieri aerei anzidetti siano stati un fattore formidabile, che ha potentemente contribuito a rendere precaria la situazione dei rossi. Appena delineatosi lo sfondamento del fronte, nel quale il contributo dell'Aviazione Legionaria fu decisivo specialmente in alcune critiche giornate, il nemico ormai prossimo al collasso, cominciò quella disastrosa ritirata che presto ebbe a trasformarsi in rotta precipitosa.

Questi risultati, così strettamente legati alla paralisi del porto di Barcellona, debbono essere attribuiti, in grande se non in massima parte all'azione metodica offensiva degli apparecchi da bombardamento, giornalmente disponibili sulle Baleari.

Un martellamento aereo più intenso del porto di Barcellona, se eseguito da una media giornaliera anche di soli 20-30 apparecchi, avrebbe certamente paralizzato molto prima il traffico di quel porto con conseguenze facilmente intuitive anche nei riflessi della materiale occupazione della Catalogna.

Considerando le varie centinaia di milioni di danni inferti al nemico per il numero dei piroscafi affondati, per la pressoché totale distruzione dei valori e delle merci imbarcate, per la integrale distruzione dei depositi di petrolio, nonché per l'annientamento della grandiosa attrezzatura del porto, alla cui ricostruzione occorrerà dedicare parecchie altre centinaia di milioni; tenendo presente che tutto ciò in definitiva è stato prodotto da un numero modesto di apparecchi da bombardamento impiegati, si ha la visione esatta della sproporzione enorme fra le energie impiegate ed i danni arrecati al nemico.

Ormai il fronte della Catalogna non ha più importanza per l'Aviazione Legionaria, la quale ha già intensificato fazione nel continuare le sue incursioni offensive sui porti di Valencia e Catalogna. Il bombardamento di questi obbiettivi e quello dei centri industriali bellici di Madrid, Albacete, Sagunto ed Alicante da parte delle forze aeree delle Baleari e a quelle del continente, bombardamento da eseguirsi con un numero più imponente di aerei e con metodicità continuativa, potrebbe in poco tempo mettere i rossi in una situazione analoga a quella verificatasi in Catalogna, con l'aggravante che la paralisi dei porti di Spagna del centro orientale non può trovare alcuna attenuazione, rimanendo essa completamente tagliata fuori dai contatti terrestri con la Francia».

Questa relazione, il cui valore è evidentissimo, fu scritta, si noti, quando appena Barcellona era stata occupata ed ancora i rossi dominavano a Valencia, a Madrid, a Cartagena.

Liberata Barcellona, le colonne dell'esercito di Franco hanno proseguito la lotta per liberare tutta la Catalogna, sospingendo i rossi verso i Pirenei. La ritirata dei marxisti si tramutò presto in fuga e poi in rotta disordinata. Lo stesso Governo rosso che prima aveva sede a Barcellona si era spostato a settentrione, frantumandosi fra Gerona, Figueras ed altre località.

I caporioni, a cui va addebitato tanto spargimento di sangue, furono i primi a prendere le vie d'oltre confine, cercando di salvarsi.

Le armate franchiste passavano così dal successo alla vittoria e dalla vittoria al trionfo. Ne valsero a trattenerne l'impeto i pochi tentativi di resistenza.

Egualmente nessun ostacolo offrì più l'aviazione rossa a quella legionaria e nazionale nel dominio del cielo.

Occupata Barcellona, le formazioni continentali degli «Sparvieri», per citare soltanto le unità di bombardamento veloce legionario, tempestarono di bombe i porti minori di Rosas, di Palamos e di La Selva, mentre quelle delle «Cicogne» batterono violentemente gli impianti portuari di Valencia, affinché anche la Spagna rossa del sud non pensasse di essere dimenticata.

I «Falchi» delle Baleari, ormai dividendo gli obiettivi con i continentali, si portarono sul nodo ferroviario e sulle fabbriche di materiale bellico di Gerona e sul nodo ferroviario di Figueras. Durante una di queste azioni, sei caccia rossi attaccarono i «Falchi», inutilmente tentando di impedire la loro azione di bombardamento. Uno degli apparecchi rossi, che aveva cercato di incunearsi nella formazione degli «S. 79», fu crivellato di colpi dai concentramenti di fuoco dei trimotori legionari e precipitò in fiamme.

Violenta è stata sempre l'azione aerea legionaria sulle direttrici delle colonne del Corpo Truppe Volontarie. Infatti la formazione degli «Sparvieri» e delle «Cicogne» da bombardamento rapido hanno continuato a tempestare i rossi sulle grandi rotabili.

Le «Linci» da ricognizione proseguirono nella loro attività fortissima e gruppi legionari da caccia montarono buona guardia sul fronte di battaglia, non permettendo agli aerei rossi la più breve puntata. Impressionante un attacco a bassa quota con spezzonamento copioso e preciso da parte delle «Cicogne» d'assalto di alcune batterie nemiche postate a cavallo della grande rotabile di Barcellona per Vich.

Però, liberata Barcellona, diventò impresa problematica incontrare formazioni aeree rosse, disposte a battersi. I cacciatori dei gruppi «Cucaracha» e «Asso di bastoni», per trovare motivo di attività, dovettero modificare tattica, andando a snidare il nemico sui campi di Sabadell, Banolas, Gerona, Figueras e Vich. Il combattimento svoltosi il 1° febbraio nel cielo di Gerona è stato probabilmente l'ultimo su questo fronte. Una ventina di «Rata», ritenendo di poter impunemente raggiungere la Spagna centrale, fece i conti senza i cacciatori del «Tercio», che avevano moltiplicato la vigilanza per frustrare simili tentativi. Raggiunta la massima quota i «Rata» puntavano al mare, mantenendosi a prudente distanza dalla costa, per poter così trasferirsi a Valencia. Avvistarli e affrontarli, malgrado la svantaggiosa posizione, fu per i cacciatori dell'«Asso di bastoni» — coi quali si trovava il colonnello Guglielmotti — questione di qualche secondo. L'onta della fuga ingloriosa e più ancora il timore di incontrare successive formazioni scaglionate in quota, deve avere spinto il comandante rosso ad accettare il combattimento. I rossi, favoriti dalle condizioni di luce e dall'altezza, con repentina picchiata attaccarono frontalmente, sperando di sbaragliare i legionari. Questi, impassibili e compatti, risposero fulminando due «Rata».

Sgombrato il cielo, occorreva dare agli avversari il senso dell'irrimediabile. Ecco i cacciatori abbandonare il regno delle aquile, giostrare tra le sinuosità del terreno e piombare sul campo di Banolas a scovarvi, bene occultati ai margini della pista di lancio, cinque monoplani. Alcune sventagliate di mitragliatrice, e cinque roghi divamparono.

Inesorabile e senza soluzione, la morsa strinse il nemico agganciato disperatamente al terreno. Intervennero gli «Sparvieri» a spianare la via, ad annientare le residue velleità. Non paghi di colpire depositi di carburante, magazzini, parchi di automezzi, e quant'altro rappresentava risorsa al prolungamento della lotta, eccoli prodigarsi a rifornire di viveri la divisione «Littorio».

E quando in volo non fu più possibile trovare avversari, l'Aviazione Legionaria andò a dare l'assalto ai campi. Così fece il 5 febbraio nel lembo settentrionale di Catalogna, ultima Tule dei rossi.

Due formazioni di assalto, infatti, scortate da un gruppo di caccia in protezione diretta, si portarono una sul campo di Figueras e l'altra su quello di Villahuega.

Sul campo di Figueras gli assaltatori sorpresero quattro apparecchi «Rata» e con azione fulminea li incendiarono, mentre i cacciatori in scorta di protezione impegnavano combattimento con cinque «Rata» in volo, abbattendone uno in fiamme nei pressi del campo stesso, mentre un altro colpito fu visto cadere in direzione del confine francese, e gli altri tre stimarono più prudente scomparire dalla circolazione.

A Villahuega invece gli aviatori legionari furono più fortunati. Sul campo fu sorpreso un forte numero di apparecchi «Rata» e «Curtiss», più due apparecchi da bombardamento.

Con rapide, precise e decise affondate, gli assaltatori incendiarono i due apparecchi da bombardamento uno dei quali, evidentemente carico di bombe, esplose; successivamente ben 24 tra apparecchi «Rata» e «Curtiss» seguirono la sorte dei primi due, assieme ad un autocarro carico di benzina che stava facendo il rifornimento. All'inizio dell'azione la reazione antiaerea si palesò intensissima, ma dopo le prime raffiche di mitragliatrice degli assaltatori, i serventi dei pezzi antiaerei, presi dal panico, abbandonarono le armi. A un certo momento dell'azione, la formazione d'assalto, esaurite le munizioni, venne sostituita dai cacciatori, i quali completarono con un nutrito mitragliamento, l'opera di distruzione.

Durante l'azione, un apparecchio da caccia legionario, colpito dal fuoco di mitragliatrice, era costretto ad atterrare nei pressi di Barcellona, senza conseguenze né per il pilota né per l'aeroplano. Tutti gli altri apparecchi, dei quali otto colpiti dal fuoco antiaereo, rientrarono regolarmente alla base. Complessivamente, nel giro di pochi minuti, l'aviazione rossa aveva perduto 30 apparecchi da caccia e due apparecchi da bombardamento.

Fu dunque con questa multiforme attività, compiuta da tutte le specialità aeree, che, venuto ormai a mancare il combattimento di massa per la fuga degli apparecchi nemici oltre frontiera, terminò la meravigliosa, sempre vittoriosa e sovente eroica opera dell'aviazione legionaria in quei cieli di Catalogna che avevano visto il ripetersi delle gesta leggendarie compiute prima in Andalusia, Estremadura, Castiglia, Asturie, Aragona e sul Mediterraneo.

Liberata la Catalogna, alla Spagna rossa non rimanevano più che le provincie del centro e quelle affacciantisi sul mare di Valencia. Ma la capitolazione definitiva e totalitaria era ormai questione di giorni. E così fu.

Con la fuga in territorio algerino delle residue squadriglie dell'aviazione rossa — fuga che ha preceduto di poche ore la liberazione di Madrid da parte dei nazionali — la guerra aerea in Spagna giunse al suo ultimo capitolo, alla fine. Ed alla fine vi è giunta vittoriosamente, trionfalmente per i nazionali.

Il quadro dell'attività aerea legionaria di questo periodo si completa con l'intervento nell'occupazione di Minorca, l'ultima delle Baleari in possesso dei rossi, e che per due anni, volutamente non occupata per motivi politici, era sempre stata sotto il controllo dell'ala franchista. Ma di questa azione diremo particolareggiatamente più oltre.

L'AVIAZIONE DELLE BALEARI

Abbiamo già detto come le isole delle Baleari, tranne Minorca, furono conquistate alla Causa nazionale da un pugno di eroi, ed abbiamo altresì ricordato la grande parte che, nei primi giorni del movimento franchista, ebbe l'Aviazione Legionaria nei fatti di Maiorca.

Occorre adesso — dopo avere illustrato la cronistoria della guerra aerea nel continente e l'opera enorme svolta dall'Aviazione Legionaria continentale — ricordare, per completare il panorama, la non meno intensa attività di cui è stata protagonista la così detta aviazione delle Baleari col suo 8° Stormo da bombardamento veloce — composto dal XXVII e XXVIII Gruppo «Falchi delle Baleari», con gli «S. 79» — e col suo Gruppo autonomo di caccia.

Fu certamente un'attività continua, un'attività che non ebbe soste nei lunghi mesi della guerra dall'agosto 1936 al marzo 1939 e fu l'attività più interessante, aviatoriamente parlando, di tutta la guerra aerea di Spagna.

Comandata prima da Gallo, poi da Appignani, dal generale Vincenzo Velardi, poi ancora dal generale Monti e infine dal generale Maceratimi, l'Aviazione Legionaria delle Baleari ha assolto un compito importantissimo dal principio alla fine della guerra: potenziale all'inizio, costituendo una permanente minaccia sulle regioni del Levante e sul traffico marittimo; reale dai primi mesi del 1938 in poi, rappresentando la continua offesa alle provincie che sino allora erano state le più risparmiate dalla guerra.

A Palma di Maiorca venivano organizzate e dirette le azioni aeree che senza dubbio hanno influito grandemente sul corso della guerra.

Si cominciò con azioni destinate a seminare il panico e lo scoraggiamento nelle popolazioni della costa, fino ad allora rimaste beatamente lontane dalla guerra, effettuando bombardamenti delle città, dei magazzini e depositi, delle stazioni ferroviarie, dei porti, sia di giorno con gli «S. 79» che di notte con gli «S. 81».

Iniziatasi poi l'offensiva di Franco, che condusse le truppe nazionali e legionarie al mare sullo sbocco dell'Ebro, furono intensificate le azioni sulle linee di comunicazione costiere battendo incessantemente i punti più importanti, le stazioni ed i nodi ferroviari, i depositi e le fabbriche di munizioni: azioni continue di martellamento, alle spalle dell'esercito nemico operante, che hanno contribuito potentemente, per quanto oscuramente, alla sua disorganizzazione. La notte venivano spesso attaccate a bassa quota le colonne di autocarri e di truppa lungo le strade. Furono anche compiute alcune fortunate azioni contro aeroporti.

Giunte che furono le truppe al mare, fu sospesa ogni altra azione per dedicare tutte le forze delle Baleari al diuturno incessante martellamento dei porti nemici, così da paralizzare il traffico marittimo. Si continuò tale impiego costantemente dall'aprile in poi. Il grande deposito di carburanti presso il porto di Barcellona andò in fiamme e bruciò per tre giorni; piroscafi inglesi, francesi e spagnoli colarono a fondo nei porti, divenuti cimiteri di navi; le opere portuarie furono danneggiate e distrutte; il traffico marittimo divenne incerto, pericoloso, costosissimo per il nemico e subì forti diminuzioni; gli equipaggi di molti piroscafi si rifiutavano di partire per la Spagna rossa. Particolarmente battuti furono i porti principali di Barcellona, Valencia, Alicante.

Ogni giorno gli «S.81» e gli «S.79» si sono alzati in volo dalla base dell'isola di Maiorca e si sono spinti per centinaia di chilometri a vigilare il mare, tutto intorno all'arcipelago, dando la caccia alle navi della marina militare rossa ed alle navi mercantili che trasportavano verso i porti della Spagna comunista i rifornimenti. A poco per volta le navi da guerra hanno finito col non uscire più dai muniti porti e col nascondersi all'osservazione aerea. L'Aviazione Legionaria da bombardamento, che nella sua fase iniziale di attività aveva protetto la rotta, tra il Marocco e la Spagna, dei convogli trasportanti le truppe di Franco mettendo le navi rosse in condizione di non nuocere, ha sempre più accentuato l'azione contro la marina militare dei rossi fino a renderla inutilizzabile. Contemporaneamente ha intrapreso l'azione contro le navi mercantili che rifornivano, attraverso Barcellona, Valencia, Cartagena, le forze terrestri comuniste. Per vastissimo raggio intorno alle Baleari il mare è stato quotidianamente controllato dai bombardieri, i quali, appena scorta una nave sospetta, la costringevano, con qualche bomba ammonitrice lanciata presso la prora della nave, a modificare la rotta verso Maiorca o verso le pattuglie navali dei nazionali, fino a provocarne la cattura da parte delle forze di Franco; La cattura, si noti, perché anche in questo caso si è sempre cercato di evitare l'affondamento di piroscafi e l'inutile perdita di vite umane, sia pure al servizio dei rossi. I legionari, anche in queste circostanze, hanno risparmiato uomini e cose svolgendo azione egualmente proficua alla causa della Spagna nazionale, forse doppiamente proficua.

Molte, moltissime navi della Spagna rossa o del comunismo internazionale sono così finite, con tutto il materiale che trasportavano, in mano dei nazionali, e nessuna vita umana è stata sacrificata nell'impresa. Se sacrificio v'è stato, questo sacrificio è avvenuto da parte dei bombardieri legionari, che, pur di effettuare continuamente il controllo, non hanno esitato ad uscire anche quando le condizioni atmosferiche erano assolutamente proibitive, ed hanno qualche volta pagato con la vita l'azione temeraria, volitiva e ardimentosa. Ma tutto ciò non costituì che l'incentivo per più intensa e vasta azione.

Questa, da un punto di vista generale, l'attività dell'Aviazione Legionaria delle Baleari, e questi i risultati scaturiti dal complesso dell'azione pluriennale. Ma l'opera di queste meravigliose squadriglie può essere meglio valutata alla luce della narrazione dettagliata delle gesta compiute. Da questo non ci si può esimere.

Ecco qualche episodio dell'azione dei bombardieri legionari. Siamo ai primi mesi della guerra. Un «S. 81» è nel cielo di Barcellona, precisamente ad Arenis de Mer. Da quell'idroscalo sta per alzarsi, per andare contro all'apparecchio legionario, un idrocaccia comunista. È questione di istanti ancora, ma l'equipaggio dell'«S. 81» non ha un attimo d'incertezza: non ne attende l'attacco, anzi non ne permette il decollo. Vi si lancia sopra a volo radente e lo investe in pieno con ben aggiustate raffiche di mitragliatrice; il caccia nemico cappotta e il bombardiere legionario sale nuovamente alto nel cielo per compiere la sua missione.

Mahon: 22 dicembre 1936. Episodio di sublime eroismo dell'equipaggio di un trimotore legionario. La macchina era partita da Palma per bombardare il capoluogo di Minorca. A bordo il tenente Brescianini, a fianco di Nerieri; motorista Perciullo; marconista Cesarini; montatore Ravenna. A Mahon il cielo scotta. I rossi hanno postato sette batterie antiaeree inglesi da 105, con centrali di tiro modernissime. Il tempo non è buono. Il trimotore va dentro e fuori dalle nuvole. Per eseguire il tiro su una nave, Brescianini s'abbassa a 1000 metri. Vira per mettersi nella direzione giusta per il lancio: proprio in quell'istante, i 28 pezzi di terra riescono a inquadrare l'apparecchio. Una granata entra nella carenatura del castello del motore destro, esce dal bordo superiore dell'ala, infila il posto di pilotaggio, prende in pieno il valoroso Nerieri, esce dal soffitto, a sinistra, scoppia in aria venti metri più in là. Nerieri è caduto sui comandi e l'apparecchio precipita, pressoché in candela. Brescianini, stordito dal colpo, ha bisogno di qualche secondo per ricuperare. Perciullo è ferito. Il tenente riprende conoscenza e, mentre Perciullo, il viso tutto sangue, solleva il corpo di Nerieri, il fratello che è già in Paradiso, rimette in linea di volo l'apparecchio, ormai a cento metri dal mare. Il trimotore rientra a Maiorca. I camerati sanno già, al campo, che qualcosa è avvenuto: Cesarini aveva segnalato semplicemente: «Autoambulanza all'atterraggio».

Al sergente maggiore pilota Luigi Nerieri, immolatosi nel cielo di Mahon fu assegnata la medaglia d'oro al valore militare, alla memoria, con questa motivazione:
«Volontario in una missione di guerra combattuta per un supremo ideale, affrontava le più ardue prove dimostrando sempre esemplari virtù di esperto e prode combattente. Animato da incondizionata entusiastica dedizione per la causa cui aveva votato la giovane balda esistenza, nell'eroico tentativo di portare a termine una rischiosa azione cui era stato preposto,

incontrava morte gloriosa».

Altro episodio magnifico. Il 19 maggio 1937 due trimotori attaccano a Capo Oropesa una nave sovietica. I due trimotori erano al comando del tenente Ruggerone e del sottotenente Palazzi; nell'apparecchio di quest'ultimo c'erano: il sergente maggiore Bonamici, secondo pilota, il sergente pilota Ermenegildo Del Pan, stavolta a bordo volontariamente come mitragliere perché non era il suo turno di pilotaggio, il motorista Fichera, il marconista Cesarini, l'armiere Gorini. Ruggerone guida, Palazzi gli è in ala a sinistra, cioè sulla sinistra, leggermente indietro. Mentre portano il primo attacco alla nave sovietica, un monoplano da caccia rosso, probabilmente un «Dewoitine», attacca il trimotore arretrato; ma è accolto fermamente da Fichera, che è alla torretta superiore di prua, da Cesarini, che spara in depressione, e da Del Pan, che brandeggia l'arma allo sportello di sinistra. Il monoplano, probabilmente colpito in modo serio, lascia subito il combattimento e scompare. I trimotori eseguono i loro passaggi sul bersaglio. Al quarto, un «Curtiss» rosso, assicuratasi il vantaggio di quota con una impennata, piomba sull'apparecchio di Palazzi, prendendolo in coda, ma leggermente spostato sulla sinistra. La prima raffica del «Curtiss» investe e crivella il piano fisso di coda e il timone di altura. Un istante di pausa nel fuoco, poi si vedono fiammeggiare di nuovo le bocche delle quattro mitragliatrici del caccia rosso. Anche da bordo del trimotore si spara, ma data la posizione, è forse Del Pan l'uomo che direttamente duella. Un attimo, poi il caccia s'impenna, si rovescia, precipita, s'infila in acqua, sfasciandosi, il pilota crivellato di pallottole. Del Pan spira un minuto più tardi. Per un minuto, con uno sforzo sovrumano, è rimasto all'arma. Egli va lassù, fra gli eroi azzurri, avendo provato l'ebbrezza sublime della vittoria aerea, la vittoria tanto lungamente sognata dalla sua generosa anima di legionario italiano. Anche alla memoria del sergente maggiore Del Pan fu concessa la massima ricompensa al valor militare.

Ecco, ora, a titolo d'esempio, una specie di diario dell'attività svolta dai bombardieri legionari delle Baleari nei venti giorni del maggio 1937 che intercorrono fra il 10 e la fine del mese:

Il 10, tre trimotori lanciano, di notte, con cattivo tempo, 36 bombe da 100 sulla stazione di Port Bou, verso la frontiera francese. Interruzione di traffico per l'estero per parecchi giorni. Il 13, un apparecchio, partito alle 4,30 da Maiorca, va a lanciare, malgrado la foschia fitta, otto bombe da 100 e dieci incendiarie su due navi straniere sotto scarico e sugli impianti portuali di Castellon de la Plana. Il 14, un altro trimotore legionario, verso il tramonto, va ad attaccare da 250 metri di quota, malgrado il mitragliamento di due caccia, una petroliera rossa al largo di Castellon de la Plana, e l'incendia, tempestandola con 20 bombe da 50. Il 15, sei macchine, in un inferno di nubi temporalesche, piombano, mentre il sole tramonta, sul porto di Valencia e scaricano, sulle navi sotto scarico e sui «docks», 24 proiettili da 100, 40 da 50, 46 da 15, 48 da 20 incendiari. Il giorno 19, due trimotori attaccano, verso le 17, a sud di Capo Oropesa, una nave sovietica e, lanciando 40 bombe da 50, pur senza colpirla, la danneggiano gravissimamente col solo effetto d'intasamento delle esplosioni vicine, in acqua. Il 22, quattro apparecchi sono verso le 4 sulla stazione di Port Bou e sul ponte di Clera, e li tempestano con 8 bombe da 250 e 32 da 100. Il 24 cinque trimotori partono a mezzanotte e venti, vanno sul porto militare di Cartagena, coperto da uno strato bassissimo di nebbia, a lanciare 8 proietti da 250 e 32 da 100 sulla flotta rossa. Il 25, tre macchine attaccano alle 4 il campo d'aviazione di Castellon de la Plana, mollando 4 bombe da 100 e 44 da 50. Un'aviorimessa distrutta, due bimotori all'ancoraggio sul campo incendiati, un deposito di bombe saltato. Il 27, tre apparecchi attaccano, alle 2,50, l'aeroporto di Reus, facendovi piovere 12 bombe da 100 e 112 da 15. Il 28, cinque trimotori tornano sul porto di Valencia, ove di notte ferve sempre il lavoro di scarico. Alle 3,15 vi lanciano sopra 4 bombe da 250, 22 da 100, 16 da 50, 56 da 15, io da 20. Il 29 sei trimotori, alle 4, sull'obiettivo: 34 bombe da 100, 56 da 50, 56 da 15, 18 da 20. Il 31, quattro trimotori su Cartagena. Attacco alle 3: 12 bombe da 250, 12 da 100. Malgrado la violentissima reazione da terra e gli otto riflettori che tentano di accecare i bombardieri, stavolta l'incrociatore *Cervantes,* in bacino per riparazioni, è spacciato. I rossi dovranno limitarsi a ricuperarne le artiglierie».

E' questo un elenco scheletrico, ma non pertanto meno espressivo. L'aviazione da bombardamento della base delle Baleari non ha avuto giornate di sosta, forse neppure delle ore. Si è sempre prodigata col più alto spirito di sacrificio, nonostante le continue avversità di tempo, nonostante la difficoltà di raggiungere gli obiettivi e nonostante le difese avversarie che si facevano vieppiù formidabili. Ed ha raggiunto felicemente gl'intenti, anche se pochi erano gli uomini e poche macchine adibite allo scopo. Per mesi e mesi le scarse forze aeree da bombardamento delle Baleari hanno tenuto sotto controllo un vastissimo specchio di mare compreso tra la Francia e l'Algeria, in un senso, tra la Sardegna e la costa spagnola, nell'altro, facendo piovere sovente sull'obiettivo il carico micidiale che trasportavano. Anche l'isola di Minorca, fortificatissima, è stata spesso l'oggetto d'incursioni da parte degli «S.81» legionari i cui equipaggi non paventavano la formidabile artiglieria contraerea costituita da ben sette batterie di medio calibro.

Inoltre i bombardieri legionari delle Baleari hanno saputo vittoriosamente contrastare l'azione dei caccia avversari ed hanno sempre lottato senza cedere di fronte ai «Curtiss» ed ai «Dewoitine» rossi.

Il giorno 11 luglio, ad esempio, i velocissimi «Falchi» delle Baleari attaccarono la zona portuale di Barcellona colpendo il molo ed alcuni piroscafi contrabbandieri sotto scarico. Più tardi essi bombardarono il porto di Alicante, colpendo la stazione costiera e provocando diverse esplosioni, rivelatrici della presenza dei depositi di munizioni. Il giorno seguente l'aviazione delle Baleari operò nel campo strategico contro i porti di Valencia, di Alicante e di Barcellona. Azioni aeree di bombardamento furono effettuate inoltre, sulla ferrovia Alicante-S. Juan, sul campo di aviazione di Molvos, dove furono distrutti due velivoli nemici a terra, mentre altri rimasero sicuramente danneggiati, come chiaramente risultò dai rilievi fotografici compiuti dopo il bombardamento; sulle stazioni ferroviarie di Alicante e di Reus; sul deposito di Villanueva e di Sitges.

Esplosioni ed incendi furono provocati in un deposito di munizioni sul molo di levante del porto di Valencia e nei depositi della stazione costiera di Alicante. Le incursioni furono compiute con formazioni da bombardamento da cinque a dieci velivoli. La reazione contraerea avversaria fu vivacissima in tutta la zona sorvolata.

Dell'aviazione delle Baleari fecero parte attivissima i «Sorci Verdi» di Attilio Biseo. A datare dai primi di febbraio del 1937 gli apparecchi dei «Sorci Verdi» — il XII Stormo da Bombardamento veloce che sì larga fama si era procurato nei fulminei voli di pace — si trasferirono a squadriglie a Palma di Maiorca. Primo fu Aramu seguì Cupini e poi Castellani e infine, nel settembre, il colonnello Biseo con dodici apparecchi.

Da allora, poiché si manifestava la necessità di ostacolare il traffico di contrabbando rosso lungo la costa del Levante, i «Sorci Verdi», tra cui era il comandante Bruno Mussolini, iniziarono una terrificante azione contro i porti del continente e svolsero nel contempo un controllo attivissimo e continuo su tutti i traffici marittimi.

Il susseguirsi dei bombardamenti micidiali sui porti di Barcellona, Valencia, Alicante, su Cartagena e su Porto Rosas, impressionò enormemente i rossi. L'attività fulminea e sconcertante degli «S. 79» paralizzava, infatti, il traffico di rifornimento. Ciò indusse i rossi a tentare un attacco improvviso sul campo di Palma di Maiorca per sorprendere le squadriglie dei bombardieri legionari. Il 7 ottobre numerose squadriglie di «Martin Bomber» apparvero su Palma e lanciarono il loro carico di bombe alla rinfusa sul campo. Fu grande ventura che quasi tutti gli apparecchi fossero bene mascherati sotto le piante e gli equipaggi si sparpagliassero nei boschi gettandosi a terra. Il colonnello Biseo fu raggiunto dallo scoppio di una bomba caduta a non più di cinquanta metri e fu sbattuto a terra, riportando una grave lussazione all'omero destro. Presso di lui vi erano il colonnello Fiori ed il capitano Bruno Mussolini, ma per fortuna non vi furono danni né al personale né agli apparecchi. Gli aerei nemici tornarono nel pomeriggio, ma questa volta la caccia era già all'erta in quota e gli sfreccianti «Fiat» fecero strage dei bimotori nemici.

Spetta ai «Sorci Verdi» il primo bombardamento di Cartagena con dieci apparecchi — su due formazioni di cinque ognuna — che lanciarono da 6.000 metri sulla flotta nemica quindici bombe da 250 e 40 da cento. Egualmente spetta ai «Sorci Verdi» il primo bombardamento di Valencia il 2 ottobre con dieci apparecchi e conseguente lancio di 25 bombe da 250 e 50 da 100; bombardamento interessante perché fatto attraverso le nubi e con risultati di puntamento veramente stupefacenti che confermarono gli eccellenti risultati dell'accurata preparazione fatta negli allenamenti di Guidonia.

Gli equipaggi erano uno migliore dell'altro e merita di essere citato il comandante Bruno Mussolini che partecipò a tutte le azioni eseguendo tiri magnifici e portando a brillante fine tutti i compiti che egli erano assegnati.

È naturale che i «Sorci Verdi» fossero i beniamini a Palma di Maiorca. Con essi viveva il colonnello Ramon Franco, fratello del Caudillo, che aveva per i camerati dei «Sorci Verdi» affettuosa amicizia.

L'opera dei Sorci Verdi» fu bellicamente di enorme importanza tanto che nel campo nemico si ebbero gravissime ripercussioni e vi fu anche chi cercò di sfruttare a scopo reclamistico la presenza del figlio del Duce a Palma di Maiorca per inventare combattimenti e sfide aeree che sono state sempre una pura invenzione. Resta solo il fatto che Bruno Mussolini ha partecipato a tutte le imprese dei «Sorci Verdi» fin quando questi rimasero alle Baleari.

Certamente i bombardieri delle Baleari, quei tanto temuti «Falchi» le cui gesta sono state sempre caratterizzate da una audacia senza pari, sono stati attivissimi in ogni periodo della lunga guerra civile. Dall'isola di Majorca sono balzati quotidianamente sulla costa iberica di Levante portando la loro efficacissima offesa, e quotidianamente le loro azioni hanno avuto il coronamento del fatto epico. A centinaia potrebbero essere riferiti gli episodi gloriosi di cui i piloti dell'aviazione delle Baleari sono stati protagonisti! Ma valga per tutti questo che riferiamo, narrato da uno degli stessi piloti, il tenente Enzo Stefani e che riguarda la missione compiuta da tre «S. 79» comandati dal capitano Ballo, dal tenente Ferrari e dal sottotenente Stefani.

«È domenica; ma l'Aviazione Legionaria non conosce né feste né riposi: essa continua imperterrita nel diuturno lavoro; le feste e le domeniche non si potrebbero commemorare per un popolo in armi che colle azioni e col combattimento. La prima pattuglia che è andata a bombardare gli obiettivi del porto di Valencia è rientrata ora. Il comandante tiene rapporto agli equipaggi poi riferisce al colonnello comandante lo Stormo. Le azioni dei bombardieri diurni delle Baleari vengono sempre fatte senza scorta, dovendo, per giungere sugli obiettivi, attraversare oltre 300 km. di mare ed altrettanti per raggiungere la base al ritorno.

Il comandante la formazione gli ha riferito che vi è stato un tentativo di attacco da parte della caccia avversaria che in polizia aerea incrocia in quota sul porto. Egli è riuscito a compiere l'azione colpendo l'obiettivo in pieno come dalle fotografie eseguite, ma ha faticato assai a sottrarsi all'attacco: vi è stato uno scambio di raffiche, ma non a tiro utile. Il colonnello rimane indeciso, ne parla al generale comandante la base, poi saputo che sono varie le navi attraccate al porto ordina un'altra ondata di bombardieri, avvertendo che la caccia nemica probabilmente incrocia ancora sul cielo dell'obiettivo. I tre apparecchi escono dai nascondigli, gli equipaggi sono già stati a rapporto; prima di dare i motori per la partenza i capi equipaggio fanno le ultime raccomandazioni agli specialisti di bordo, ma con una calma ed indifferenza che sembra debbano partire per un piccolo allenamento di pattuglia. Ad uno ad uno partono i tre grossi apparecchi che nell'eseguire il giro di campo per prendere quota, si mettono in formazione.

La pattuglia, in formazione frontale, arriva in vista dell'obiettivo. Ecco il golfo di Valencia, ora si scorge chiaramente anche il porto; come per ordine tacito, dovuto all'esperienza di tanti voli bellici, i velivoli stringono la formazione a scopo prudenziale, aumenteranno le distanze in caso di forte reazione controaerea. Le armi sono già state provate in mare aperto. Navigano alla quota di 5200 metri. Improvvisamente l'equipaggio dell'apparecchio di sinistra scorge cinque apparecchi da caccia, ad una quota di 500 superiore, che tagliano la via del mare. Il capo equipaggio fa il segnale con le ali, segnale che viene ripetuto dagli altri aerei: significa caccia nemica in vista. Gli sportelloni sono aperti essendo arrivati quasi sulla verticale dell'obiettivo. Vigili, ma con gli occhiali abbassati, le armi brandeggiate attendono gli specialisti. Dalla formazione dei caccia se ne stacca uno, poi un secondo, un terzo che puntano sul nostro apparecchio di sinistra; vengono sganciate le bombe, e nel contempo che si chiudono gli sportelloni che hanno permesso l'uscita dell'esplosivo le armi di bordo cominciano a crepitare. Una prima raffica investe l'apparecchio sinistro, i piloti con non un muscolo che si muove sembrano due statue, abbassano solo gli occhiali sugli occhi; schegge di materiale schizzano attraverso il posto di pilotaggio, ed il restante della fusoliera. Intanto la pattuglia esegue un quarto di giro e punta sul mare in formazione quanto mai serrata. Il secondo apparecchio da caccia nemica fa la puntata, ma ahimè, l'arma del calibro 7,7 che deve difendere la fiancata esterna del bombardiere dall'attacco tace. Il caccia sventaglia con le sue mitragliatrici una lunga raffica. Perché non si ode più il crepitio dell'arma che difende la fiancata esterna dell'aereo? I piloti non lo sanno, ma continuano a manovrare calmi al loro posto, i motori ed i comandi. Un ultimo caccia punta il veloce bombardiere nuovamente, l'aereo riceve le raffiche in pieno; il motorista, improvvisamente ha il volto coperto di sangue e nel contempo si porta la mano al viso accasciandosi: è stato colpito; un auricolare della cuffia del marconista parte in pezzi pure colpito e del sangue sgorga dal padiglione dell'orecchio. Improvvisamente la mitragliatrice laterale riprende il suo rabbioso crepitio, i caccia attaccanti passano in coda alla formazione che a tutto motore ed in picchiata punta alla lontana base; le raffiche delle armi dorsali continuano ancora insistenti, poi il ritmo si riduce finché dopo dieci minuti tutto tace. L'armiere arriva al posto di pilotaggio con gli occhiali abbassati, sporchi del sangue che gli esce da una ferita di striscio dal naso, e con lo sguardo esaltato urla all'orecchio del primo pilota, aiutandosi coi gesti che un caccia colto in pieno dal fuoco di difesa della formazione è precipitato in mare avvitandosi e lasciando dietro di sé una scia di denso fumo nero. Sono a cinquanta chilometri dalla costa, il mare Mediterraneo, 4000 metri al disotto, attende la preda che precipita dall'alto verso di lui per richiudersi prontamente, tomba misteriosa. L'ufficiale affida i comandi al secondo pilota e scrive una nota che passa all'armiere. Poi si alza dal posto di pilotaggio, si toglie i guanti e presa la cassetta dei medicinali di pronto soccorso, estrae fasce sterili e cotone idrofilo, fa aprire la bocca al motorista e gli fa trangugiare una lunga sorsata di cognac poi gli pulisce il volto dal sangue e guarda: l'occhio sinistro ha il bulbo tagliato profondamente in tutta la larghezza della pupilla da una scheggia. Mette una compressa e fascia. Disinfetta il naso all'armiere e l'orecchio al marconista. Legge poi la risposta dello specialista alla domanda fattagli: La mitragliatrice laterale si era inceppata alla terza raffica; mentre egli cercava di discincepparla i caccia accentuavano l'attacco tanto che lo colpivano con un proiettile di striscio al naso, poi rimessa l'arma efficiente e ripreso il fuoco i velivoli nemici passavano in coda. I motori vibrano, il pilota in atto di coraggio stringe forte il braccio al motorista, bello e forte giovane di 21 anni, valentissimo specialista, e gli grida forte all'orecchio — Coraggio, non è nulla di grave — Lo specialista si abbassa e grida all'ufficiale: Lo so, signor tenente, l'occhio è andato — peccato, speravo di fare ancora molti mesi di guerra insieme a lei e invece ora, povero guercio non servo a nulla. — Non dire sciocchezze, — e l'ufficiale lo scuote familiarmente poi raggiunge il posto di pilotaggio; il giovane che non ha avuto un attimo di titubanza ed ha manovrato come in un volo di pace mentre la morte lo sfiorava continuamente ora si sente un nodo alla gola e gli occhi si inumidiscono di lacrime; per reagire e per vincere la commozione stringe forte il volantino quasi a piegarlo.

Stando alla quota di massimo rendimento dei motori e di minimo consumo di benzina si prosegue a regime di Crociera. Il capo equipaggio passa un messaggio radio al marconista che avendo la cuffia fuori uso può soltanto trasmettere. «Apparecchio avariato. Due equipaggio feriti tanto rientro base». Dopo un minuto il Comandante la formazione e l'altro gregario si mettono di scorta all'aereo e proseguono di conserva giungendo felicemente sulla verticale della base. Sul campo tutto è organizzato: autoambulanze presso la linea, automobili di servizio, carro estintori, carro ricuperi.

I due aerei volteggiano sul campo attendendo che il terzo velivolo avariato si porti all'atterraggio. I colpi oltre alle eliche ed ai serbatoi possono aver raggiunto anche le ruote, occorre quindi fare un atterraggio molto seduti, alla velocità minima ed all'inizio del campo, il più corto possibile, perché se il velivolo rimane accidentato non ingombri il campo all'attività degli altri aerei. Eseguito un giro sul campo ed osservata dalla manica a vento l'esatta direzione ed intensità del vento l'apparecchio si porta all'atterraggio: ormai sostenuto al massimo, l'aereo sfiora il terreno ai segnali dell'inizio del campo, tocca dolcemente terra, ma subito s'inclina a destra e cerca di imbardare: tutta pedaliera contraria ed una tirata di motore destro, poi il cenno al che il secondo tira gli «stops» e toglie i contatti.

Tutto freno sinistro. L'apparecchio, dopo aver compiuta una dolce imbarcata a destra a velocità minima, è fermo. Scesi a terra è un affaccendarsi intorno di estintori (per ogni eventualità), autoambulanze e macchine. Strette di mano, rallegramenti ed abbracci.

Il motorista è già partito per l'ospedale, gli altri dell'equipaggio vengono medicati all'infermeria del campo. Gli specialisti sono intorno al bestione con trattori, cricchi e ruote di ricambio. L'apparecchio ha atterrato brillantemente non subendo alcun danno pur avendo due eliche scheggiate, una ruota sgonfia perché colpita da due pallottole.

Dopo alcuni giorni arriva alla squadriglia una lettera dall'Italia: è firmata dal motorista che ha perduto un occhio ferito nel cruento combattimento. Non rimpiange la sua infermità, rimpiange e ricorda con nostalgia il suo glorioso apparecchio, la bella vita guerriera compiuta e che teme per sempre finita. E' una lettera piena di nostalgia, ma forte e virile. In fondo augura in bocca al lupo a tutti, esso ci seguirà ormai: «povero guercio» col pensiero, sarà con noi spiritualmente nelle future imprese».

I nomi di coloro che formarono questo valoroso equipaggio? Stefani e Nanni i piloti, e poi Chiodi, il motorista, Masi, l'armiere, Dondi, il radiotelegrafista. Equipaggio d'eccezione? No, perché quelli di tutti i bombardieri delle Baleari, come anche di tutti gli altri legionari, sono andati a gara nelle prodezze, negli ardimenti, nel valore.

Prendiamo ancora, a caso, qualche episodio.

Uno molto significativo si ebbe nei primi giorni di dicembre del 1937, quando cioè i rossi tentarono il bombardamento di Palma di Majorca. Una magnifica pagina fu scritta, infatti, a lettere di fuoco dall'Aviazione Legionaria nel cielo Mediterraneo, il giorno 8 dicembre. I caccia legionari, nella mattina, imposta la battaglia ai bombardieri rossi, ne abbatterono otto ai quali si aggiunsero altri tre apparecchi precipitati in mare dall'artiglieria antiaerea di Palma di Majorca.

Fu nel corso di un'azione di bombardamento condotta da ventotto «Martin Bomber» marxisti contro Palma che avvenne l'ecatombe.

I bombardieri nazionali, attivissimi come sempre, avevano proceduto il giorno precedente al bombardamento di obiettivi militari di Barcellona, Reus, Cambils e Lerida. A sua volta il Comando rosso aveva ordinato il bombardamento di Palma.

I ventotto «Martin Bomber», la più forte formazione aerea fino allora allineata dai rossi all'infuori di quelle messe in opera durante le grandi offensive di Madrid e d'Aragona, partiti dalla costa catalana, sorvolarono Palma e senza affatto perseguire obiettivi militari bersagliarono la città facendo non poche vittime fra la popolazione civile.

Gli aviatori marxisti, oltre che della eccellenza e della velocità dei loro apparecchi speciali da bombardamento rapido, suscettibili di volare a quasi quattrocento chilometri orari, erano certamente convinti come nell'isola non vi fossero caccia nazionali o ben pochi, e quindi si presentarono senza essere scortati dai loro caccia. Essi dovevano essere non meno convinti della scarsa efficacia dell'artiglieria antiaerea di Palma.

Il risultato fu per essi disastroso. Terminata l'evoluzione e lasciate cadere le bombe, gli apparecchi rossi erano già sul mare quando tre di essi furono colpiti dai proiettili degli antiaerei. I venticinque superstiti affrettarono la marcia di ritorno alle loro basi, ma in pochi minuti due squadre di dodici caccia legionari avevano spiccato il volo all'inseguimento dello squadrone dei «Martin Bomber». Questi erano raggiunti infine a 150 chilometri da Palma e a 140 chilometri dalla costa catalana. Il combattimento fu quali sono i combattimenti aerei: fulmineo. I caccia piombarono sulla formazione dei bombardieri rossi, i quali tentarono invano di sfuggire all'inseguimento sparpagliandosi quanto più rapidamente poterono e moltiplicando i cambiamenti di quota. Vane manovre. Otto bombardieri mortalmente mitragliati precipitarono nel Mediterraneo. Giusta punizione a barbara azione. I ventiquattro aerei legionari, intatti, ritornarono a Palma.

Di essa dette notizia in questi termini il comunicato di Salamanca del giorno 9:

«Ieri vari apparecchi nemici lanciarono alcune bombe sulla popolazione civile di Palma di Majorca cagionando alcune vittime. La nostra aviazione da caccia ha inseguito tenacemente gli apparecchi nemici e ne ha abbattuti otto che sono caduti in mare. Il fuoco efficace delle nostre batterie antiaeree ha abbattuto altri tre apparecchi rossi che sono pure caduti in mare: il numero totale degli apparecchi nemici distrutti nella giornata di ieri è quindi di 11.

La nostra aviazione ha bombardato con pieno successo alcuni obiettivi militari di Barcellona e in particolare le officine della «Maquinista Terrestre y Maritima», la fabbrica del gas e le vie di comunicazione tra Barcellona e Tarragona. Tutti i nostri aeroplani sono ritornati alle rispettive basi senza incidenti.

Questa dura lezione subita dall'aviazione rossa, che in scesa in forze su Majorca per bombardare le inermi popolazioni e distruggere le opere fortificate dell'isola, ricorda, per il suo svolgimento, la battaglia aerea di Fossalunga, svoltasi nel 1917 sul fronte italo-austriaco. Allora una trentina di apparecchi austriaci attaccò di sorpresa l'aeroporto di Fossalunga per distruggerlo. I nostri aviatori, per nulla disanimati dall'infernale bombardamento, salirono sugli apparecchi e diedero battaglia abbattendo undici assalitori.

Importante fu il triplice bombardamento eseguito il 1° gennaio 1938 su Barcellona dalle squadriglie delle Baleari. Alle 9, alle 10,30 ed alle 11 i periferici quartieri della capitale catalana, ove le industrie erano in piena efficienza, il porto, i ben forniti depositi di materiali da guerra, furono sottoposti al violento e preciso bombardamento. Nonostante l'intenso tiro contraereo gli obiettivi furono tutti raggiunti senza che alcun apparecchio dell'aviazione nazionale andasse perduto. Su questo bombardamento la stampa internazionale bolscevica e bolscevizzante si diffuse in ricami fantasiosi accennando a centinaia di vittime umane. Non è superfluo ricordare che l'artificiosa montatura dell'episodio fu presto riportata alla realtà dei fatti che erano dell'ordine puramente militare.

Altro bombardamento riuscitissimo fu quello compiuto dalle squadriglie legionarie dei «Falchi» su Taragona. L'episodio è narrato con dovizia di particolari dal giornalista Juan Domingo. Ne riferiamo l'interessante racconto che vale come altro esempio delle cento e cento azioni del genere compiute dagli infaticabili bombardieri delle Baleari.

«Si parte con una formazione dei «Falchi» di Majorca. I motori ronzano, in prova, perfetti. E' mattino. Questi trimotori costruiti nelle officine italiane hanno una velocità superiore a qualsiasi tipo di apparecchio e sono difesi sopra, sotto ed ai fianchi in modo formidabile: ogni loro azione è perciò micidiale sia per l'obiettivo sia per i temerari che si attentassero di attaccarli durante il loro volo.

La formazione è al comando di un maggiore siciliano esuberante per quanto ardito: si vanta di prestare servizio fra i legionari del Tercio. Partiamo dalla pista; malgrado il forte carico ed un forte vento di fianco il decollaggio avviene regolarmente. Facciamo subito quota, foriamo uno spesso strato di nubi e facciamo rotta su Barcellona, Ma Barcellona non sarà il nostro bersaglio. In prossimità della città piegheremo a sinistra verso Tarragona ove le fabbriche del governo rosso lavorano a tutto spiano per rifornire di armi i miliziani. Dopo circa 50 minuti di volo, mentre navighiamo a circa 6000 metri, la formazione si spinge verso l'interno. Le nubi si diradano, Barcellona appare, a tratti, circondata dai suoi monti. In vista della città pieghiamo a sinistra ed assumiamo una direttrice di attacco nord-est sud-ovest. Tarragona ci appare fra nube e nube adagiata sulla costa. Ci avviciniamo al bersaglio scendendo di quota fino a 1500 metri. Foriamo le nubi proprio su Tarragona e piombiamo sugli obiettivi di sorpresa. Osservo la città su cui ho volato tante volte: ecco la Cattedrale, ecco il Quartiere Sant'Agostino dove ha sede il governo militare, ecco il Campo di Marte, ecco la Stazione sul cui piazzale si nota una discreta attività. Ma la città non sarà toccata dalle nostre bombe: quello che ci interessa, come ha sempre interessato l'Aviazione Legionaria, sono gli obiettivi militari e strategici.

La terribile pioggia ha inizio: vedo uno scoppio sull'antica fabbrica di tabacchi oggi divenuta fabbrica di munizioni. Un altro formidabile scoppio seguito subito da una fiammata sorge immediatamente ad ovest del primo scoppio: è il deposito di gasolina che salta in aria. La formazione fa un rapido giro sulla città, si dispone di nuovo in direttrice d'attacco e molla una seconda serie di bombe: saltano la centrale di trasformazione e la fabbrica di esplosivi.

In cinque minuti cinque tonnellate di esplosivo hanno distrutto totalmente uno dei centri di resistenza più importanti del governo rosso. Si riprende quota, si scalano di nuovo le nubi. Ora i piloti si stringono ala ad ala, i mitraglieri sono vigili alle torrette. La caccia rossa deve essere stata prontamente avvertita giacché alcuni «Curtiss» in crociera incrociano verso di noi avvicinandosi alla formazione. Questa si fa più compatta per rendere impossibili gli attacchi per gregario singolo e per costringere l'avversario a manovrare sotto il fuoco incrociato delle potenti armi degli «S. 79». Alcune raffiche decidono immediatamente del combattimento: un «Curtiss» precipita lasciando una densa scia di fumo nero e scompare fra le nubi: gli altri ci abbandonano.

I cinque «S. 79» che non hanno deviato dal filo del loro rombo di bussola, sembrano più agili sgravati del loro carico di morte e più fulgidi per la raggiunta vittoria, la loro ombra si stampa nitida, netta sul bianco lucente delle nubi, scintillanti al sole. La falce del golfo di Palma si distende luminosa sotto di noi».

5 ottobre 1938: tre pattuglie di «S. 79», comandate da Giordano, Gostoli e Seidl, vanno su l'aeroporto di Cerla; ma l'obiettivo è coperto dalle nuvole e allora fanno rotta su Barcellona. Il bombardamento del porto è presto effettuato con la consueta precisione. Tre «Rata», alzatisi da Prat de Llobregat, si fanno contro gli «S. 79». Poi si levano anche i «Curtiss» per tentare l'attacco, ma non c'è nulla da fare. Un solo «Rata» riesce a portarsi in coda all'apparecchio capo-formazione della terza pattuglia ad una distanza di circa 300 metri e circa 50 metri al disotto. Persiste in tale posizione per quasi un minuto effettuando alcune piccole cabrate per aggiustare il tiro. L'aviere scelto Andreani, di quella pattuglia, che per prima lo ha avvistato e che lo ha a portata utile di tiro, ha così modo di spargli con la «Safat» 12,7 inferiore, numerose e brevi raffiche per un complessivo circa di 200 colpi fino a che non vede il «Curtiss» sprigionare una densa scia di fumo nero, inclinarsi, scivolare sull'ala sinistra, quindi entrate in stretta e veloce spirale a sinistra e cadere in mare.

Pochi giorni dopo, il 13 ottobre, la 52ª squadriglia dei «Falchi», comandata dal valoroso ten. col. Seidl, va a bombardare i moli del porto di Barcellona. Da 5500 metri di quota gli apparecchi effettuano lo sgancio delle bombe colpendo in pieno gli obiettivi. Sulla rotta del ritorno, a circa dieci chilometri dalla costa, sono attaccati da alcuni «Rata» che in successive puntate dimostrano grande accanimento e non minore cocciutaggine perché più volte sono respinti e più volte ritentano l'attacco. Per 16 minuti dura il combattimento mentre gli aerei vanno allontanandosi dalla costa e scendono di quota. Il caso vuole che i «Rata», benché ripetutamente colpiti, non siano distrutti. Anche gli «S. 79» non subiscono perdite, ma tutto ciò si deve al comportamento degli equipaggi che è stato altamente lodevole per la tranquilla serenità e lo sprezzo del pericolo dimostrati. Tutti gli «S. 79» risultarono, al rientro, colpiti più volte e tre componenti gli equipaggi furono feriti.

Più fortunata fu l'azione compiuta su Valencia da quattro «S. 79», guidati anch'essi da Seidl, il 12 novembre successivo. Anche in questa azione, a bombardamento effettuato, si pronunciò un attacco di caccia nemici contro i bombardieri legionari, dopo che un altro attacco era stato sventato prima che le bombe fossero sganciate. Questa volta furono i «Curtiss» a lanciarsi contro gli «S. 79» ma due di essi furono abbattuti dalla precisa reazione delle mitragliatrici di bordo dei legionari.

I «Falchi» eseguirono altri bombardamenti su Barcellona e su Cartagena a più riprese e spesso s'incontrarono con la caccia avversaria. Così fu il 13 novembre, il 27 dicembre e il 28 dicembre; ma mai ebbero a lamentare perdite, che il più delle volte i tentavi rossi contro gli «S. 79» si pronunziarono senza soverchia convinzione da parte dei cacciatori.

Più insistente fu quella del 16 gennaio 1939 in una delle ultime azioni sul porto di Barcellona. Cinque «S. 79» comandati ancora da Seidl, e sui quali erano come piloti Quattrociocchi, Girardi, Dell'Antonio, Putti, Vanoni, Ricciarini, Marchesi, Chiarini, Grego, Crespi e Fabbri, dopo avere bombardato i moli del porto si dirigono in formazione sul centro della città per lanciare un messaggio destinato a Negrin. Ma qui la reazione antiaerea si fa rabbiosa e l'apparecchio del capo-pattuglia è colpito da schegge che squarciano i serbatoi dell'olio del motore destro. Comunque la missione è perfettamente eseguita. Sulla via del ritorno sei «Rata» attaccano con decisione gli «S. 79»; nonostante la velocità assai elevata di essi e per circa dieci minuti insistono sebbene uno dei caccia sia tosto abbattuto. Due altri, evidentemente colpiti, sono costretti a rientrare verso Barcellona; ma i rimanenti tre non danno tregua e solo a pochi minuti di volo da Maiorca si decidono a invertire la rotta. Numerosi colpi hanno ricevuto i veloci bombardieri durante il combattimento; ma nessun danno di entità li ha menomati ed anche tra i prodi equipaggi non si lamenta alcun ferito.

Magnifica fu anche l'azione compiuta il 1° febbraio su Cartagena ed in essa rifulse l'ammirevole contegno del pilota Ricciarini il cui apparecchio avariato fu costretto a staccarsi dalla formazione e a subire l'attacco dell'aguerrita caccia nemica. Né meno bello fu il combattimento sostenuto il 13 febbraio durante un'azione sullo stesso obiettivo. In esso si rivelò magnifico il comportamento dell'aviere motorista Ignazi, che, gravemente ferito, rimase al suo posto fino all'atterraggio al campo di partenza ove cadde svenuto.

Anche l'azione di Minorca fu il tipico esempio di tempestività e di sapiente impiego dei mezzi. Va perciò messa in luce tra le più caratteristiche di quelle succedutesi nei cieli di Spagna e fra quelle più dense di risultati.

Il progetto per la sollecita occupazione di Minorca fu affacciato con carattere d'urgenza dal Comando dell'Aviazione Legionaria delle Baleari fin dal 23 gennaio 1939, allorché apparve imminente la caduta di Barcellona, ormai sotto la pressione delle truppe di Franco. L'isola, efficiente fino ad allora per i diuturni aiuti materiali e morali che riceveva dalla Catalogna, doveva prima o poi rimanere isolata.

Il valoroso generale Maceratini, comandante in quell'epoca dell'aviazione delle Baleari, conosceva l'attrezzatura militare dell'isola; poteva, quindi, valutare la capacità combattiva del nemico nell'eventualità di uno sbarco di nazionali. Tutto sommato, egli riteneva che fosse maturo il momento per portare anche in questa contingenza lo appoggio dei mezzi aerei ad una lotta in atto, e che ne fosse certo il successo.

L'aviazione delle Baleari tenne dapprima Minorca sotto vigile sorveglianza, con frequenti voli di ricognizione, individuando l'apparato difensivo dell'isola, e quasi ostentando la prima avvisaglia della conquista imminente.

Siamo al 3 di febbraio. L'aviazione delle Baleari entra in campo con una imponente formazione di velivoli, effettuando un'azione dimostrativa e intimidatoria, lanciando manifestini che invitano alla resa, sfilando compatta per circa mezz'ora sul cielo dell'isola.

Nei manifestini c'è un *ultimatum,* tempo di cinque giorni perché la guarnigione di Minorca deponga le armi.

L'azione serrata dei «Falchi delle Baleari» continua su Minorca nelle giornate del 5 e del 6 febbraio: l'eco del crollo sul fronte rosso batte insistente sull'isola dal rombo degli aeroplani; la popolazione sente la disfatta dei marxisti, sopraffatti. Ma questi raccolgono le forze, danno la caccia ai sospetti, tentano esasperati la difesa sul terreno che cede, si aggrappano a tutte le risorse di crudeltà e di violenza per mantenere la resistenza.

Le artiglierie antiaeree dei bolscevichi, tutte le 10 batterie piazzate nei punti strategici dell'isola, sparano nutrite: più fitte dalla parte orientale di Mahon, più a rilento sull'altro estremo fra Ciudadela e Mercadal.

L'offensiva aviatoria su Minorca dové fermarsi a questo slancio per tutta la giornata del 7 febbraio.

Dalla notte del 6 alle prime ore dell'8 febbraio spirò aria di diplomazia nelle trattative di resa, sulla nave inglese *Devonshire,* dove s'era recato in missione il comandante Sartorius. I «Falchi delle Baleari», frattanto, bombardavano la flotta rossa ancorata a Cartagena per chiuderle la rotta verso Minorca.

Ma al mattino dell'8 febbraio accade il fatto nuovo. L'azione dell'Aviazione Legionaria era servita a suscitare la sommossa nella punta occidentale dell'isola, a Ciudadela. Le trattative per la resa erano in corso, ma la realtà dei fatti dimostrò che gli elementi rossi caporioni non avevano alcuna intenzione di deporre le armi.

Una pronta ricognizione aerea accerta che l'insurrezione è scoppiata a Ciudadela e Mercadal; ma la reazione rossa si va schierando contro gli insorti con un grande sforzo d'uomini in marcia verso il focolaio della rivolta. Evidentemente i rossi, pur mantenendosi la staffa delle trattative di resa, seguitano a perpetuare la repressione violenta e la carneficina.

Perciò il generale Maceratini, che al comando di una pattuglia di «Falchi» incrocia sul cielo dell'isola per spiare le mosse dei rossi, dopo aver risposto ai tiri rabbiosi dei contraerei con un preciso bombardamento sui forti costieri, ordina a mezzo radio che altri 18 apparecchi, guidati dall'atlantico Colonnello Giordano, continuino il bombardamento delle opere militari di Mahon, quartiere generale della resistenza bolscevica. Il fuoco aereo percuote per un'ora sul centro più sensibile del nemico: si pensa all'apertura dell'offensiva in grande stile minacciata dai manifestini allo spirare del termine di cinque giorni per la fila.

Il tenente Faccini dell'Aviazione Legionaria da caccia, partecipante anche essa con mitragliamento da bassa quota al martellamento delle ultime resistenze rosse, colpito al motore del proprio «CR. 32» dal tiro controaereo, compie un atterraggio di fortuna presso Ciudadela. Egli si rende conto così della decisa volontà degli insorti, e, nello stesso tempo, della necessità di un pronto aiuto da Maiorca a questa parte dell'isola, che è il varco aperto per la conquista. Faccini riesce con un motoscafo ad attraversare il braccio di mare fra Minorca e Maiorca, ad approdare a Porto Cristo e a portare le pressanti notizie ai comandi militari delle Baleari.

È urgente sbarcare subito alla conquista di Minorca.

I rossi sono rimasti sconvolti dall'Aviazione Legionaria. Il bombardamento aereo li ha arrestati a mezza strada nella marcia di repressione verso gli insorti di Ciudadela. L'isola di Minorca è virtualmente in mano dei nazionali, ma un ritardo potrebbe compromettere la rivolta antibolscevica, e ritardare chi sa fino a quando la conquista dell'isola.

Dall'alba del 9 febbraio, per tutta la giornata, pattuglie di «S. 79» e di «CR. 32» vanno a rotazione sull'isola per proteggere le operazioni di sbarco delle truppe nazionali. Ormai Minorca è nazionale, ormai l'isola è liberata dal giogo rosso.

L'Aviazione Legionaria, anche qui, ha portato il suo preziosissimo e risolutivo contributo. Senza il suo tempestivo intervento — checché sia stato sostenuto artatamente da parte avversa — la sollevazione nazionale di Ciudadela sarebbe stata certamente soffocata con tutte le successive tragiche conseguenze per i rivoltosi.

Nell'episodio bellico della conquista di Minorca, la forza aerea fatta agire secondo la dottrina classica dell'impiego del nuovo mezzo di lotta, ha dimostrato di essere sufficiente con le sue sole possibilità intimidatorie e repressive ad imporre tutto il peso della sua potenza, senza concorso alcuno delle altre Forze Armate di superficie, le quali, nella specifica circostanza, sono giunte sul teatro delle operazioni quando ormai non c'era che raccogliere facili allori di una vittoria conquistata dall'ala legionaria.

Circa l'impiego della specialità da caccia alle Baleari è necessario ricordare che, dopo il bombardamento eseguito dai rossi sul campo legionario di Palma di Maiorca, veniva effettuata dall'alba al tramonto una crociera continua da due «CR. 32» e questo perché le intere formazioni da caccia non sarebbero arrivate in tempo se partite su allarme. Può apparire un fatto strano, eppure da quando erano state cominciate siffatte crociere di sorveglianza i bombardieri rossi non si fecero più vivi nel cielo di Maiorca.

GLI UOMINI, I MEZZI E L'ORGANIZZAZIONE

Bisogna illustrare l'Aviazione Legionaria sotto il punto di vista dell'organizzazione tecnica e dell'impiego bellico, vale a dire i coefficienti che, frutto dell'opera degli uomini, del loro studio, del loro genio e del loro animo bellico, tanto hanno concorso a farne una forza efficientissima, uno strumento guerresco di straordinario valore, un mezzo di eccezionale potenza.

Organizzazione e impiego bellico delle forze aeree nel campo legionario erano stati regolati con metodo assoluto. Questo va detto per prima cosa. È la intelligente disciplina fascista che intervenne quale fattore primo nell'Aviazione Legionaria a regolarne il funzionamento generale; è il sentimento di cameratismo, non disgiunto dalla precisa osservanza delle gerarchie, che fu la molla regolatrice del complesso meccanismo, rendendo lieve ogni più dura fatica, elevando lo spirito di sacrificio nel singolo e nelle masse. Ben si può dire che i grandi successi ottenuti dall'Aviazione Legionaria non siano altro che il derivato — oltre che del valore, dell'eroismo e della valentìa del personale di volo — della disciplina che regolò ogni attività bellica. Ciò permise di sfruttare al massimo le qualità dei mezzi impiegati: degli apparecchi, dei motori, delle armi.

Questo non è poco se si considera che l'industria italiana ha fornito un materiale ottimo sotto ogni punto di vista, un materiale che, alla prova, si è dimostrato di qualità eccezionali.

Che dire, infatti, dei possenti «S. 81» e dei veloci «S. 79», dei non meno veloci «BR. 20», dei maneggevoli «Fiat CR. 32» creati dall'esperienza dell'ing. Rosatelli, dei potentemente armati «Breda 65» da assalito? Che dire poi dei sicurissimi motori «Fiat»? Che dire ancora delle meravigliose mitragliatrici «Breda», armi sicure ed ottime sotto ogni riguardo? Ed infine, che dire di tutti gli strumenti, di tutti i congegni, di tutti gli impianti che la risorta industria aeronautica e scientifica italiana ha costruito e fornito ai velivoli impiegati in Spagna?

Certamente gli apparecchi hanno avuto un collaudo efficacissimo. Per ogni tipo si sono potute controllare a perfezione le qualità e i difetti, quelle assai maggiori di questi. Gli «S. 81», si dimostrarono ottimi come bombardieri pesanti. Furono impiegati con larghezza nel periodo iniziale della guerra, poi si utilizzarono anche nei bombardamenti notturni; comunque, data la loro non eccessiva velocità, fu necessaria per essi la scorta della caccia. Particolarmente idonei si sono rivelati gli «S. 79», apparecchi dotati di grande velocità e robusti. Contro di essi mai ha potuto spuntarla la caccia avversaria e raramente è stata efficace la reazione antiaerea. Magnifici si rivelarono i «Ba. 65» il cui primo impiego si ebbe a Teruel con risultati soddisfacentissimi. Ma non solo nel bombardamento l'Aviazione Legionaria poté contare su eccellenti mezzi. Anche la caccia, con, quei manovrabilissmi «CR. 32» che i piloti guidavano con grande perizia, poté svolgere pienamente la sua funzione. Pur non avendo la velocità di altri tipi di apparecchi da caccia, i «CR. 32» si dimostrarono nella guerra di Spagna macchine eccellenti e adattissime allo speciale impiego; in un certo senso furono la vera rivelazione di questa guerra e stupirono tecnici e competenti. Anche i «Ro. 37», sebbene poco veloci, resero segnalati servizi nel compito di osservazione. Furono anche impiegati talvolta nel mitragliamento al suolo.

La guerra aerea di Spagna ha offerto il singolare fenomeno che un'aviazione inferiore numericamente, quella legionaria, si è imposta ad un'aviazione assai più numerosa, quella rossa, fino a conquistare il dominio dell'aria. Fenomeno singolare, se si considera al solo lume quantitativo. Ma se gli avvenimenti si misurano al metro della bontà organizzativa, allora non c'è da meravigliarsi per quanto è avvenuto.

L'organizzazione delle forze aeree legionarie è stata un modello anche nei primi giorni di vita.

Disciplinatissimi in ogni circostanza, a terra come in volo, intelligentemente disciplinati, gli aviatori legionari hanno potuto porre in rilievo tutte le altre qualità ed hanno potuto sempre trarre il maggiore rendimento dai mezzi in loro possesso sfruttandone in pieno i grandi pregi. Tutto ciò è mancato nell'aviazione avversaria. Cosicché, anche se dotata degli apparecchi più moderni e di abilissimi piloti, l'aviazione rossa ha finito per non corrispondere affatto alle aspettative.

E quando si dice attività dell'Aviazione Legionaria, dell'«Aviacion del Tercio», non si vuole intendere solo quella della caccia e quella del bombardamento, ma anche la specialità della ricognizione — che fu l'alacre e silenziosa lavoratrice di ogni circostanza, negli uomini della quale soprattutto rifulsero le doti di sacrificio e di abnegazione — ma anche l'arditissima aviazione d'assalto, la cui azione sconcertò il nemico in più di una circostanza.

Spessissimo vere masse di apparecchi da bombardamento e da caccia sono state affrontate, vinte e disperse da forze assai inferiori dell'Aviazione Legionaria. Di tali episodi ne abbiamo ricordati alcuni; ma quante volte ciò si è ripetuto? In determinati periodi il fenomeno si è ripetuto quotidianamente, in uno stesso settore. Cacciatori e bombardieri del governo rosso non facevano in tempo ad alzarsi in volo in intere formazioni, che i nostri caccia, prontissimi sempre, li assalivano con veemenza ed ardimento, ne scompaginavano la massa e finivano col fare vittime numerose. Il numero soverchiante ha fatto raramente sentire il suo peso contro l'Aviazione Legionaria e, comunque, mai ha portato a conclusioni decisive in favore dei rossi.

Gli è che l'Aviazione Legionaria si è sempre prodigata incessantemente, senza esitazioni, tenendo il cielo per intere giornate, perché non pochi equipaggi hanno compiuto nella stessa giornata più e più voli di guerra, atterrando solo per rifornirsi del materiale di armamento e di carburante, mai per concedersi sia pure brevi istanti di riposo.

L'attività degli equipaggi e dei singoli piloti è stata sovente qualche cosa di più che instancabile, frutto certo di un allenamento continuo e razionale, risultato a sua volta di inimitabile sistema collaudato in anni ed anni di gloriosi cimenti.

Gli aviatori legionari non hanno mai indietreggiato dinanzi ai più formidabili ostacoli e davanti alle maggiori avversità. La fede più sconfinata ne ha sostenuto l'azione. Altissimo spirito combattivo, volontà incrollabile di vittoria, abnegazione incomparabile sono stati tutti coefficienti che hanno dato l'impulso alla macchina legionaria, nel cui funzionamento non ci sono stati intoppi di sorta. Nessun equipaggio ha dato mai segni di stanchezza; nessun equipaggio ha avuto mai un attimo di perplessità, nessun uomo si è mai smarrito di fronte al pericolo né ha tentennato al cospetto del rischio. E rischio ve ne è stato sempre molto; ma tutti l'hanno affrontato con baldanza quasi giocosa e col preciso intendimento di vendicare i compagni caduti.

L'Aviazione Legionaria ha avuto ottimi comandanti. Anche ad essi va il merito della rispondente organizzazione, del funzionamento del delicato e pur possente organismo, dell'alto spirito combattivo degli aviatori legionari tutti.

Come si sa, i capi dell'Aviazione Legionaria furono, in ordine: il tenente colonnello Bonomi per cinque mesi, il generale Velardi per quattro mesi e mezzo, il generale Bernasconi per venti mesi e il generale Monti per tre mesi. L'Aviazione delle Baleari fu comandata successivamente dal tenente colonnello Gallo, dal colonnello Appignani, quindi dal generale Velardi, dal generale Monti e dal generale Maceratini.

Il colonnello Bonomi, fascista d'azione e pilota di grande valore, fu il creatore dell'Aviazione Legionaria nella sua struttura iniziale. La sua attività in Spagna è limpidamente riassunta nella motivazione dell'Ordine Militare di Savoia che qui riferiamo:

«Ufficiale superiore di provata capacità e valore, primo fra i volontari in Spagna, comandante dell'eroica Aviacion de «El Tercio», contribuiva in modo altamente efficace alla riuscita delle operazioni militari che permisero alle truppe del generale Franco di iniziare e proseguire la vittoriosa marcia di liberazione. Partecipava personalmente alla testa dei propri reparti a numerose e rischiose azioni di bombardamento, determinando più di una volta con l'intervento dell'Aviazione da lui comandata fulgide vittorie e tenendo alto il prestigio delle ali Fasciste in terra di Spagna. — Cielo di Spagna, 30 luglio 1936-XIV-3 marzo 1937-XV».

Il generale di brigata aerea Vincenzo Velardi è stato in terra di Spagna un organizzatore di reparti attivo e silenzioso, ma di capacità vasta che ha fatto di lui un magnifico comandante di grandi unità. L'Aviazione Legionaria lo ha visto proficuamente al lavoro prima sul continente e poi alle Baleari, sempre con dedizione profonda, con sagacia e con competenza.

Il generale di divisione aerea Bernasconi, noto per i suoi studi di progettista aeronautico e come valente ingegnere, aveva acquistato grande notorietà con la direzione della Scuola di Alta Velocità di Desenzano, dove fu battuto il primato mondiale di velocità con i 709 chilometri di Agello. Il generale Bernasconi aveva partecipato alla guerra per la conquista dell'Impero comandando il settore Sud: fu tra i primi ad eseguire le azioni contro il nemico e fu così audace da essere investito in pieno dal fuoco nemico che gli uccise l'osservatore. La sua opera in Spagna è stata vastissima ed è durata per lunghi mesi: per tutto il periodo delle grandi battaglie. I risultati ottenuti durante il lungo periodo del suo comando dicono più di qualsiasi parola le qualità e le capacità del valoroso aviatore.

Il generale di brigata aerea Monti fu aviatore nella guerra mondiale. Profondo conoscitore dei problemi determinati dal sorgere e dall'affermarsi della nuova Arma, fu a lungo apprezzato collaboratore presso lo Stato Maggiore della R. Aeronautica. Comandante in primo tempo dell'aviazione Legionaria delle Baleari, dimostrò in tale incarico tali qualità che gli valsero l'onore di succedere, nel gennaio 1939, al generale Bernasconi nel Comando di tutta l'Aviazione Legionaria. In tale nuovo incarico il generale Monti partecipò al compimento della seconda parte del ciclo offensivo contro la Catalogna e delle operazioni che portarano alla fine della guerra di liberazione della Spagna.

Doti e qualità rimarchevoli dimostrarono parimenti Gallo e Appignani nell'espletamento del difficile comando dell'aviazione delle Baleari. Organizzatori eccellenti e dinamici, Gallo prima e Appignani poi, furono i forgiatori di quello strumento bellico così prezioso ed efficiente che tanti guai procurò ai rossi di Spagna, cioè l'aviazione delle Baleari.

Il generale Maceratini fu già valoroso combattente della grande guerra e tenace assertore delle possibilità della nuova Arma aerea, contribuendo con fede alle prime affermazioni di essa sia nel campo operativo che in quello dottrinario. Prescelto nel 1938 per costituire l'Intendenza dell'Aviazione Legionaria in Spagna e assolto brillantemente tale compito, nel dicembre dello stesso anno veniva nominato comandante dell'Aviazione Legionaria delle Baleari, nella quale carica partecipava, a capo delle sue formazioni, alla decisiva azione del generalissimo Franco contro le coste della Catalogna e successivamente a quelle contro le basi navali del Valenzano e della Murcia, fino al collasso definitivo delle forze rosse.

Tra l'altro, con audace e felice iniziativa, nel febbraio 1939 provocava la resa dell'Isola di Minorca ai nazionali, episodio storico importantissimo.

Ma non solo i comandanti del complesso delle forze e dell'Aviazione Legionaria, avvicendatisi nel Continente e alle Baleari durante i lunghi anni della guerra, si sono rivelati di qualità e di talento. Anche i comandanti di grandi unità, anche i comandanti di reparto hanno dimostrato innumerevoli volte di essere pienamente degni delle funzioni che sono stati chiamati ad assolvere. Dai comandanti di stormo ai comandanti di squadriglia, di sezione, di pattuglia, tutti hanno rivelato quelle eccellenti peculiarità che il Regime fascista ha saputo far sorgere in ogni componente dell'Armata azzurra.

Tre forze hanno dato vita, soprattutto, all'epopea scritta dall'Aviazione Legionaria in Spagna. Tre forze si sono fuse in un tutto armonico. Efficienza tecnica, efficienza bellica, ardimento ed eroismo dei piloti e del personale di volo tutto. L'aviazione avversaria non ha mai potuto mettere insieme questi tre coefficienti; di conseguenza la sua azione ha avuto sovente smarrimenti impressionanti, tanto da non risultare mai decisiva. Eppure i mezzi non sono mai mancati ad essa. Rifornimenti in ingentissima quantità sono continuamente pervenuti, in

uomini e macchine, al governo comunista dalle Nazioni che con compiacenza guardavano al trionfo della causa bolscevica tra l'Atlantico ed il Mediterraneo. La stampa italiana e tedesca ha continuamente segnalato l'importanza di questi rifornimenti provenienti specialmente dalla Russia e dalla Francia, in omaggio alla politica del non intervento. Piroscafi e piroscafi carichi di materiale bellico, nel quale quello per l'aviazione compariva sempre in grandissima quantità, sono continuamente giunti dalla lontana Russia nei porti tenuti dai rossi; treni carichi e lunghe colonne di autocarri colmi di materiale bellico hanno transitato per la frontiera francese, e, dalla Francia, assai di frequente, aerei destinati a rinforzare l'aviazione comunista sono giunti in volo negli aeroporti della Spagna marxista. Difficile è il calcolare l'entità complessiva del materiale bellico per l'aviazione che i comunisti hanno ricevuto dai loro fornitori dall'inizio della guerra alla fine; difficilissimo sopratutto perché anche i calcoli apparsi qua e là nella nostra stampa sono stati certamente e largamente sorpassati dalla realtà. Ecco un esempio eloquente sull'imponenza dei materiali d'aviazione ricevuti dai rossi, e non soltanto dei materiali, ma anche del personale: si calcola che nella prima quindicina del mese di luglio del 1937 — prendiamo un periodo a caso, il che equivale a dire che probabilmente altri vi sono in cui si è verificata ben maggiore intensità — siano stati sbarcati nei soli porti di Valencia e di Cartagena, da piroscafi di bandiera russa o spagnola, provenienti da Odessa, 150 piloti e 200 specializzati e quantità di materiali di volo tali da permettere il montaggio di circa 130 apparecchi, di cui 70 da bombardamento e 60 da caccia. Come si vede, sono cifre non indifferenti, alle quali vanno aggiunti i materiali fatti passare, in un modo o nell'altro e in barba all'azione di controllo internazionale, attraverso la frontiera francese, e quelli provenienti da porti francesi del Mediterraneo e dell'Atlantico, più o meno abilmente camuffati e contrassegnati per renderli non identificabili. Poi ancora gli aerei provenienti, in volo, dalla Francia, siano essi apparecchi francesi o di altra nazionalità, montati in Francia o che, comunque, hanno fatto scalo in qualche aeroporto francese prima di trasferirsi nella Spagna rossa. Bene inteso parliamo di solo materiale per l'aviazione.
Del resto, nello stesso mese di luglio veniva segnalato da fonte francese, quindi non sospetta di partigianeria per i nazionali, un altro imponente rifornimento di materiale per l'aviazione rossa. L'elenco riguarda la prima settimana dopo il 15 luglio e contempla unicamente il materiale consegnato ai marxisti spagnoli dalla Francia o per la Francia transitato. La lista menzionava 6 aeroplani «Blériot», 8 «Dewoitine», 26 «Potez» con dispositivo per il lancio delle bombe, «6 Potez» per bombe da 100 e 200 chili e parecchi aeroplani da bombardamento più leggeri. Il tutto, naturalmente, con pezzi di ricambio, strumenti, materiale vario e con... i piloti e gli specializzati.
Prendiamo, a caso, un altro periodo, cioè la prima decade del settembre 1937. La casa «Potez» fornisce ai rossi spagnoli trentuno bimotori da bombardamento, quasi tutti del tipo «54», con motori «Gnome et Rhone» da 750 cavalli, nonché qualche apparecchio del tipo «56» e del tipo «10». Sono poi forniti diciassette «Dewoitine» da caccia, tipo «510», con motore «Gnome et Rhone» da 800 cavalli, sei «Spad-Blériot», qualche «Caudron» ed altri apparecchi. È il deputato comunista francese Cristofol che tratta e conclude la colossale fornitura, nella quale è compreso moltissimo altro materiale bellico.
Di esempi e di elenchi se ne potrebbero qui riprodurre a dovizia; ma per questo rimandiamo alla cronaca quotidiana. Sta di fatto che l'aviazione rossa era continuamente rifornita, tanto che, secondo un calcolo non certo molto lontano dal vero, almeno un paio di apparecchi al giorno, montati o smontati, sono pervenuti in media all'aviazione rossa spagnola, provenienti dalla Russia, dalla Francia o da qualche altro compiacente paese fornitore.
Contro un'aviazione così intensamente rifornita hanno dovuto lottare gli azzurri cavalieri legionari. Spesso nelle azioni di questi eroici volatori c'è stato dell'imprevisto. Infatti è occorso più volte che i piloti legionari si siano trovati a combattere contro masse aeree nemiche di cui non immaginavano nemmeno la presenza; masse ingentissime per numero, che facilmente avrebbero potuto soverchiare le pattuglie legionarie se i componenti di queste non

fossero stati uomini assuefatti ai più duri cimenti e di animo incomparabilmente ardimentoso.
È occorso anche, non una volta soltanto, che il singolo pilota legionario si sia trovato contro l'avversario o gli avversari naviganti a bordo di apparecchi nuovissimi, di modernissimo modello, le cui caratteristiche erano a lui del tutto sconosciute. Eppure nemmeno in questi pochi casi, i cavalieri azzurri hanno avuto smarrimenti; mai si sono tirati indietro; hanno lottato anche se in condizioni d'inferiorità ed hanno vinto.

La lotta condotta da essi non è stata dunque soltanto contro l'aviazione avversaria, ma anche, attraverso quella aviazione, contro i «miracoli del non intervento».

Nel cielo di Madrid, come su quello delle provincie basche, in Aragona come pure su tutti gli altri settori della ampia zona di operazioni, in terra ed in mare, gli aviatori legionari hanno ottenuto il predominio; lo hanno conquistato con l'eroismo singolo e collettivo, con l'abilità, con lo ardimento; lo hanno conquistato perché uomini e macchine si sono fusi in una cosa sola, in un'arma di formidabile potenza, sempre pronta all'offesa; lo hanno conquistato perché dalle bellissime macchine belliche, di cui conoscevano ogni più riposto segreto, sono stati capaci di trarre il massimo rendimento, non diversamente da come sa fare il perfetto cavaliere dal puro sangue; lo hanno conquistato perché militavano nella cerchia di una organizzazione meravigliosa, curata allo scrupolo, perfetta anche nel più piccolo meccanismo; lo hanno conquistato, infine, perché la fede più pura non ha mai fatto difetto in alcuno dei volontari.

E che questa conquista sia stata effettiva sta a dimostrarlo il numero imponente degli apparecchi rossi abbattuti dalla gloriosa Aviazione Legionaria: gli accertamenti compiuti già per il periodo agosto-dicembre 1936, cioè per il periodo meno dovizioso di grandi battaglie aeree, davano una cifra di diverse decine di apparecchi rossi abbattuti dai caccia del Tercio.

La lista degli aerei abbattuti comprendeva i bombardieri «Potez» e «Martin Bomber», i caccia «Loire», «Dewoitine», «Nieuports», «Spad», «Boeing», «Curtiss», «Rata» e poi ancora apparecchi d'assalto, tra i quali anche i sesquiplani, apparecchi da turismo, da ricognizione e persino dirigibili e draken.

Questo non doveva essere che l'inizio di un lungo elenco di vittorie ottenute su un nemico numeroso, forte, armatissimo, al quale non erano mai mancati gli aiuti più incondizionati da parte del bolscevismo e dell'antifascismo internazionale.

Le cifre che più oltre riferiamo ne costituiscono la migliore conferma.

Tra i mezzi di cui ha fatto uso l'Aviazione Legionaria è il paracadute. Occorre perciò ricordarne l'impiego spigolando tra i molti episodi della guerra. Il «Salvator» ha veramente salvato non poche vite umane.

Gli aviatori legionari Spadaccini e Bertocci nel marzo 1938 dovettero abbandonare il loro apparecchio che era stato colpito da una granata, e scesero in territorio nemico. In un primo tempo riuscirono a sfuggire a qualsiasi sorveglianza, ma in seguito furono catturati e sottoposti, ad interrogatorio. Nell'atto di essere accompagnati verso le retrovie la pattuglia fu sorpresa da una improvvisa manovra delle «Frecce Nere» che occuparono il territorio. Così i due audaci aviatori poterono ritornare nelle loro file e riprendere con rinnovato vigore la loro azione di combattimento.

Un altro episodio di salvataggio — nel quale la fedeltà a tutta prova del paracadute fu pari all'audacia e al coraggio eccezionale dell'aviatore —, un atto volontario e cosciente che raggiunse la perfezione fortunata attraverso l'automatismo della macchina, fu quello occorso al tenente Giorgio Meyer e che precedentemente abbiamo narrato. Pure dalla quota di 5000 metri, Meyer poté salvarsi grazie al paracadute.

Cediamo ora la parola ad alcuni salvati, per dare ai lettori le impressioni dirette dei naufraghi in combattimenti: situazioni certamente inconsuete per chi è a conoscenza soltanto di incidenti in volo normale del tempo di pace.

Riferisce il capitano Vincenzo Dequal: «Il 4 novembre 1936 mi trovavo con un gregario in crociera di protezione sul fronte di Madrid. Dopo circa mezz'ora di servizio, scorgevo sette apparecchi «Curtiss» rossi a circa 4000 metri nel cielo di Cuatro Vientos, e, costretti dalla presenza di apparecchi nazionali, impegnammo combattimento. Nell'ìmpari lotta l'eroico mio gregario soccombeva mentre io, colpito da una pallottola di striscio nella testa svenivo. Ripresa conoscenza, mi sono trovato a terra in territorio rosso, disceso con il paracadute, e con molte peripezie riuscivo a sfuggire rientrando nelle linee... Di come è avvenuto il miracoloso lancio nulla posso dire, poiché non ricordo nemmeno d'essermi lanciato. Con ogni probabilità nell'istante in cui stavo per perdere conoscenza devo avere aperto le bretelle di fissaggio e l'apparecchio precipitando deve aver compiuto l'opera. Il lancio deve essere avvenuto a grandissima velocità, dato che ho riportato dei lividi sul costato, ed una fortissima contusone ad un polpaccio dovuta forse all'urto contro qualche parte dell'apparecchio nell'uscire. La presa di terra invece deve essere avvenuta regolarmente e nel miglior modo».

Si conoscono casi analoghi di funzionamento automatico del paracadute, indipendentemente dalla partecipazione volontaria dell'aviatore, quindi il risultato particolare non può meravigliare.

Ecco un caso particolarmente interessante per le sue fasi drammatiche dalle quali il capitano Carlo Maccagno è scampato per un vero miracolo mentre il paracadute ha fatto prodigi di resistenza:

«Il giorno 5 novembre 1936 partivo da Talavera a bordo di un «CR. 32» per eseguire in formazione un volo di vigilanza nel cielo di Madrid. Durante il volo la formazione veniva attaccata da circa 20 apparecchi del tipo «Curtiss». Io impegnavo il combattimento con tre «Curtiss» e, mentre sparavo su uno degli apparecchi e mi accingevo a seguirlo, un altro «Curtiss» mi sparava una raffica dal basso, colpendomi in più parti della gamba destra e colpendo il motore ed il serbatoio della benzina. I vapori della miscela cominciavano a farmi perdere i sensi mentre il motore s'incendiava. Decidevo di lanciarmi col paracadute. Le ferite mi impedivano di muovermi e, per lanciarmi, rovesciai l'apparecchio lasciandomi cadere.

Il paracadute si aprì perfettamente, senza azionare l'apertura a mano, dopo circa 30 metri dalla caduta. Nell'atto in cui il paracadute si aprì, avvertii un forte colpo al petto.

Durante la discesa due apparecchi mi hanno inseguito sparandomi molti colpi che non hanno colpito la mia, persona, ma che devono aver perforato in molti punti il paracadute, perché la discesa, che è stata durante il primo tratto abbastanza lenta, nell'ultimo è stata un po' veloce mentre il paracadute assumeva un movimento rotatorio facendomi girare su me stesso abbastanza rapidamente.

Essendo il piede destro, in seguito ad una pallottola esplosiva ricevuta alla gamba, quasi completamente staccato, ho toccato terra buttandomi completamente sul fianco sinistro, ma nonostante le ferite ed il colpo piuttosto forte, data la velocità di atterraggio e la posizione del corpo, non mi sono fatto alcun male».

Il miracolo ha anche una spiegazione: il capitano Maccagno è un prodigio di stoica fermezza d'animo, e il suo caso è veramente memorando.

Il cielo di Talavera ha visto quest'altro caso, narrato dal sergente maggiore Raffaele Chianese:
«Il giorno 1° dicembre 1936, alle ore 15.35 partito in volo con un «CR. 32» per il servizio di vigilanza nel cielo di Talavera de la Reina e, avvistato un gruppo di rossi a qualche chilometro dal confine, mi portavo a bassa quota e mi affidavo al paracadute. Il funzionamento avveniva regolarmente e toccavo terra incolume».

Una volta tanto il naufrago è stato risparmiato dal furore nemico. È il caso occorso al tenente Giuseppe Cenni che già abbiamo riferito.

Il caso seguente, descritto dal tenente Luigi Monti, merita particolare attenzione:
«Il giorno 24 settembre 1937 durante un volo di scorta al bombardamento sul cielo di Zuera a nord di Saragozza, il mio «CR. 32» veniva colpito da un proiettile dell'artiglieria legionaria che incendiò l'apparecchio. In un primo istante, semi soffocato dalle fiamme e dal fumo, dovetti perdere i sensi, che riacquistai immediatamente non appena le fiamme cominciarono a dileguarsi. Mi decisi a lanciarmi; aprii di colpo le bretelle, stimolato da quel feroce caldo

che sentivo alle gambe. Speravo di essere proiettato fuori ed invece cominciai a fare la polenta dentro la fusoliera, poiché di tutto l'apparecchio solo quella rimaneva; dandomi una spinta con ambo le mani vinsi la forza centrifuga che mi teneva dentro e fui proiettato a testa in giù obliquamente al terreno. Il paracadute funzionò regolarmente con lo scatto automatico; ebbi una frenata alla mia caduta, ma nessuno strappo al petto, poiché ho avuto sempre l'abitudine di stringermi bene il paracadute al corpo, come quella di legarmi stretto alla fusoliera. Vidi che il vento mi trascinava verso i rossi; cominciai a muovere le braccia come nel nuoto e guadagnai una quindicina di metri sul terreno: le gambe mi bruciavano troppo per poterle adoperare. Arrivato al suolo dovetti schiacciarmi a terra perché i rossi mi sparavano appena facevo un movimento; ero infatti caduto su territorio rosso appena occupato dai nostri. Con un balzo portatomi fuori da quel punto battuto fui scorto dai nostri e salvato».

Nel caso narrato il paracadute è al posto» ma l'aviatore è un miracolo di coraggio leonino. Il pilota Alfonso Mattei, attribuisce al paracadute il merito del suo salvataggio:

«Durante un combattimento il 7 luglio 1937 nel cielo di Madrid, nel quale in tredici attaccavamo una trentina di caccia nemici che scortavano cinque apparecchi da bombardamento, sono stato abbattuto e mi salvavo col paracadute. Mi sono buttato dall'apparecchio e, senza che facessi funzionare la leva a mano, il paracadute si apriva regolarmente e così scendevo sano e salvo a terra, fra le trincee dei marocchini vicino alla colonia militare della stazione di Madrid. Debbo la salvezza della mia vita all'ottimo e regolare funzionamento del paracadute».

Ma anche il pilota Mattei un bravo di cuore se lo merita.

Ecco un altro episodio che ha avuto un lieto fine per il s.ten. Ottorino Capellini. Egli racconta: «Trovandomi in formazione di squadriglia, il 28 agosto 1937, nel cielo di Farlete (fronte d'Aragona), impegnammo un combattimento con numerosi apparecchi da caccia avversari. Colpito da proiettili perforanti, ebbi la possibilità, dopo una lunga caduta in vite, di ricorrere al lancio col paracadute, perché impossibilitato a tenere il controllo dell'apparecchio. L'apertura del paracadute avvenne automaticamente e, dopo una discesa regolare, presi terra senza ulteriori complicazioni in territorio nemico».

Anche il serg. magg. Ugo Corsi racconta come ebbe salva la vita in un episodio alquanto tragico:

«Il 12 agosto 1937 sul fronte d'Aragona, in volo di perlustrazione a 4500 metri, la mia squadriglia s'imbatté in un forte gruppo di apparecchi da caccia avversari. Impegnammo subito combattimento e, durante questa giostra, il mio aeroplano entrava in collisione con quello del s.ten. Francis Leoncini. I due apparecchi s'incastravano e precipitavano. Pur essendo ferito, con una forza sovrumana, riuscii a liberarmi dal groviglio ed a lanciarmi col paracadute. Questi si aprì immediatamente grazie al comando automatico e, dopo una lunga discesa, presi terra in territorio nemico. A breve distanza vidi scendere felicemente anche il s.ten. Leoncini».

Ecco come il paracadute salvò due volte la vita del maresciallo pilota Mario Visconti, il quale, il 16 dicembre 1937 sul fronte di Teruel si salvava da un grave incidente aereo prendendo terra felicemente in territorio nazionale, e a breve distanza di tempo, precisamente il 21 febbraio 1938, doveva ricorrere ad un secondo salvataggio sulle linee nemiche. Eccone il racconto:

«Durante un volo di crociera sul fronte di Teruel, mentre navigavo ad una quota di oltre 6000 metri quale gregario di una pattuglia, avvertivo improvvisamente lo apparecchio entrare in vite a sinistra, benché il motore girasse a pieno regime. L'avvitamento ritengo sia stato causato dalla rottura dei comandi. Dopo vani tentativi per rimettere l'apparecchio in normale assetto di volo e quando già stavo perdendo il controllo di me stesso, mi sganciavo e con grande difficoltà uscivo dall'apparecchio. Il paracadute si apriva subito e, dopo venti minuti di discesa, toccavo terra a circa 25 chilometri dalle linee, ciò a causa del forte vento che mi spiegava verso l'interno del territorio rosso».

Diverse circostanze, dunque, diversi rischi, e risultati sempre uguali; il paracadute ha risposto con costante automatica precisione allorché l'aviatore ha saputo servirsene senza tentennamenti di sorta, calcolando con la dovuta chiaroveggenza il fattore tempo.

IL BOMBARDAMENTO

Come per la specialità da caccia, l'aviazione spagnola da bombardamento, era pressoché inesistente all'inizio dell'insurrezione. Quel poco che c'era, inoltre, era rimasto in mano ai rossi perché il governo madrileno, quello catalano e quello basco riuscivano a controllare le basi dell'aviazione pesante e la stessa industria aeronautica spagnola, la quale era costituita da officine di montaggio.

Dopo poco tempo, però, il generale Franco ed i nazionali possedevano, come abbiamo veduto, un discreto nucleo di apparecchi bombardieri, nucleo che andò via via irrobustendosi fino a diventare quell'organismo numeroso e potente che tutti sanno. Con gli «S.81», gli «S.79» ed i «BR.20», prodotti dall'industria italiana, e con gli «Junkers», i «Dornier» e gli «Heinkel» tedeschi, con i legionari italiani ed i volontari germanici il generale Franco riuscì in breve tempo a formare una potente aviazione da bombardamento che già al suo nascere, come si è illustrato, rese preziosissimi servizi alla Causa della Spagna nazionale.

Questa aviazione da bombardamento, questa specialità dell'Aviazione Legionaria, ebbe impiego continuo durante tutto il periodo della guerra. Ma diversamente da quanto ha fatto il bombardamento comunista, che, con azioni rapide e improvvise, basate sulla sorpresa e rese possibili dalla velocità degli aerei, ha colpito obiettivi civili e non militari, ha seminato la morte tra le popolazioni inermi, ha compiuto eccidi di donne e bambini, diversamente dall'operato nefando dei bombardieri marxisti, la Aviazione Legionaria da bombardamento, estremamente cavalleresca pure nel duro compito della guerra, è stata sempre impiegata contro obiettivi prettamente militari, ha colpito l'organizzazione militare avversaria e su gli elementi di essa ha portato l'offesa dall'alto anche a costo di dover superare i più ardui ostacoli e di andare incontro ai più seri pericoli.

Ovunque abbiano combattuto nei cieli di Spagna, i bombardieri mai hanno avuto esitazioni o incertezze. Le missioni per le quali erano destinati sono state da loro compiute con la più grande serenità, anche se difficilissime, anche se si sapeva, prima di effettuarle, che incertissimo era il ritorno da esse. Ma agli equipaggi dei bombardieri non hanno fatto paura né le avverse condizioni atmosferiche, né il tiro bene aggiustato delle artiglierie contraeree avversarie, né gli assalti serrati dei numerosissimi, rapidi e bene armati caccia dei rossi. Con sprezzo sovrumano del pericolo hanno affrontato le più avverse situazioni, uscendone sempre con gloria imperitura. E con la loro azione, col validissimo aiuto portato dall'alto, hanno spesso deciso l'esito di battaglie in favore delle truppe nazionali. Durante la battaglia di Madrid, nell'offensiva su Bilbao, nel sanguinoso combattimento che ha avuto per perno Brunete, nelle operazioni su Santander, in Aragona, ovunque insomma, il contributo dell'Aviazione Legionaria da bombardamento è stato di enorme importanza, spesso risolutivo. Non si possono riferire tutti gli episodi di cui è stata protagonista la bella e potente aviazione da bombardamento legionaria. La cronistoria richiederebbe assai più spazio di quello compreso in una sola pubblicazione. Del resto, qua e là, nel riferimento degli avvenimenti bellici, ne sono stati ricordati significativi.

La cronistoria delle operazioni della specialità da bombardamento non reca una sola volta l'attacco inconsulto contro città indifese e contro opere che non avevano carattere militare. Qualche volta, purtroppo, l'inevitabile è accaduto perché bombardando un determinato obiettivo, non lontano da abitati, qualche bomba è caduta non proprio sul segno ed ha fatto vittime tra la popolazione. Coincidenze deprecabili sì, ma del tutto fortuite e delle quali, se mai, la colpa va fatta risalire ai rossi stessi che troppo spesso, per non dire sempre, hanno voluto di proposito unire la vita militare alla vita civile sperando di occultare e di rendere inattaccabile quella con la protezione di questa. Ma i bombardieri legionari hanno sempre fatto la discriminante e, fino al limite dell'umana possibilità, hanno saputo evitare il danno di tutto ciò che rappresentava una qualsiasi attività di ordine civile. È questo un aspetto che non va dimenticato nella specialissima guerra aerea di Spagna, un aspetto che costituisce titolo di nobiltà per l'Aviazione Legionaria da bombardamento. Quante falsità si sono stampate sugli organi internazionali comunisti e simpatizzanti per il bolscevismo, a proposito dell'azione dei bombardatori azzurri! Quante invenzioni sono state pubblicate nella stampa rossa internazionale! Ma la verità è sempre emersa luminosamente, ed è verità di cavalleria che non si può non attribuire ad onore degli equipaggi legionari.

Gli obiettivi dei bombardieri sono sempre stati di netto ordine militare: piroscafi carichi di materiale bellico in navigazione o sotto scarico, nodi di traffico stradali e ferroviari, fortificazioni, concentramenti di truppe, depositi di armi, di munizioni e di altro materiale bellico, formazioni in marcia, oltre, naturalmente, le posizioni nemiche sulla linea del fuoco, i campi dell'aviazione avversaria, le difese nemiche nella zona di operazioni, le colonne di truppe in ritirata. Soltanto in questo quadro rientra l'attività dell'aviazione legionaria da bombardamento, che, del resto, aveva il preciso ordine di risparmiare sempre il patrimonio edile, artistico e tecnico della Spagna.

E questo accadeva mentre invece l'aviazione rossa da bombardamento si accaniva contro città indifese e contro popolazioni inermi, per raggiungere i quali intenti non ha esitato anche a sorvolare in formazione il territorio francese onde sottrarsi, col compiacente consenso delle autorità del «fronte popolare», agli inevitabili attacchi della caccia legionaria.

Aspra, dura, difficilissima e massacrante per l'aviazione in genere, la guerra di Spagna è stata specialmente per l'aviazione da bombardamento. Occorre spiegarsi.

E' ben noto che all'arnia del cielo nella guerra di Spagna è mancato, almeno in parte, il suo vero impiego: quello di compiere l'azione bellica integrale, con fine della distruzione più ampia, cioè di annientare ogni risorsa del nemico, tanto vicina che lontana alla zona delle operazioni; quello di stroncare ogni possibilità di resistenza dell'avversario di soffocarne la capacità di battersi. Tutto ciò è stato nettamente considerato dagli studiosi della guerra aerea, al fine di trarre qualche insegnamento definitivo, utile all'imposizione della tanto attesa dottrina.

Perché questo impiego sia mancato, non tutti lo sanno. La spiegazione, esauriente, che ne ha dato, mentre la guerra si combatteva, il colonnello Ugo Rampelli, valoroso comandante delle «Cicogne», merita di essere ricordata.

«Ci si può veramente aspettare dal conflitto che travaglia la Spagna una dottrina d'impiego dell'aviazione, certa, definitiva, limpida, che costituisca il caposaldo di base di tutte le norme e regolamentazioni future; un «immortale principio» insomma, come ne posseggono la scienza dell'arte militare terrestre e quella dell'arte militare marittima? Sì e no; e per nostro conto forse più no che sì.

La guerra di Spagna è una guerra civile, che sarebbe in breve terminata con l'entusiastica aderenza di tutta o quasi tutta la popolazione al movimento di Franco, per le origini stesse del movimento a sfondo eminentemente patriottico; sarebbe terminata cioè alla stessa maniera della Rivoluzione Fascista, se la Unione dei Sovieti non fosse accorsa con la compiacenza della Francia rossa a sostenere il governo comunista, che era evidentemente una emanazione della III internazionale che voleva difendere ad ogni costo e sfruttare in ogni maniera i suoi tentativi di penetrazione nel Mediterraneo.

Ma per quanto il conflitto sia degenerato, per quanto dall'una parte e dall'altra combattono volontari di diverse origini, bisogna pur considerare che non può essere nelle aspirazioni del Generalissimo Franco ordinare la distruzione a fondo del patrimonio archeologico, agricolo, artistico ed industriale di alcune fra le più belle regioni della sua nobile patria e — vogliamo essere generosi — forse nemmeno è nelle aspirazioni dei veri spagnoli che combattono nelle file dei rossi; tanto è vero che, come possono, molti miliziani passano ai nazionali.

Manca quindi, nel conflitto, l'essenza del conflitto. Esiste un odio di uomini, che vorrebbero distruggersi l'un l'altro — un bieco odio fraterno — ma non un odio di razza, per cui un popolo cerca di annientare un altro e tenta perciò di distruggere ogni sua risorsa. È ovvio che in tali circostanze tutta la condotta della guerra viene ad assumere un indirizzo singolare e specifico: gli uomini si scanneranno, l'un l'altro come ha fatto Caino, ma cercheranno di risparmiare per quanto è possibile ciò che, per l'una e l'altra parte, vittoriosa o sconfitta, costituirà elemento della sua stessa esistenza.

Queste osservazioni, per quanto riguarda l'aviazione, ne spiegano la forma d'impiego. I bombardieri di Madrid hanno avuto per principali obiettivi le zone immediatamente a contatto con la battaglia; il centro della città viene risparmiato — almeno per quanto è possibile — e così vengono risparmiate le opere che assicurano la vita della popolazione; centrali elettriche, gasogeni, serbatoi e condutture d'acqua, fognature e, naturalmente, le opere d'arte, purché non si trovino sul fronte di guerra.

Analogamente ci sembra avvenga per tutte le altre città non solo, ma per le stesse zone industriali, o agricole, o minerarie esistenti nella Spagna rossa; e diciamo a bella posta «nella Spagna rossa» perché siamo certi che gli aviatori rossi, non avrebbero tali delicatezze e sarebbero ben lieti invece di poter distruggere per l'infame gioia di distruggere, se non ne fossero metodicamente impediti dalla magnifica eroica ed insuperabile Aviazione Legionaria. Anche nel conflitto di Spagna dunque può affermarsi che all'aviazione manca, almeno in parte, il suo vero impiego. L'aviazione, si sa, ha una missione terribile: distruggere, distruggere, distruggere per tagliare al nemico il rifornimento, per annientargli ogni risorsa, per stroncargli ogni movimento, per fiaccarne ogni capacità di resistenza, per provocare il collasso. Il Generalissimo Franco, evidentemente, non può permettere che ciò avvenga nella terra ove combatte e che è la sua Patria, e deve impedire che gli stranieri che sono dalla parte opposta tentino di farlo sulle zone che egli controlla.

Ecco dunque che gli obiettivi dell'aviazione vengono ad avere un numero di voci limitato; anzi si riducono quasi ad un'unica voce: intervento diretto al combattimento di superficie, o nelle immediate retrovie, o tutt'al più con azioni offensive su quegli obiettivi propri dell'aviazione ma solo quando concorrono a rendere più efficace l'offesa e la difesa, in superficie, del nemico e limitatamente, nel tempo, alla durata delle battaglie.

Perciò abbiamo affermato, più sopra, che anche nel conflitto spagnolo è dubbio che l'aviazione possa trovare una conferma a questa od a quest'altra delle teorie riguardanti l'impiego delle diverse specialità. E' bene, piuttosto, rimanere guardinghi che non si debbono trarre norme e regole dall'andamento di operazioni e di azioni che non ci sembra debbano considerarsi proprie della nostra arma nella concezione e forma specificamente aviatoria; là l'esperimento ha dato risultati di notevole importanza: ad esempio nella conquista delle Baleari e nella protezione contro la flotta rossa dei convogli del corpo di occupazione di Franco da Ceuta ad Algesiras, operazioni, queste, magnificamente riuscite esclusivamente per merito dell'aviazione».

Tutto questo il Rampelli scrisse quando la guerra civile ancora si combatteva e non era entrata nella fase risolutiva. Bisogna oggi ammettere che la visione della guerra aerea di Spagna fu sin d'allora esatta.

Venuto meno il suo più caratteristico impiego, potrebbe sembrare, al profano, che per l'aviazione da bombardamento la guerra di Spagna non abbia presentato difficoltà, che non sia stata né aspra, né dura. Viceversa, proprio perché è mancato l'impiego caratteristico, l'azione degli aerei da bombardamento è diventata un lavoro di cesello, ha dovuto assumere questa forma. Il suo impiego ha comportato, quindi, difficoltà grandissime, che solo il valore, l'instancabilità e il coraggio degli aviatori hanno permesso di superare. Se gli equipaggi legionari non si fossero incessantemente prodigati, l'impiego dell'aviazione da bombardamento avrebbe dato risultati pressoché trascurabili. Se questi equipaggi non si fossero imposta una vita dura ed aspra, dalla quale era bandita ogni forma di riposo, la specialità del bombardamento non sarebbe stata, così come è stata, l'ausilio efficacissimo, spesso risolutivo, alle truppe terrestri durante lo svolgimento delle diverse battaglie. E la conquista territoriale avrebbe proceduto lentissimamente, forse anche non avrebbe compiuto progressi; le offensive dell'esercito di Franco si sarebbero spuntate contro le difese rosse.

L'aviazione da bombardamento dei nazionali ha dovuto accanirsi esclusivamente contro obiettivi militari al cento per cento, contro obiettivi difesi e difesi bene. La sua azione è stata perciò sempre aspra. Non era compito facile quello di bombardare le postazioni difensive nemiche, i concentramenti di truppe, le colonne marcianti, gli aeroporti, i nodi di traffico, le navi da guerra ecc., senza ledere le opere civili, i tanti e tanto preziosi monumenti storici, la popolazione; la difesa nemica per questi punti era sempre vigile e formidabile. Del resto il bombardiere non poteva svolgere la propria azione in completa libertà perché doveva tenere conto della posizione di questi obiettivi. Era dunque un lavoro di cesello, reso particolarmente difficile per le condizioni in cui si svolgeva, in quanto la difesa controaerea nemica non rimaneva inattiva, anche a prescindere dalle possibili sorprese dell'aviazione da caccia avversaria.

L'impiego del bombardamento aereo in Spagna, sfiorando di massima con la sua particolare fisionomia quei canoni evangelici e basilari che sono fondamento e motivo di vita dell'arma, si espone — ancor oggi che pur si hanno ben altri esempi di azione bellica aerea — alle critiche più audaci. E difatti anche lo stesso aviatore da bombardamento, il bombardiere pilota più scettico sulle possibilità risolutive dell'offesa celeste, che attivamente viveva la guerra di Spagna, doveva comporsi all'inizio un abito mentale rinunciatario e in certo senso antagonista dei propri solenni principi professionali. In altri termini non era possibile in Ispagna, esercitare per intero la guerra aerea di fondo.

Il conflitto spagnolo, benché abbia assunto in determinati settori e per determinati cicli operativi una veste del tutto moderna, è rimasto pur sempre una guerra civile, cioè una guerra di redenzione, né pertanto l'impulso ideologico esterno ha potuto logicamente forzarne la sostanziale natura. Ne è conseguita l'immediata e totale esclusione dei grossi, pingui, redditizi obiettivi strategici la cui eventuale distruzione avrebbe recato un delittuoso danno diretto ed un incalcolabile danno morale sull'animo del sano popolo spagnolo costretto dagli eventi a vivere in territorio nemico.

Colpire un importante impianto industriale, una grandiosa fabbrica, far saltare un deposito o paralizzare un nodo ferroviario congestionato di materiali e di truppe, e nel contempo, quando il bersaglio si trovava nel cuore o alla periferia degli abitati, cioè nella maggioranza dei casi, uccidere fatalmente degli innocenti che pativano l'ansia della liberazione, significava dar esca alle abili e disoneste risorse propagandistiche comuniste, cioè fare, nel senso più vasto della parola, un pessimo affare militare e politico. Altri immediati motivi invitavano e talvolta costringevano a rinunciare al bombardamento di obiettivi, altrimenti utilissimi, inclusi in un determinato programma operativo.

L'intelligente conquista di Bilbao, per citare un esempio, pose i nazionali in possesso di un'attrezzatura industriale di primo ordine perfettamente efficiente e di grandi intatte riserve di materiale bellico, sulla cui necessità e pronta utilizzazione si fece, in precedenza, tutto il debito calcolo. L'esercito spagnolo e legionario moveva dalle regioni di scarsa attività agricola e industriale, verso le provincie più fertili e più ricche della Spagna come l'Asturia, Biscaglia, Catalogna, Murcia e via dicendo.

Né esistevano, in genere, alle spalle dello schieramento di linea del nemico, possibilità di bersagliare colonne, accantonamenti, concentramenti, riserve. La densità di copertura minima lungo una frontiera avente uno sviluppo chilometrico immenso, imponeva a tutti gli uomini disponibili la prestazione pressoché continuata quali combattenti. Anche nei momenti di attività offensiva i rincalzi, quando esistevano, scaglionati a brevissima profondità, rientravano completamente nell'ambito balistico, il che spiega il tipico carattere di questa guerra, cioè la scarsa capacità controffensiva, l'assenza di manovra, il negativo sfruttamento di successo.

Per questi essenziali motivi l'impiego del bombardamento aereo in Spagna, pur esplicando la sua preziosa attività diurna e notturna anche su vasto raggio d'azione e su obiettivi, nel senso che sappiamo squisitamente e integralmente militari (aeroporti, porti fluviali e marittimi, centrali idro-elettriche isolate, scafi in genere, ponti e nodi ferroviari e stradali isolati, ecc.) si contraeva per così dire nel campo tattico e su esso gravava con tutta la sua sconfinata potenza. Integrava o addirittura sostituiva, quando scarseggiavano le bocche da fuoco, la preparazione di artiglieria che precede l'attacco, allorché le forze attaccanti risultavano inadeguate allo scopo da perseguire; arginava l'offensiva nemica esercitando la sua azione là dove l'efficacia delle armi portatili finiva. Ciò significava tenere reparti costantemente mobilitati sull'allarme, attuare tempestive partenze in massa o di poche pattuglie, compiere la difficoltosa ricerca di obiettivi minuti, mimetici, spesso occultati dalle anfrattuosità del terreno, assumere quote relativamente basse entro la gettata delle armi terrestri leggere e ciò per assicurare la massima precisione di tiro ed evitare possibili funesti errori sulle vicine posizioni nemiche, stazionare a lungo su territorio nemico per l'accurato preventivo studio del terreno e della migliore direttrice di attacco, effettuare azioni di arditismo a bassa quota, qualora condizioni atmosferiche o precarie situazioni tattiche lo esigevano, con formazioni pesanti, vulnerabili, di scarsa capacità manovriera; infine improvvisare il tiro stesso con modalità differenti da quelle precedentemente studiate.

Questo impiego marginale, come significato dottrinario, del bombardamento rappresentava non un ausilio e un ripiego, bensì una inderogabile necessità imposta dalle circostanze. Non è dunque inesatto affermare che il bombardamento ha consentito al conflitto spagnolo di superare la stasi della guerra di posizione imprimendogli per impulso diretto il dinamismo «arrolladore» del movimento.

Famose «cinture di ferro» furono smontate a maglia a maglia dagli esplosivi aerei, e quando l'efficacia dei materiali, dati i moderni resistentissimi apprestamenti difensivi, risultò di modesta entità, subentrò la demolizione morale dovuta a un martellamento sistematico insistente, incombente, senza soluzione di continuità, contro cui la difesa individuale era del tutto impotente, mentre veniva nel contempo esaltato l'impeto combattivo delle legioni attaccanti. La capitale biscaglina infatti avrebbe capitolato in tempo infinitamente minore se condizioni atmosferiche più benigne avessero consentito agli apparecchi pesanti di levarsi in volo e ciò costituisce il lato negativo di questo particolare «stile bellico» poiché appunto subordina maggiormente l'impiego delle armi terrestri alle ire del cielo.

Queste poche affermazioni hanno trovato spesso riscontro nei fatti nella guerra di Spagna per le azioni di bombardamento ed è perciò che l'impiego di questa specialità non è stato semplicissimo come l'incompetente potrebbe credere.

Rappresentando la massa della potenza offensiva aerea dei legionari, pur non potendo essere impiegata, come si è fatto rilevare, in tutti i compiti che oggi s'intendono spettare ad essa nella guerra comune, l'Aviazione Legionaria da bombardamento ha svolto funzione di primo piano. Questo perché è stata impiegata con geniali criteri di dosatura e di concentrazione. Sostituendosi spesso all'artiglieria o collaborando con essa, l'aviazione da bombardamento ha spianato la strada ai fanti con una metodicità implacabile e martellante, trasformando in vulcani in eruzione posizioni ritenute inespugnabili, tra le quali anche quelle che tecnici militari francesi approntarono a Bilbao, a Santander ed in Aragona, sulla falsariga della famosa linea Maginot. Il bombardamento aereo ha spesso scardinato le più solide costruzioni difensive in calcestruzzo e persino gli apprestamenti in caverna. Lontani nodi di traffico, per i quali transitavano le truppe destinate alla linea di fuoco, sono stati sottoposti a reiterata azione dal cielo. Colonne di rincalzo in marcia sono state sorprese dai bombardieri veloci e disperse; ad esse, sovente, è stato precluso l'arrivo in linea, cosicché, mancati i rincalzi, azioni offensive rosse non solo non hanno potuto rinnovarsi ma sono state anche facilmente fermate. E' stata l'opera dell'aviazione da bombardamento che molte volte ha provocato l'abortire di ben congegnate offensive e di attacchi in massa, perché i bombardieri legionari prima hanno creato lo sbarramento alle formazioni assalitrici, poi hanno scompaginato i rincalzi nel

momento del loro affluire verso le linee, infine hanno isolato le truppe operanti controllando i gangli vitali per i quali erano istradati i rifornimenti. Ma mai — e questo va ripetuto ad onore dei bombardieri legionari — l'azione demolitrice è stata portata su obiettivi che non fossero di natura militare.
Senza dubbio, il largo intervento dei bombardieri nella lotta sul terreno proprio nei momenti culminanti delle battaglie ha avuto il suo effetto. Un effetto morale e materiale che nessuno può disconoscere.

Va ancora ricordato che l'attività dei bombardieri del Tercio fu sempre intensa e instancabile. Nel solo mese di settembre del 1936, quando cioè le forze aeree legionarie non erano che poca cosa, le squadriglie si levarono dai campi di Siviglia, Caceres, Granada e Talavera per compiere ventitré importanti azioni contro navi, campi dell'aviazione nemica, colonne di miliziani in marcia, caserme, concentramenti di truppe, postazioni di artiglierie, fortificazioni varie, nodi e stazioni ferroviarie, eccetera. Nel successivo mese di ottobre, partendo da Talavera, Siviglia, Granada e Leon, le squadriglie legionarie effettuarono oltre trenta bombardamenti su aeroporti, batterie, truppe in movimento e in sosta, opere fortificate varie, trinceramenti: Orejo, Estepane, Caceres, Andujar, Oviedo, Gijon, Aranjuez, Madrid, Navalcarnero, Illescas, Jescas, Sesena, Chapineria, Los Alcazares, Torrejon, Villanueva de la Serena furono le zone su cui più si svilupparono le azioni degli instancabili bombardieri del Tercio. Nel dicembre, dal solo campo di Talavera, le squadriglie da bombardamento legionarie si levarono in volo ben ventidue volte portandosi anche nel cielo di Madrid dove appoggiarono l'azione delle forze terrestri.
Fu sempre un'attività indefessa che, meglio di tutto, si esprime nella cifra dell'esplosivo lanciato: quasi 200 mila chilogrammi dall'agosto al novembre. Ma tutto questo è ancora ben poca cosa rispetto a quello che è avvenuto in seguito, nel 1938, anno in cui la media delle bombe lanciate dalle squadriglie del continente e da quelle delle Baleari fu di 120 tonn. al giorno. Sempre, dunque, l'attività delle squadriglie da bombardamento veloce e pesante fu intensa e mai subì rallentamenti durante tutto il lungo periodo della massacrante guerra civile.
Su ogni fronte l'Aviazione Legionaria da bombardamento, ha compiuto imprese memorabili ed è stata utilissima contribuendo decisamente al conseguimento della vittoria. Sopratutto, l'Aviazione Legionaria da bombardamento ha dato ai Comandi franchisti e legionari e alle stesse truppe la maggiore sicurezza sull'efficienza della propria opera. E ce n'era ben donde. Che dire, infatti, dell'opera svolta durante la offensiva a Bilbao? Abbiamo già detto che la famosa «cintura di ferro», costruita senza economie di sorta e in base agli accorgimenti di consiglieri tecnici stranieri, stesa dai rossi a protezione della città biscaglina, fu letteralmente scardinata e demolita dal bombardamento degli aerei legionari e che i suoi difensori furono nulla meno che annichiliti dalla pioggia di grosse bombe, tanto che non fu loro più possibile tenere le pur formidabili posizioni e dovettero darsi alla fuga, tormentati del resto dalle successive azioni degli apparecchi da bombardamento leggero e da attacco al suolo.
Egualmente si è visto che a Teruel, nell'offensiva nazionale, con la quale le truppe di Franco riuscirono a guadagnare alla civiltà vastissima estensione di territorio, furono i bombardieri che spianarono la via all'avanzata delle truppe sconvolgendo con la pioggia di grosse bombe le difese avversarie e spezzonando le colonne di rincalzi sopraggiungenti dalle retrovie, impedendo anche all'aviazione nemica di tormentare nell'avanzata i nazionali; tenendo, in una parola, il dominio del cielo. A Teruel i bombardieri comandati da Barba precedevano le truppe terrestri di quattro o cinquecento metri aprendo ad esse il varco con furiosi bombardamenti che sono rimasti memorabili.
Non meno decisivo fu l'intervento dell'Aviazione Legionaria da bombardamento nell'offensiva che condusse alla conquista, rapidissima, di Santander. Anche questo è noto. I bombardieri azzurri gareggiarono con i confratelli cacciatori nel dimostrare attività, ottenendo anche qui il dominio del cielo. Prima delle operazioni si diceva che le difese rosse di Santander

erano insormontabili, che contro di esse si sarebbe spuntato l'impeto dei nazionali e dei legionari. Evidentemente non si teneva nel dovuto conto il fattore aereo e non si consideravano le enormi possibilità dei bombardieri legionari. Prima ancora d'iniziare la offensiva a terra, furono i potenti trimotori «S.81» ed «S.79» ed i robusti «Fiat B.R.20» a mettersi in azione, scortati sempre dai vigili, insuperabili caccia legionari. I campi di aviazione del governo rosso santanderino furono ripetutamente bombardati, sempre con esito positivo, che gli aerei che ivi si trovavano furono distrutti, le rimesse demolite e i terreni resi inservibili perché del tutto sconvolti. Gli apprestamenti difensivi sugli impervi monti Cantabrici subirono egual sorte, ed i concentramenti di truppe basche, santanderine e asturiane conobbero a più riprese l'efficacia dello spezzonamento dei bombardieri legionari. Presenti ovunque, i bombardieri legionari segnarono il primo successo nella strepitosa vittoria. Lo documentano i dispacci inviati dalle autorità di Santander a quelle di Valencia pochi giorni prima della caduta della città cantabrica. Segnaliamone due, di questi angosciosi appelli, nei quali è prospettato il quadro della tragica situazione di Santander e dove si fanno rilevare i risultati decisivi ottenuti dall'aviazione nazionale nel corso delle operazioni.

«Impiegando tutti i mezzi bellici e dopo distrutti tutti nostri impianti aviazione di... il nemico ha intrapreso un'avanzata che ha portato a dominare Barcena de Pied Concia. Aviazione avversaria svolge intensa attività di bombardamento e mitragliamento che ha prodotto demoralizzazione quasi completa sicché il ripiegamento si effettua in modo disordinato...», diceva uno dei dispacci. L'altro così si esprimeva: «Alle ore 14 due aeroplani da bombardamento nemici hanno lanciato una grande quantità di bombe sopra il campo di aviazione Pontejos, incendiando il deposito di benzina bruciando per un totale 48.510 litri. Il nemico ha continuato l'offensiva con identica intensità impiegando l'aviazione che durante il giorno bombardò le nostre posizioni. Non si riesce a neutralizzare la superiorità che conserva il nemico nell'aria. Ogni resistenza sarà al fine vinta».

Eloquentissimi questi appelli! Da essi si può vedere come abbiano saputo conquistare il dominio dell'aria i legionari e come i bombardieri abbiano svolta proficua attività.

Nella prima parte della battaglia di Santander, quando cioè ebbe luogo la fase che portò all'espugnazione del campo trincerato di Soncillo e di Puerto de Escudo, violentissima fu l'azione dell'intero gruppo aereo Raffaella con i suoi gruppi pesanti e veloci. L'aviazione da bombardamento legionaria, appoggiata dalla ricognizione, tramutata in specialità da bombardamento leggero, agì proprio come artiglieria celeste, tanto fu continua la pioggia di bombe che essa fece cadere dall'alto sulle difese rosse. Un uragano di bombe, ad esempio, coprì la fortificatissima zona di monte Picones: in un solo lancio ben quattrocento bombe deflagrarono sugli apprestamenti difensivi dei comunisti, sovvertendo tutto il terreno, annichilendo gli uomini; e quando la colonna Biscaccianti andò all'attacco del Picones, nessuno dei difensori si era azzardato ad uscire dalle caverne, terrorizzati da tutto quel cataclisma. E furono bombardate, sempre con i medesimi terribili effetti, le difese di Lor Meanderos, della Maddalena, di Celleruelo de Besana, di Virtus, cosicché ovunque i legionari combattenti a terra ebbero il conforto di un appoggio formidabile, continuo e sostanzioso da parte dei confratelli dell'aria. Certamente, in questa prima fase, l'Aviazione Legionaria ben può attribuirsi l'orgoglio di avere fatto risparmiare con la sua implacabile azione contro i rossi, tutto quel sangue che legionari e navarresi combattenti a terra erano disposti a donare per far trionfare anche davanti a Santander la causa della civiltà.

Ma di tutto questo s'è già data ampia e irrefutabile documentazione nei capitoli precedenti.

L'Aviazione Legionaria da bombardamento nata, come s'è visto, con una decina di «S. 79», è andata via via irrobustendosi nel corso della guerra. Nella fase finale la sua consistenza era diventata di tre Stormi e due Gruppi e cioè: il 21° Stormo da Bombardamento Pesante «Pipistrelli», il 111° Stormo da Bombardamento Veloce «Falchi delle Baleari», il 35° Gruppo

Autonomo da Bombardamento Veloce «Cicogne» e il 25° Gruppo da Bombardamento Notturno «Pipistrelli delle Baleari».
Con gli «S. 81», gli «S. 79» ed i «B. R. 20» l'aviazione da bombardamento ha compiuto miracoli, anche se i grossi obiettivi di guerra sono mancati, perché si è pur sempre trattato di una guerra civile. Abilità del personale navigante, spirito di sacrificio dei piloti, bontà del materiale di volo, efficacia di armamento, perfezione dell'organizzazione a terra ed altri coefficienti hanno concorso a formare i ripetuti, smaglianti successi della Aviazione Legionaria da bombardamento, il cui personale, allenatissimo, mai ha avuto attimi d'incertezza o momenti d'esitazione.
Si sa che con le armi moderne il tiro antiaereo riesce relativamente facile; perciò questi valorosi non hanno conosciuto quote. Hanno eseguito da bassa e da alta quota dei bombardamenti con precisione che hanno sorpreso parecchi tecnici stranieri, volutamente increduli. Grossa disillusione fu per loro il vedere numerosi bersagli centrati da quote superiori ai 500 metri.
I nostri bombardieri sono stati meravigliosi. Tanto gli equipaggi degli «S. 81» quanto quelli degli «S. 79» come pure quelli dei «Fiat B.R. 20», hanno gareggiato in ardimento ed in valentìa.
Agli uomini va attribuito il grande merito di avere saputo compiere missioni difficilissime in continuità. Di questi eccellenti piloti è doveroso ricordarne qualcuno. Il Console Muti, che ha partecipato a centinaia di azioni di bombardamento, è stato una volta ingaggiato con un «Savoia 79» con ben 15 caccia rossi «Rata» ed è rientrato al suo campo con più di cento colpi nell'apparecchio, entusiasmando tutti i legionari della terra e del cielo. Il maggiore Mario Aramu ha eseguito dei tiri splendidi, anche da grande altezza, ed ha centrato delle navi da guerra meritandosi anche un telegramma di viva congratulazione dal Generale Franco. Magnifici aquilotti sono stati il capitano Raina, il capitano Mencarelli, il capitano Castellani, che ha eseguito un bellissimo bombardamento sul nodo di Culera interrompendo le comunicazioni tra la Francia e la Spagna. Magnifici piloti bombardieri il tenente Beccia, il sottotenente Gilardi, il tenente Galimberti, il tenente Valsania, il tenente Ruspoli, il tenente Rospigliosi, il tenente Pucci, il tenente Mayer, il tenente Dagasso, il tenente Robez ed il tenente Villa, i quali tutti hanno fatto la spola dalle Baleari alla Catalogna, sui cieli di Madrid, in quelli di Bilbao e di Santander ed in quelli dell'Aragona. Ad essi si aggiunga anche il tenente Cerretta, ed infine il colonnello Raffaelli, valoroso comandante di quesiti bombardieri, organizzatore incomparabile e volatore audace, che con l'esempio guidò i legionari del bombardamento alle maggiori affermazioni in terra di Spagna.
Merita una citazione particolare il capitano Gildo Simini, il quale aveva anche due fratelli fra i legionari ed aveva eseguito una quantità enorme di imprese.
Il colonnello Barba — valoroso comandante del 21° Stormo — ha guidato i suoi bombardieri dovunque ottenendo risultati magnifici. Ed il colonnello Del Lupo proseguì poi mirabilmente la sua opera.
Ancora dei nomi: il colonnello Giordano, il ten. col. Seidl, il ten. col. Gostoli, attivissimi, instancabili anzi, «Falchi» delle Baleari che con sereno sprezzo del pericolo e giudiziosa perizia guidarono intere formazioni ad assolvere perfettamente i compiti ad esse assegnati.
Merita particolare rilievo l'operato dell'allora capitano Fortunato Federigi, promosso maggiore per merito di guerra, il quale partecipò a tutte le azioni di Malaga e del mare Cantabrico e sui cieli di Madrid. Il Federigi ebbe occasione di operare attivamente nella battaglia di Guadalajara, con entusiasmo e valentìa meravigliosi, partendo dal campo di Soria, impantanato.
I bombardieri facevano il volo radente affrontando i caccia e le armi automatiche avversarie. Il Federigi con il tenente Macchieraldo e il tenente Castiglione andò a bombardare un concentramento rosso a Briuega, lanciando 28 bombe da 50 chilogrammi da un centinaio di metri di altezza, rischiando di essere abbattuto dalle sue stesse bombe le cui scheggie gli

colpirono ripetutamente l'apparecchio.

Fra i bombardieri italiani ha sempre gareggiato in entusiasmo ed ardimento il Principe Alvaro d'Orléans, cugino del Duca d'Aosta e sposato alla signorina Parodi, il quale ha compiuto innumerevoli bombardamenti con «S.79» e con «S.81», distinguendosi ovunque e meritando il più cameratesco entusiasmo da parte degli aviatori legionari tutti.

Gesta gloriose furono compiute dagli ardimentosi bombardieri, gesta che hanno il suono dell'eroismo più puro e l'impronta della spavalderia. Non è certo possibile riferirle tutte, una ad una. Ma valga per tutte quella che ebbe per protagonista il sergente maggiore Ezio Biondi, proprio quando la guerra era giunta ai suoi ultimi aneliti. Fu un episodio di sublime eroismo, scritto a lettere d'oro gigantesche nel cielo di Catalogna. L'«S. 79» pilotato dal Biondi, un giovanotto tutta salute e tutta freschezza, s'era portato sopra un importante obiettivo che occorreva battere e già aveva svolto la sua missione di bombardamento passando tra la formidabile, intensissima reazione controaerea nemica. Poteva quasi considerarsi fuori del pericolo quando un proietto colpiva l'apparecchio uccidendo il capo equipaggio, ferendo gli altri due compagni di volo e maciullando a lui un piede. Sereno, calmo, sprezzante del pericolo, perché l'apparecchio cominciava a precipitare, Ezio Biondi, con una forza di volontà unica, non curandosi della gravissima ferita e del dolore lancinante, riusciva a riprendere il comando dell'aereo e a rimetterlo in linea di volo fino a guidarlo col suo carico di gloria e di morte alla base di partenza. Esausto per l'enorme quantità di sangue perduto ebbe ancora la percezione della catastrofe a cui andava incontro nell'atterraggio, poiché un semicarrello era uscito imperfettamente, e trovò la forza di riprendere il volo e di ripetere la manovra dopo avere rimediato all'inconveniente. Così, portati a terra i compagni feriti ed il suo carico di morte, cadeva esausto per la superba prova compiuta in forza di eroismo ineguagliabile. Ad Ezio Biondi, tipico esempio di eroismo tra i bombardieri legionari, fu concessa la massima ricompensa al Valore Militare.

Occorre anche ricordare l'eroismo di Federico Cozzolino, che immolò la sua giovane vita per il trionfo dell'ideale. «Ufficiale pilota da bombardamento — dice la motivazione della medaglia d'oro che alla sua memoria fu concessa — volontario in missione di guerra per l'affermazione degli ideali fascisti, partecipava a numerose azioni belliche in condizioni atmosferiche spesso avverse e su obiettivi fortemente difesi, dando reiterate prove di ardimento non comune e di profondo attaccamento al dovere. In un rischioso bombardamento contro munitissime posizioni, veniva, durante violenta reazione controaerea, abbattuto dall'artiglieria avversaria e costretto a lanciarsi col paracadute. Sceso inerme in territorio nemico, veniva circondato da un'orda di miliziani che pretendevano abiurasse ai principi che lo avevano indotto a partecipare alla nobile missione, e, consapevole che il rifiuto gli sarebbe costato la vita, non esitava ad immolare fieramente la sua giovane esistenza, riaffermando eroicamente la sua incrollabile fede fascista».

Nella guerra aerea di Spagna il bombardamento veloce è stata la specialità che più si è imposta all'attenzione dei tecnici bellici. Quello legionario era effettuato, come già si è visto, con quelle magnifiche macchine che sono gli «S. 79» ed i «B.R. 20» con un totale di cinque gruppi di cui due, quelli dei «Falchi», dislocati alle Baleari.

Nel continente particolarmente attivi si dimostrarono — come del resto la cronaca ha già messo in evidenza — gli «Sparvieri», al cui comando furono successivamente il magg. Aramu, il ten. col. Cupini, il colonnello Martire.

Gli «Sparvieri», prima erano un Gruppo, poi, dall'aprile del 1938, diventarono uno Stormo e furono comandati prima da Gaeta, poi da Vetrella e da Pezzi.

Gli «Sparvieri», con Aramu, s'erano portati a San Juan di Palma di Maiorca, provenienti dall'Italia, nei primi giorni d'aprile 1937 e dalle Baleari avevano cominciato subito le loro azioni bombardando il campo di aviazione di Reus, gli alti forni di Sagunto, il porto di Cartagena ed eseguendo ricognizioni fotografiche su Barcellona, Cartagena, Alicante e

Valencia. Da Palma di Maiorca, nel maggio successivo, s'erano trasferiti a Siviglia, al campo di Tablada e fu proprio da quel campo che cinque «Sparvieri» pilotati da Aramu, Badino, Balietta, Gautier e Pagliaci, decollarono il 21 maggio per andare su Almeria dove centrarono l'incrociatore *Jame I*.

L'azione fu tra le più belle della guerra aerea di Spagna e merita di essere ricordata nelle sue fasi particolari. All'alba i cinque «S. 79» partirono dal campo presso Siviglia ed assunsero la formazione a cuneo serrato volando fra i tremila ed i tremilacinquecento metri di quota. Puntualmente, come stabilito nell'ordine di operazione, gli «Sparvieri» alle 6,30 si trovarono sul porto di Almeria. Scorta la sagoma del *Jame I* attraccata ad uno dei moli, gli «S. 79» sganciarono le bombe imitando il capo pattuglia. Due volte passarono sull'obiettivo e due volte vi lasciarono cadere sopra le bombe mina e le bombe torpedine da cento chili mentre infuriava il tiro contraereo aggiustatissimo. Ben otto bombe colpirono la nave, mentre le altre caddero in sua prossimità. Alle nove i cinque «Sparvieri» rientrarono incolumi al campo di Siviglia ed i piloti ebbero, nei giorni seguenti, il più alto compiacimento dalle superiori autorità militari. Il *Jame I* era stato reso inservibile. Dopo questa magnifica azione gli «S. 79» di Aramu si trasferirono al campo di Soria donde presero le masse per le numerosissime azioni sul fronte di Bilbao.

Gli «Sparvieri» sono stati sempre impiegati senza scorta di caccia e preferibilmente per azioni su obiettivi addentrati nel territorio rosso. Questo perché erano i più veloci velivoli dell'Aviazione Legionaria e quindi in grado di piombare di sorpresa sul nemico e rientrare prima che questi potesse manifestare una reazione efficace. Tuttavia, a lungo andare, il nemico perfezionò la propria organizzazione di avvistamento e allarme e schierò, nelle zone più minacciate, i suoi caccia più veloci. In conseguenza gli scontri tra «Sparvieri» e caccia rossi, particolarmente i velocissimi «Rata», furono abbastanza numerosi, ma per la ferrea coesione delle formazioni, per il sangue freddo dei piloti e dei mitraglieri tutti i combattimenti si risolsero sempre a favore dei bombardieri legionari.

L'impiego degli «Sparvieri», oltre che per le missioni offensive nell'interno del territorio nemico, fu anche, e spesso, di ricognizione strategica. Occorreva sorvegliare i grandi movimenti del nemico, valutarne i concentramenti e quindi le intenzioni offensive, rilevare gli apprestamenti difensivi che febbrilmente creava a tergo del suo fronte, fotografare quei tratti di territorio o quegli impianti che non erano soddisfacentemente rappresentati nelle carte geografiche in distribuzione tra i nazionali.

Le ricognizioni erano compiute o al rientro di una azione da bombardamento o con velivolo isolato appositamente inviato sul posto. È facile comprendere che in ambedue i casi, si moltiplicavano i rischi di un eventuale incontro con la caccia rossa.

Infatti, se la ricognizione era abbinata a un bombardamento, gli «Sparvieri» erano costretti a diradare la formazione affinché ogni velivolo potesse fotografare la propria striscia di terreno e così diradati sarebbero stati facile bersaglio di cacciatori nemici se questi, ormai da tempo in allarme, li avessero scorti impegnando il combattimento. E' da considerare altresì che, in conseguenza dell'obiettivo della ricognizione, il percorso in territorio rosso era sempre sensibilmente aumentato nello spazio e, quindi, nel tempo.

Molto numerose furono anche le ricognizioni con velivolo isolato. Furono quasi sempre eseguite dalla coppia Cupini-Muti che sempre fu, in ogni caso, alla testa delle formazioni di «Sparvieri». Su ambedue i piloti pendeva una taglia che il Comando rosso aveva stabilito, qualora vivi o morti, gli fossero consegnati.

Altra forma d'impiego che ebbe il massimo sviluppo fu quello di diretto appoggio alle truppe operanti. Impiego certamente irrazionale per velivoli come gli «S. 79», qualora fosse stato realizzato in altra guerra, ma, in Spagna, necessario ed efficacissimo.

Le difficoltà più gravi che dovevano essere allora superate erano la scrupolosa tempestività, il difficile riconoscimento degli obiettivi continuamente variati, l'assoluta precisione del tiro che, a volte, doveva battere obiettivi a poche centinaia di metri dalle nostre linee, il superamento di una notevolissima concentrazione di mezzi difensivi.

I gruppi degli «Sparvieri» hanno avuto, dunque, larga parte nella guerra aerea di Spagna creandosi grande reputazione. L'attività intensa comportò per i piloti il continuo rischio ed essi lo affrontarono sempre con meravigliosa baldanza. Numerosi furono gli atti di eroismo e ben dieci medaglie d'oro assegnate ai piloti degli «Sparvieri» indicano il valore di costoro.

Apparecchi veramente idonei al bombardamento veloce, gli «S. 79» furono impiegati per la prima volta nella guerra dal colonnello Biseo e dal XII Stormo che fu per un certo periodo di tempo alle Baleari. Questi apparecchi si rivelarono subito veramente formidabili in mano agli abilissimi piloti d'Italia. In ispecie se utilizzati per il bombardamento da alta quota, gli «S. 79» hanno dato risultati sorprendenti e la caccia avversaria non è stata in condizioni da incutere eccessivo rispetto data la quasi equivalenza di velocità; contro la formazione serrata non si è mai avvicinata per paura del fuoco incrociato dei bombardieri e solo si è gettata sugli apparecchi costretti a navigare fuori della formazione.

Anche i «BR. 20» si dimostrarono apparecchi veramente ottimi per il bombardamento veloce. La cronistoria delle azioni svolte dal gruppo autonomo «Cicogne», montato appunto su «BR. 20», lo dimostra. Di questo gruppo furono successivamente comandanti il ten. col. Sergio Lalatta, il magg. Enrico Cigersa, il ten. col. Ugo Rampolli, il ten. col. Imperi.

Sino ai primi giorni di marzo 1938 il gruppo aveva al suo attivo 86 azioni di guerra per un totale di 658 ore di volo, 48 voli di pace per oltre 27 ore; dai suoi apparecchi erano state lanciate 160 bombe da Kg. 100, 1835 da Kg. 50, oltre 13.000 spezzoni, ed erano stati sparati dalle mitragliatrici degli apparecchi più di 42.000 colpi. Risultava inoltre che quattro dei suoi apparecchi erano stati colpiti da proietti contraerei e campali con un totale di 133 colpi.

Le «Cicogne» del 35° Gruppo autonomo furono impiegate con larghezza di vedute durante tutta la battaglia dell'Ebro; ma anche durante il suo preludio l'impiego dei bombardieri di Cigersa fu sempre intenso. Valgono a comprovare questa asserzione i seguenti dati che si riferiscono al periodo marzo-maggio 1938. Il gruppo eseguì 181 azioni di guerra per un totale di 1394 ore, 161 voli di pace per 136 ore; lanciò circa 3.000 bombe da 100 chili, 3.600 da 50 e quasi 24.000 spezzoni; dalle mitragliatrici dei suoi apparecchi furono sparati più di 10.000 colpi.

Né si deve dimenticare che anche il bombardamento pesante disse la sua parola. Gli «S. 81», inizialmente impiegati da Bonomi in ogni circostanza poiché erano allora gli unici bombardieri delle forze nazionali, furono adibiti, nel prosieguo della guerra, anche nelle azioni notturne ed in questo impiego resero utilissimi servigi. Raffaelli li utilizzò con continuità per più mesi e Barba, che tenne il comando dei bombardieri pesanti dall'agosto 1937 al marzo 1938, ne sviluppò l'impiego nelle ricognizioni notturne nella zona di Lerida, verso Tortosa e verso Valencia. Per gli «S. 81» le quote di lancio erano dapprima sui 1500 metri; durante la battaglia di Teruel salirono fino a 5000 per poi scendere a 3000, quota che si dimostrò la più adatta per ottenere il migliore rendimento. Dei bombardieri delle Baleari è superfluo dire ulteriormente. Sta di fatto, perciò, che la specialità tutta, nei suoi uomini e nei suoi mezzi, si comportò nella guerra di Spagna nel modo più brillante, più utile e più efficace.

L'AVIAZIONE DA CACCIA

La cronaca della guerra aerea di Spagna è ricchissima di superbe gesta compiute dai cacciatori legionari, i cavalieri del cielo italiani in cui sui è perpetuato lo spirito, lo ardimento, l'eroismo dei Baracca, degli Scaroni, dei Piccio, degli Ancillotto, dei Baracchini.

Anche dalla guerra di Spagna sono emersi nomi fulgidissimi di intrepidi volatori che sono andati a cercare la battaglia perché la battaglia era nel loro spirito. La specialità della caccia è indubbiamente la più adatta per fare rifulgere le qualità del pilota italiano che trovano la migliore spiegazione nel temperamento e nel carattere della razza. Ed è nella specialità della caccia che più si sono rivelati i valori individuali specialmente all'inizio del conflitto.

Ma la caccia legionaria, oltre che nel valore dell'individuo, del singolo pilota, ha dimostrato la sua forza e la sua eccellenza anche nell'organicità della massa, cioè nel suo assieme. Se un grande numero di successi va attribuito allo slancio individuale e alla perizia del singolo, un non minore numero di vittorie lo si deve alla disciplina, alla coesione, alla valentia di reparti interi, anzi degli interi reparti.

Nel periodo iniziale della guerra i cacciatori legionari parteciparono al combattimento il più delle volte in pattuglie di esiguo numero, qualche volta lo sostennero persino individualmente. Poi, il combattimento fu sostenuto da intere squadriglie; infine, e cioè dalla metà del 1938 in poi, da gruppi organici al completo e persino da due o tre gruppi, i quali, del resto, agivano di concerto con le formazioni di bombardamento.

All'inizio, la caccia legionaria ebbe la consistenza di una squadriglia e nulla più. Pur tuttavia sostenne mirabilmente il confronto contro gli assai più numerosi avversari e fin d'allora si procurò la fama d'imbattibile. Con lo svilupparsi della guerra e con le aumentate necessità le forze legionarie della specialità si accrebbero di numero. Si formarono, uno dopo l'altro, tre Gruppi — il XVI «La Cucaracha», il VI «Gamba di ferro» ed il XXII «Asso di bastoni» — costituenti il 3° Stormo, cosicché la forza della specialità divenne rispettabile. Oltre a questo Stormo operarono nei cieli spagnoli il Gruppo Caccia Sperimentale «G. 50», il 10° Gruppo Autonomo Caccia delle Baleari e la Squadriglia Caccia e Mitragliamento «Freccie».

Ciascun reparto, ciascuna formazione svolse magnificamente i compiti ad essa assegnati. Tutti i gruppi, in tutte le squadriglie concorsero con efficacia nel conseguimento della vittoria franchista. Ogni reparto ebbe i suoi eroi, i suoi valorosi, i suoi caduti.

Dopo quanto s'è riferito nell'esposizione cronologica ben poco ci rimane da aggiungere sulle gesta di questa specialità. I fatti registrati parlano esaurientemente. È una collana magnifica di vittorie quella che nei cieli di Spagna hanno infilato dal primo all'ultimo giorno, con un sistema o con l'altro, i cacciatori legionari. Anche per la valentia, per l'ardimento, per il coraggio di questi cavalieri del cielo, piloti di piccoli aerei, l'aviatore italiano si è creato in tutto il mondo una reputazione indistruttibile.

La caccia legionaria ha avuto splendide figure di valorosi. Nei comandanti delle varie unità ha avuto dei veri condottieri, maestri dell'osare come nel sapere calcolare le situazioni.

Da Fagnani a Remondino, da Zotti a Rossi, da Cassero a Vosilla, da Leotta a Zanetti e a Jannicelli, da Cassinelli a D'Aurelio e Guglielmotti, che comandarono lo stormo legionario della caccia, furono d'esempio costante ai dipendenti tutti nell'azione, e nello stesso tempo ebbero sempre chiara la visione d'assieme dei compiti e delle funzioni della specialità. La loro opera fu veramente proficua e va considerata quale notevolissimo contributo alla vittoria franchista. Essi stessi furono sempre i primi a lanciarsi nelle zuffe ed essi stessi poterono raccogliere meritatissimi allori. Tessari, Rossi, Zotti, François — per citare qualche nome — si rivelarono dei veri assi abbattendo ciascuno, in isvariati scontri, un buon numero di apparecchi avversari.

Sull'esempio dei comandanti, tutti gli altri piloti della caccia legionaria dettero sempre tutti sé stessi nell'espletamento delle missioni loro assegnate facendo rifulgere le insuperabili doti individuali del pilota italiano. Queste doti furono generali tanto che è ben difficile voler stabilire una qualsiasi graduatoria della valentìa, dell'abilità e del coraggio di essi. Ottimi piloti cacciatori furono certamente i Cesana, i Miani, i Travaglini, i Majone; ma se li dovessimo ricordare tutti l'elenco sarebbe infinitamente lungo. Sta di fatto che i cacciatori legionari furono tutti una vera e propria rivelazione della guerra di Spagna. Molti di essi suggellarono con il dono della vita la vittoria delle armi di Franco.

Emuli di costoro furono i cacciatori spagnoli che in Garcia Morato ebbero non solo un comandante di talento ma il più puro esempio di valoroso. Le loro gesta, sempre magnifiche, le abbiamo spesso qui ricordate perché la caccia nazionale nacque come filiazione della caccia legionaria, e perché essi usavano combattere con lo stesso slancio, con la stessa aggressività e con lo stesso valore dei camerati legionari.

Occorre mettere ancora in evidenza la grande disciplina che, specialmente durante il combattimento, hanno avuto i piloti della caccia legionaria. Questa disciplina ha raggiunto l'acme nel gruppo «Asso di bastoni» nel periodo di comando del ten. col. Remondino, che, come brillantissimo risultato conseguito, poté registrare la mancanza assoluta di perdite dei suoi gregari. I piloti dell'«Asso di bastoni» ingaggiavano, con Remondino, la battaglia in perfetto assieme di massa ciò che permetteva loro di appoggiarsi reciprocamente in ogni momento. Finita la battaglia le formazioni si ricomponevano speditamente e di conseguenza per i singoli cacciatori era evitata qualsiasi eventualità di sorpresa. E che la sorpresa fosse, nel combattimento, facilissima lo documenta, ad esempio, l'episodio occorso al colonnello D'Aurelio il quale una volta uscendo con un suo gregario da una serie di nuvole venne a trovarsi di colpo davanti a dodici «Curtiss». Con essi si trovò a lottare in condizioni impari, ma tanta fu la sua abilità manovriera, tanta la sua foga nell'attacco e tanto l'ardimento, che riuscì a scompaginare la formazione rossa dopo avere costretto un apparecchio nemico a cozzare contro un altro e a precipitare aggrovigliati.

Va ancora una volta rilevato che per i cacciatori la vera guerra aerea — quella combattuta con visione e con intendimenti totalitari — cominciò con la prima battaglia dell'Ebro. Assunse sempre maggiore imponenza quando il nemico, verso il giugno e l'agosto 1938, cominciò a combattere copiando il sistema legionario. Comunque il dominio del cielo fu sempre, nei rapporti della caccia, legionario: perché le formazioni, specialmente quando a titolo di premio potevano sbizzarrirsi nella caccia libera, andavano a sfidare il nemico sui suoi campi dopo averlo inseguito per diecine di chilometri in territorio rosso.

Riferendo la cronistoria dell'attività dei cacciatori ci è occorso di menzionare talvolta la Squadriglia Autonoma Caccia-Mitragliamento, creata appositamente verso i primi di marzo del 1938, dopo che a questo compito erano stati sperimentati i «Ro 37».

È ora il momento di soffermarsi più a lungo su questa originale formazione che tanto contributo di valentia, d'eroismo e di sangue ha dato alla Causa nazionale; è ora il momento di ricordare specificatamente la sua attività poiché essa fu preziosissima, utilissima e in determinati casi risolutiva. Nel ricordarla occorre ricordare gli uomini che, dai comandanti all'ultimo gregario, si prodigarono costantemente in una magnifica gara di slancio e di dedizione quale raramente capita di riscontrare, e ricordarne sopratutto gli eroi che s'immolarono per il conseguimento della vittoria: Ido Zannetti, Duilio Nicchiarelli, Giuseppe Lo Moro, Gastone Picchini.

Il reparto ebbe i natali il 1 marzo sul campo di Valenzuela presso Saragozza e al suo comando fu preposto il capitano Ferruccio Vosilla, un valoroso che s'era formata l'esperienza del volo bellico in Libia, in Africa Orientale e nei cieli di Spagna dove già aveva partecipato a numerosissime azioni dimostrando perizia, valentia e ardimento non comuni. Il personale navigante della nuova squadriglia, i cui aerei furono subito attrezzati per il lancio degli spezzoni da due chili, proveniva dai tre gruppi dello stormo da caccia.

La costituzione e la messa in efficienza della squadriglia fu cosa rapidissima. Il giorno 8 marzo era già completamente efficiente, s'era trasferita sul campo di Bello, e due giorni dopo era protagonista della prima magnifica azione sul campo rosso di Muniesa.

D'allora fu un susseguirsi continuo di azioni, di combattimenti e di operazioni dallo stile inimitabile e dal risultato splendido. Non è il caso di ripeterle qui, che la cronaca le ha già menzionate. Certo è che dal giorno della sua prima uscita fino a tutta la prima quindicina d'agosto del 1938 la squadriglia autonoma aveva infilato una serie di successi che l'avevano resa celebre e temutissima dai rossi.

I dati relativi alla sua attività bellica fra il 1° marzo ed il 15 agosto, stanno, del resto, a documentare la sua piena efficienza. Eccoli: ore di volo di guerra 1172, ore di volo di pace 53, azioni belliche 99, spezzoni da 2 chili lanciati 3024, colpi di mitragliatrici sparati 143.309, combattimenti aerei sostenuti 8, apparecchi nemici mitragliati 22 «Rata» 7 «Curtiss» e 4 «Martin Bomber», apparecchi della squadriglia colpiti dalla reazione antiaerea nemica 40, piloti caduti in azione 3, piloti dispersi 1, piloti feriti in azione 5. Dopo la metà d'agosto l'attività della squadriglia proseguì normalmente nei suoi compiti di caccia, senza più svolgere cioè azioni di mitragliamento. Ma il suo contributo fu del pari sostanzioso al comando, prima, di Ido Zannetti, purissimo eroe di questa guerra, e poi di Iannicelli. Anche se impiegata come le altre squadriglie della caccia, quella delle «Freccie» ebbe modo di mettersi in evidenza con le sue gesta nullameno che epiche.

L'olocausto del sergente maggiore Giuseppe Lo Moro, è un ben luminoso esempio dell'eroismo e della valentia dei piloti legionari di questa squadriglia.

«Pilota eccezionale, combattente magnifico, già distintosi nella guerra italo-etiopica, — dice la motivazione della medaglia d'oro — accorreva volontario in terra di Spagna anelante di combattere in difesa della civiltà fascista. Durante dieci mesi di campagna dava nuove e luminose prove di audacia, contribuendo con reparti da caccia legionaria al vittorioso dominio del cielo. Ottenuto di far parte di una speciale squadriglia di mitragliamento ne diveniva in breve una delle più belle espressioni, portando al nemico per 223 volte offesa efficace e precisa, sempre incurante del fuoco avversario che colpiva il suo apparecchio, ma non sminuiva il suo ardire. Il 15 aprile 1938, mentre volontariamente partecipava ad un travolgente mitragliamento contro munitissime posizioni avversarie, insistendo nella sua audacissima azione, cadeva colpito dal fuoco nemico, chiudendo con supremo sacrificio una vita tutta dedicata al dovere».

Nella caccia e per un determinato periodo di tempo furono impiegati anche i «Ba. 65», apparecchi che poi furono largamente usati nell'assalto. Nell'agosto 1937 un «Ba. 65» riuscì persino ad abbattere un «Martin Bomber» nella zona di Soria.

Ed ora cerchiamo di trarre qualche conclusione dall'impiego della caccia in Spagna.

Dato il tipo di guerra terrestre e aerea combattuta a carattere semi-stabilizzato e confronti assai ristretti, era fatale che la caccia dovesse ritornare sopratutto alle tanto condannate crociere di protezione e di scorta. Poiché il nemico era in grado di prevedere quasi con esattezza le ore e le località delle azioni di bombardamento e fare già trovare sul posto i suoi apparecchi da caccia, anche in notevole massa, l'unico modo per attaccarli e, nello stesso tempo, proteggere i bombardieri, è stato quello di mandare sulla stessa zona la caccia legionaria, o in crociera libera o in scorta diretta, agli apparecchi da bombardamento più lenti. In via generale è mancato quindi l'impiego su allarme, che era quello previsto più frequente e più redditizio. Il bombardamento, rinunziando alle sue possibilità offensive che gli avrebbero consentito di battere bersagli sempre diversi, in ore diverse, ha automaticamente rinunziato anche al più efficace mezzo di difesa e si è delegato quasi indissolubilmente alla caccia.

Le due principali modalità di impiego sono state quindi scorte dirette e indirette al bombardamento e crociere di vigilanza su determinate zone.

I comandanti di gruppo sono stati lasciati liberi di scegliere le modalità di impiego e le formazioni che meglio ritenevano rispondenti allo scopo, e quindi ciascuno di essi ha adottato una formazione diversa, tanto che i gruppi stessi potevano facilmente riconoscersi in volo. E questo è stato notevole vantaggio specialmente in principio.

Per la scorta diretta — solo per gli «S. 81» — è stato adottato il sistema di mandare tre o quattro apparecchi da caccia vicino ad ogni pattuglia di bombardamento, e cioè a circa 200 metri e di tenere un nucleo di circa 12 apparecchi a quota maggiore — 500 metri — e navigante sopra e dietro il bombardamento. La scorta diretta non è mai intervenuta a difesa del bombardamento; anche quando caccia rossi hanno tentato di attaccare i bombardieri sono sempre stati fermati prima dagli apparecchi in servizio di scorta indiretta. Questa, costituita normalmente da un gruppo, navigava anch'essa in vista dei bombardieri ad una quota superiore di 1000-1500 metri o girando attorno all'obiettivo o facendo il pendolo in una direzione perpendicolare a quella di probabile provenienza del nemico.

Nei combattimenti la massa non ha avuto l'influenza che la proporzione numerica potrebbe far credere. In numero di venti o poco più apparecchi i caccia legionari si sono battuti sempre convenientemente contro qualsiasi massa nemica: è per questo che la caccia è stata normalmente impiegata, dopo le prime esperienze, a gruppi di tre squadriglie di sei od otto apparecchi.

Le crociere di vigilanza sono state effettuate raramente per contrastare l'azione del bombardamento nemico o per proteggere le truppe dall'azione di mitragliamento a bassa quota di apparecchi nemici. Questa protezione veniva richiesta con eccessiva frequenza dai comandanti dei reparti terrestri, ma opportunamente il Comando dell'Aviazione Legionaria ne ha limitato l'impiego ai soli casi di effettiva necessità perché essa, dovendo essere compiuta a quota non superiore ai 2500-3000 metri, per permettere l'avvistamento degli aeroplani di assalto nemici, poneva gli apparecchi da caccia in condizione di netta inferiorità qualora fossero stati attaccati da apparecchi avversari. Spesso per tale scopo fu necessario mandare un gruppo a proteggere quello più basso.

«La caccia è stata la prima e la maggiore gloria dell'Aviazione Legionaria — ha asserito il generale Pricolo in un chiaro studio sull'impiego dell'aviazione in Spagna, fatto quando ancora la guerra si combatteva, — ancora oggi essa mantiene una supremazia assoluta, indiscutibilmente riconosciuta da amici e nemici. Questo magnifico risultato è dovuto a mio parere dall'inesauribile spirito guerriero dei piloti, al loro ottimo addestramento conseguito fin dal tempo di pace attraverso il rischioso tirocinio dell'acrobazia collettiva, alla bontà del munizionamento. Bisogna riconoscere che i piloti spagnoli, con lo stesso materiale, stanno conseguendo risultati non ancora paragonabili ai nostri, ma egualmente brillanti: essi non avevano — è vero— eseguito acrobazia collettiva, ma si sono potuti formare nell'atmosfera di guerra e in veri e propri combattimenti. Tutti i piloti che ho potuto interrogare mi hanno espresso la loro convinzione, da me condivisa, che le utilità di acrobazia collettive ha avuto nella guerra di Spagna la più clamorosa conferma».

Senza dubbio la valentìa individuale dei cacciatori legionari è stata un elemento importantissimo a cui si debbono non poche delle numerose vittorie riportate. Non uguale valentìa hanno dimostrato i piloti della caccia rossa. Non si poteva scherzare davvero con i cacciatori legionari. La preponderanza numerica non contava contro di essi: un pilota legionario, nel combattimento, valeva tre, cinque, dieci piloti rossi. E nemmeno la superiorità dell'armamento sugli apparecchi da caccia riuscì a mutare le sorti delle battaglie aeree, nemmeno la maggiore velocità dei velivoli. C'è stato qualche cosa in potere dei legionari e che i rossi non avevano: la formidabile potenza rappresentata da quel tutto armonico formato dall'unione perfetta e inscindibile dell'uomo con la macchina. Questo nei rossi non è avvenuto. Nei legionari è stato il frutto di un allenamento lungo e giudizioso, di un senso di disciplina che si è accoppiato al senso di responsabilità ma che ha avuto al fianco lo sprezzo del pericolo e l'amore per il rischio; l'ardimento più sconfinato. È stata soprattutto la fede grande che ha animato gli aviatori legionari di tutte le specialità, che ad essi ha fatto compiere mirabilia e che li ha resi capaci di sfruttare al momento giusto i pregi del mezzo che manovravano. Questi ragazzi, vissuti nel clima del Littorio, sembravano nati sull'aeroplano, tanto l'unione uomo-macchina è stata stretta e perfetta; e della macchina essi conoscevano ogni segreto, sapevano sfruttare ogni requisito. Di fronte ad essi, anche se isolati, non v'era da scherzare. Ormai i rossi lo sapevano; lo avevano imparato a loro spese.

Ma la cocciutaggine li ha portati sempre alla ricerca di altre lezioni. Mai si è veduta ostinazione tanto inutile e sacrifici così privi di risultati. Ma, evidentemente, solo un elemento ha guidato i rossi contro la giovanile Aviazione Legionaria: l'odio per la trionfante idea fascista, l'odio per il Fascismo e per i suoi componenti. E questo odio i cacciatori legionari lo hanno saputo rintuzzare a dovere.

IL CONCORSO DELLA RICOGNIZIONE

In tutta la guerra di Spagna — come si è già avuto occasione di ricordare — la specialità della ricognizione od osservazione, come ora più spesso si suol dire — ha dato un contributo che non può passare in seconda linea in confronto delle altre specialità.

L'opera delle squadriglie da ricognizione in ogni guerra è quella che meno attira l'attenzione del profano perché meno evidente, eppure non è meno necessaria delle altre, e come quella delle altre si svolge fra enormi pericoli.

Osservare le mosse del nemico, osservarne anche, se possibile, le intenzioni, è una necessità. Tale necessità si è manifestata grandemente anche nella guerra di Spagna. Da qui deriva il frequentissimo impiego degli aerei destinati a tale scopo.

La specialità legionaria dell'osservazione ebbe i suoi natali nell'ottobre 1936 con la costituzione della 1ª Squadriglia «RO. 37-bis», comandata dal capitano Colacicchi prima e dal capitano Sforza dopo, alla quale si aggiunse, nel febbraio successivo, una seconda squadriglia comandata dal capitano Romagnoli. La specialità aveva così assunto l'entità di un gruppo al cui comando fu posto il tenente colonnello Franciosa che, più tardi, cadde a Vitoria, alla vigilia del suo rimpatrio.

Tanto quando la forza era rappresentata dalla sola squadriglia di Colacicchi, quanto dopo quando la consistenza numerica fu maggiore, la specialità della ricognizione svolse un'attività più che rimarchevole e che mise in rilievo il vivo spirito di sacrificio e di abnegazione dei suoi piloti.

Nei primi tempi della guerra le squadriglie dei «RO. 37» disimpegnarono compiti di osservazione aerea, in cooperazione con le truppe legionarie e con i reparti nazionali, ed anche di crociera di protezione e scorta a velivoli da bombardamento. Poi, a Guadalajara, particolarmente la squadriglia di Romagnoli, effettuò persino mitragliamenti al suolo. Le azioni su Briqueca e sulla «Carretera de Francia» dimostrarono l'impegno e l'abilità dei piloti della ricognizione.

Certamente i «RO. 37» hanno concorso ad aumentare i fasti dell'Aviazione Legionaria nei cieli di Spagna. Per dimostrarlo sarà sufficiente ricordare l'episodio di Bermeo, il paesino della costa cantabrica che fu teatro di lotte in cui si trovarono impegnati i legionari terrestri durante le operazioni su Bilbao.

Sotto le fortificazioni di Bermeo erano pervenute, nella rapida avanzata, le avanguardie delle colonne legionarie. Ma a cagione dell'enorme superiorità numerica nemica tali avanguardie furono presto tagliate fuori dal grosso. Occorreva, per i rifornimenti di munizioni, l'intervento degli aerei. E gli aerei legionari comparvero. Di notte fu un apparecchio isolato a volare sulle posizioni tenute dai fratelli, e ad inviare loro un messaggio. Al mattino furono tre biposti a recare i soccorsi e l'aiuto pieno.

Al mattino il tempo era proibitivo; ma la squadriglia «RO.37» prescelta a portare il suo aiuto non seppe resistere all'attesa e partì con tre apparecchi, veri arditi dell'aria, all'assalto. Le condizioni del tempo erano impossibili: non si poteva volare. Gli apparecchi sorvolarono la prima Sierra, cercarono l'altra, ma la visibilità era nulla. Inutile insistere: non si poteva. Ritornarono. Dopo qualche ora, però, ripartirono.

Ecco la prima Sierra; poi, in mezzo ad un groviglio di nuvole, la seconda. Finalmente possono passare. Il Comandante la pattuglia fa stringere la formazione e s'affonda. Ecco la macchia rossa dei tetti, ecco Bermeo. Passano una prima volta girando alti, cercando. Studiano il campo di battaglia. Riconoscono sulla cresta del monte che domina il paese le posizioni dei rossi. In basso, nel cimitero e nei fossi, verso il paese: i nostri. Planano abbassandosi per meglio vedere, per collegarsi con quelli che da terra fanno loro segnali. «Siamo qua, siamo qua! Resistiamo ancora...».

Il piano è già fatto. Via! Mista con l'acqua una nuova pioggia paurosa di mitraglia micidiale si rovescia sul nemico. Cantano le mitragliatrici degli aerei la canzone del più forte facendo zampillare rivoli di fuoco tra il fango e tra i sassi. Uno dopo l'altro, come legati ad uno stesso filo, i «RO.37» roteano e si avventano sempre più in basso, sempre più terribili. Eccoli, alti che sembrano puntini, gettarsi a capofitto sulle trincee nemiche mitragliando fino a terra. S'impennano e salgono veloci, sembrano librarsi un istante immobili nell'aria; si rovesciano e tornano all'assalto, micidiali. Ormai soltanto il loro canto si sente, epico inno di vittoria, sul campo di battaglia. Il nemico dapprima sorpreso, vuole, tenta reagire; ma viene troppo duramente colpito dal tiro mirato e preciso che viene dall'alto. E ancora più e più volte la stessa manovra, agile, sicura, finché le armi sono completamente scariche sopra il nemico che fugge falciato inesorabilmente.

Da terra i legionari, che all'apparire degli aerei nazionali avevano iniziato un fuoco violentissimo sparando gli ultimi caricatori, presi da quello spettacolo di forza, dimentichi del rischio, sorsero da dietro ai muri e dai fossi e salutarono, eroi infangati, i loro fratelli dell'aria. Agitarono copricapi e fazzoletti come se fossero stati ad una festa di nuovo genere.

Ma ecco un altro interessante episodio che documenta il concorso recato dai «RO.37» nella guerra di Spagna. L'episodio si riferisce al precedente periodo della battaglia per la conquista di Bilbao e precisamente alla conquista del monte Sollube.

Dopo varie settimane di aspri combattimenti in un terreno irto di difficoltà di ogni genere e che sembrava creato apposta dalla natura per organizzarvi una serie di resistenze a linee successive, ora continue, ora invece intersecantesi in un groviglio di groppe e di pareti a strapiombo, i Nazionali si trovarono di contro un baluardo, nudo ed erto, che si opponeva trasversalmente, per un fronte di vari chilometri, alla loro avanzata. Era questo il Sollube. Impossibile, almeno per il momento, attaccarlo di fronte; impossibile aggirarlo, che da una parte c'è il mare e dall'altra uno stretto ed infido corridoio percorso dalla «carretera» che va a Monguie e di là a Bilbao.

Dopo l'intenso bombardamento delle artiglierie, dopo gli assalti delle fanterie, poiché il monte resisteva sempre, fu necessario l'assalto dall'aria.

La 128ª squadriglia — cioè quella che era nata con la qualifica di 2ª squadriglia — conosceva il terreno per esserci stata nelle giornate precedenti prendendo parte a vari bombardamenti e ritornò ancora quel giorno, assieme ai bombardieri più grossi, con un suo piano già concertato e preciso. Si trattava di lasciare svolgere al bombardamento la sua azione e lanciarsi quindi alla carica a mitragliare gli obiettivi che ogni singolo apparecchio doveva sceglìersi sul posto. Da terra, non si attendeva che questo istante per svolgere un'ardita manovra d'avvicinamento e terminare con la mischia sulla cima per il possesso definitivo del monte. Dalla cima si poteva vedere Bilbao: una mèta. Era già un premio per i fanti.

«L'azione si inizia, — narra uno degli arditi dell'aria che partecipò all'azione — e lungo tutta la cresta si alzano, gonfiandosi, immani pennacchi di fumo tra cui si riflettono a tratti le vampe delle esplosioni. Centrato.

Intanto una pattuglia di cinque apparecchi della 128ª squadriglia del Gruppo «RO.37», che si è tenuta in disparte in formazione strettissima attendendo disciplinata il suo turno, ha scelto i suoi obiettivi ed al trabattere delle ali dell'apparecchio del capo pattuglia, si sparpaglia e si lancia all'attacco. I suoi elementi si buttano giù come freccie scoccate da archi invisibili, sibilando verso la terra. L'altimetro balza dai duemila ai mille metri; un istante dopo è sotto ai cinquecento. La mira è presa. Viene premuta la leva di sparo; ed all'urlo frenetico del motore si intona all'unisono il martellare secco delle mitragliatrici. E giù sempre più rapidi e mostruosi sino a radere il suolo. Poi saettano in alto; ma delle punte lucide di fuoco li seguono da presso forando l'aria. Sono le traccianti antiaeree.

Nel cercare di localizzare la reazione antiaerea il capo pattuglia nota lungo la strada che corre a ridosso del Sollube, in fondo alla valle, delle macchie informi disposte nei fossi e sotto gli alberi in cui non esita a riconoscere reparti di truppa che tentano occultarsi. In un baleno, ecco trovata la soluzione del mistero. Durante l'azione dell'artiglieria, e prima dei bombardamenti, che gli apparecchi li sentivano venire da lontano, i rossi si ritiravano giù dalla cresta lasciando sulle posizioni solo pochissimi elementi, votati a morte quasi sicura, con il compito di far sentire la loro presenza mentre gli altri si sottraevano, in questo modo, agli effetti dei tiri precisi dei cannoni e delle bombe.

Ma non è il momento di fare constatazioni e il comandante decide di attaccare il nuovo e vulnerabile obiettivo. Dà uno sguardo in giro sperando che i gregari notino lo spostamento della sua azione e picchia di nuovo.

In aria si deve avere sempre cento occhi e tanti ne dimostrano i gregari che, indovinato ancor prima d'aver visto, s'avventano a loro volta mitragliando in pieno in mezzo a quelle macchie, ora formicolanti di gente che fugge in tutte le direzioni, che cade falciata a gruppi.

Dall'altra parte del monte, intanto, i fanti escono dalle loro posizioni decisi a non farvi più ritorno. Avanzano carponi, serrando sotto, cominciano ad inerpicarsi su per l'erta sanguinosa: in silenzio. Il nemico non spara; è troppo occupato altrove. In aria.

Ecco, uno degli aerei punta su di loro, rade la terra e s'innalza; e subito un secondo ed un terzo lo seguono mitragliando lo stesso punto, più avanti. Poi tornano ancora. Sono cinque, ma sembrano tanti! Sono tanti, che la velocità consente loro di battere successivamente senza dare respiro, in vari punti, il nemico. Ma la reazione antiaerea continua; le punte di fuoco seguono sempre più da vicino gli apparecchi, passano tra le ali; qualche tela è bucata. «...Quella intanto è passata...» pensa uno, forse tutti, i componenti degli equipaggi in volo. E giù ancora.

Scaricate le sue armi il capo pattuglia, dall'alto, cerca gli altri apparecchi. Uno, due, ne vede un terzo planare perdendo rapidamente quota con l'elica in croce. In un attimo lo raggiunge. La diagnosi è subito fatta; colpito al motore. Ma l'ala è fida e posa nelle linee amiche l'equipaggio incolume.

Intanto sul monte non più coperto dal fumo, con le bandiere in testa, una fiumana di fanti nazionali raggiunge la cima travolgendo qualche difensore superstite che se li vede giungere addosso e passare oltre senza che riesca a sparare un solo colpo. Vittoria!

Magnifiche furono le squadriglie della ricognizione, che, se nel capitano Raffaello Colacicchi ebbero al comandante esemplare per continuità di azione, successivamente nel capitano Francesco Sforza ebbero il loro vessillifero, l'uomo delle più spinte audacie. Fino dai primi tempi sui cieli di Estremadura e di Castiglia e per tutta la durata della guerra, nelle provincie basche, a Santander, in Aragona, in Catalogna, in Estremadura di nuovo, ovunque, l'opera di accompagnamento truppe, mitragliamento e bombardamento leggero svolto da questa specialità fu veramente enorme. E che dire poi dei rilievi fotografici compiuti? Ovunque, con temerarietà sbalorditiva, i piloti legionari della ricognizione volarono sulle linee e sulle retrovie nemiche cogliendo con l'obiettivo fotografico tutto ciò che in un senso o nell'altro poteva militarmente e politicamente interessare. E fu ad una tale sempre pronta, precisa, efficacissima osservazione che i Comandi franchisti dovettero l'immediatezza dell'informazione sicura. Egli è certo che questa specialità di oscuri e semplici gregari ha scritto non meno brillanti pagine nel libro della storia che documenta i fasti dell'Aviazione Legionaria.

Ma quante volte l'impiego degli apparecchi da ricognizione fece rifulgere il valore e l'abilità dei piloti legionari! Per tutte vale il ricordo dell'azione che prese il nome dalla località ove fu compiuta, la Virgen de la Cabeza.

Durante le operazioni di Santander l'intero gruppo assolse missioni di aerocooperazione con le truppe delle divisioni legionarie ed anche compiti di mitragliamento. Fu un impiego continuo durante tutto quel periodo e non una volta sola i piloti dei «RO. 37» dovettero difendersi dall'aggressione dei più veloci e meglio armati caccia nemici. Dal fronte settentrionale, nell'ottobre, le squadriglie da ricognizione passarono in Aragona. Al comando della 128ª andò il capitano Zanni e al comando della 120^a — nuova denominazione della 1ª squadriglia — il capitano Mastragostino.

I compiti delle squadriglie si delinearono sempre meglio: la 128ª venne destinata all'osservazione e al bombardamento leggero; la 120^a al mitragliamento al suolo e al bombardamento leggero. Ma le macchine aeree si rivelarono troppo lente per tali impieghi molteplici.

Particolarmente intensa, tuttavia, fu l'utilizzazione delle squadriglie nel novembre e nel dicembre 1937 sul fronte di Saragozza. Moltissime furono le ricognizioni effettuate con e senza scorta: su monte Oscuro, su Tardienta, su Farlete.

Il 10 dicembre l'intero gruppo partecipò alla grande battaglia aerea nel cielo di Tardienta, la battaglia che vide contemporaneamente l'intervento di tre gruppi dell'aviazione franchista da caccia e di quasi tutto il bombardamento legionario, germanico e nazionale.

Il nuovo anno il gruppo — al cui comando fu destinato Achenza — vide, all'inizio, la forzata inattività delle squadriglie: il freddo intensissimo impedì le partenze, poiché i motori non poterono essere messi in moto. Soltanto nella seconda quindicina di gennaio i «RO. 37» ebbero nuovamente intenso impiego. Si rinnovarono i mitragliamenti in catena e si compirono missioni di vario genere. Furono eseguiti anche bombardamenti.

Anche se non attivissimi in ogni circostanza, i «RO. 37» non mancarono di dare un buon rendimento allora che per l'impiego dell'aviazione non si richiedeva altissima velocità. Certamente per il mitragliamento al suolo sarebbero stati più adatti apparecchi come il «CR. 32», ed infatti fu poi formata per questo esclusivo compito una squadriglia — di cui s'è già detto — che ha fatto furore.

Comunque i piloti di questa specialità confermarono anch'essi, con le loro gesta, le altissime qualità dei volatori legionari.

Nei compiti di ricognizione fotografica furono anche impiegati, specialmente durante la battaglia dell'Ebro, i «BR. 20». I risultati ottenuti sono stati assai lusinghieri e provano la facile adattabilità dei volatori legionari alle più svariate mansioni. Anche i «Ba. 65» — quegli apparecchi del gruppo «Cicogne» che si erano creata grande fama per i precisi spezzonamenti e mitragliamenti nell'attacco al suolo — furono sovente impiegati in Aragona e in Catalogna per le ricognizioni a vista, compito che assolsero sempre in modo encomiabile.

In particolari circostanze ed in determinati periodi furono utilizzati, o in apposita missione isolata o in formazione nel tornare da azioni di bombardamento, i velocissimi «S. 79». Anche con essi si ebbero risultati soddisfacenti.

Non solo la caccia, non solo l'assalto, non solo il bombardamento hanno scritto meravigliose pagine di storia; anche la ricognizione ha fatto valere la sua voce. Questa specialità che ben può essere definita la fanteria dell'aria, ha allargato in Spagna la sua funzione non più limitandola al compito di esplorare, di osservare e di riferire. Essa non è stata solo l'occhio vigile e lungimirante degli eserciti, né solamente la loro guida dall'alto. Si è trasformata in una specialità di combattimento assumendosi il difficilissimo incarico dell'attacco al suolo; è passata all'offesa intervenendo attivamente alla battaglia. Anche la ricognizione, la «faticante oscura», ha scritto le sue pagine dense di gloria: Cherta e Tortosa – ricordando solo il periodo immediatamente antecedente al giorno dell'arrivo al mare – sono i nomi delle località che essa ricorderà tra quelli dei suoi fatti.

L'AVIAZIONE D'ASSALTO

L'aviazione d'assalto, inviata in Spagna con velivoli allo stato sperimentale, non poté, in un primo tempo, prendere parte attiva alle operazioni belliche.

Occorsero alcuni mesi prima che i «Ba. 65» potessero far sentire, nel quadro delle operazioni, tutta la potente offesa del loro armamento; nel frattempo vennero utilmente impiegati in crociere di sbarramento e protezione, in ricognizioni a vista e fotografiche ed in bombardamenti di obiettivi occasionali. Comunque, fino dall'inizio del loro impiego, dettero risultati soddisfacenti che divennero addirittura brillanti quando gli apparecchi furono impiegati in vere e proprie azioni di attacco al suolo.

Con opportuni ritocchi alle istallazioni di bordo, modificati, resi nel loro complesso più agili e quindi più rispondenti allo scopo per il quale dovevano essere impiegati, i «Ba. 65» da assalto si sono rivelati nel corso della guerra elementi di primo ordine, tali da costituire una continua minaccia per il nemico che, alle rapide incursioni dei piloti e dei velivoli assaltatori, difficilmente riusciva a sottrarsi perché, nella maggior parte dei casi, colto di sorpresa e quindi impossibilitato a cercare vie di scampo.

L'aviazione d'assalto venne principalmente impiegata in spezzonamenti e mitragliamenti a volo radente, diretti contro colonne di truppe, autocarri, carri armati e postazioni di batterie.

In speciali casi furono utilmente impiegati anche per il bombardamento in picchiata con bombe da 100 kg. poste sotto le ali; gli effetti di tali bombardamenti furono, per il nemico, sempre letali per la tempestività e la precisione del tiro che veniva eseguito da piloti particolarmente addestrati a tale impiego.

Per la natura del suo terreno, la Spagna offriva un teatro di operazioni notevolmente difficile: i voli si svolgevano, per la più parte, su zone montagnose ed aspre, di non facile identificazione sulle carte di rotta, ed una qualsiasi avaria sia al motore che al velivolo poneva il pilota nella più precaria condizione di poter salvare sia la macchina che la propria vita. Eppure il personale si è comportato in maniera superiore ad ogni attesa e tutti indistintamente, dai piloti agli specialisti, hanno dato il loro contributo affinché tutto procedesse nel modo migliore, riuscendo brillantemente nell'intento.

Comunque non sarà superfluo ricordare, oltre quelli già illustrati, alcuni episodi che serviranno a mettere in luce la perizia, il valore e lo spirito di sacrificio del personale che, se pure doveva servirsi di un mezzo notoriamente complesso e di difficile pilotaggio, ha saputo dare inconfondibili dimostrazioni di cosa possano il cuore e lo spirito, quando siano al servizio di una Causa giusta, come quella per la quale era volontariamente accorso a combattere sui cieli iberici.

Nell'agosto 1937 un apparecchio «Ba. 65» veniva inviato sul fronte di Gijon per fotografare una base aerea nemica, situata oltre 60 km. nell'interno del territorio rosso. Si conosceva l'esistenza di tale base, ma se ne ignorava l'esatta posizione topografica ed il velivolo assaltatore, trasformato in ricognizionista per l'occasione, ebbe l'incarico di stabilirla con esattezza per farne il teatro di future operazioni.

Il pilota a cui era stata affidata la missione, trovò il campo, lo fotografò, dopodiché prese la via del ritorno con la preziosa documentazione.

Ma da una quota notevolmente superiore ben nove «Rata» saettarono improvvisi e velocissimi sulla macchina legionaria e, dato il loro vantaggio numerico e di quota, la presero immediatamente sotto il fuoco incrociato delle loro mitragliatrici. L'enorme sproporzione delle forze in contrasto e la limitata maneggevolezza del «Breda» avrebbero potuto indurre il pilota a cercare scampo in una rapida fuga a volo radente, ma la sua audacia e il suo spirito si ribellarono a questa idea e senza un attimo di esitazione impegnò il combattimento con le soverchianti forze avversarie.

Più volte e più volte i caccia rossi riuscirono a scaricare raffiche delle loro armi sulle strutture metalliche del velivolo d'assalto. Le ali, la fusoliera, i timoni, vennero letteralmente crivellati, ma il pilota legionario non si perse d'animo ed alla superiorità numerica avversaria contrappose la propria eroica disperata volontà ed il suo grande cuore di combattente deciso a vendere cara la pelle.

Manovrando con serena freddezza e con rara abilità, contrattaccò con le proprie armi, si difese con tenacia, con ostinazione, ed il suo pesante velivolo raggiunse in certi aspetti gli estremi limiti di sostentamento: riuscì però a fugare una parte degli assalitori ed a far desistere gli altri dall'inseguirlo, date le ormai prossime linee nazionali, alle quali si era intelligentemente avvicinato durante il combattimento.

Al termine della pericolosa avventura il pilota osservò che stava sorvolando il terreno a pochi metri d'altezza. Nel serrato duello con i caccia nemici aveva perduta quasi completamente la quota iniziale.

Ecco un altro episodio che non si può non qualificare magnifico per la decisione del suo protagonista.

Mese di settembre 1937. L'aviazione d'assalto aveva allora la base al campo di Soria, trasferitavi dopo la permanenza sull'aeroporto di Tablada, ove i velivoli avevano subito le modifiche che ne permisero poi l'impiego per l'attacco al suolo.

Era quello il periodo in cui più frequenti si verificavano le incursioni dei bombardieri rossi in territorio nazionale, per la notevole massa di buoni apparecchi moderni di cui disponeva allora l'aviazione marxista, il cui Comando si cullava nell'illusione di potere, forse, conquistare il dominio del cielo con la preponderanza quantitativa.

I «Ba. 65» venivano in quel tempo impiegati per il servizio di protezione, ma non si può proprio asserire che essi corrispondessero perfettamente allo scopo per la lentezza di avviamento e di riscaldamento dei motori, per cui varie volte i bombardieri nemici avevano potuto giungere improvvisamente sul campo ed effettuare i loro bombardamenti, prima che i velivoli in servizio di allarme avessero potuto efficacemente intervenire.

Per mettersi al riparo da ogni possibile sorpresa venne deciso allora un servizio continuo di vigilanza dall'alba al tramonto e tale servizio veniva esplicato da un apparecchio da caccia «CR. 32» e da un «Ba. 65» che incrociavano ad altissima quota sul cielo del campo.

Un giorno si trovava in volo il sergente Dell'Acqua, pilota giovane ma di brillanti qualità, che stava compiendo il suo turno di servizio, quando, improvvisi e senza che vi fosse stato il tempo di poter dare l'allarme, tre «Martin Bomber» apparvero sul campo e dopo aver frettolosamente sganciato il loro munizionamento di caduta, presero la fuga affidandosi alla velocità.

Ma giunse immediata la reazione legionaria: impetuoso e velocissimo, l'apparecchio pilotato da Dell'Acqua sfrecciò nel cielo e ben presto fu sulla coda del più prossimo avversario.

Si udì il crepitio delle quattro mitragliatrici e quasi istantaneamente il velivolo rosso, crivellato da una gragnuola di colpi sparatigli quasi a bruciapelo, dopo aver rigato il cielo di una densa scia di fumo, precipitava per sempre. Con la sua ardita puntata Dell'Acqua aveva irrimediabilmente stroncato il volo dell'aquila marxista.

E riferiamo l'episodio memorabile di Umberto Coppini. Il giorno 30 marzo 1938, durante l'offensiva per la liberazione del territorio d'Aragona, un ordine di operazione disponeva la immediata partenza di sei velivoli d'assalto per la individuazione e l'attacco di alcune batterie contraeree che, insidiosamente appostate sulla sommità boscosa di una collina, in località Valdeltormo, tentavano sbarrare il passo alle formazioni nazionali da bombardamento che sostenevano l'avanzata delle truppe, tese nello sforzo di raggiungere ad ogni costo il mare, obiettivo immediato dell'Alto Comando Nazionale.

Effettivamente in quel luogo, le formazioni degli aerei nazionali avevano incontrato un intenso e preciso fuoco di sbarramento; molti velivoli erano stati colpiti senza che nessuno fosse riuscito ad individuare le postazioni nemiche, occultate dal terreno collinoso e coperto di boscaglie.

La formazione d'assalto partì alle 16 circa del pomeriggio: in tutti i piloti era la stessa decisione di riuscire a scovare il nemico e inchiodarlo per sempre su quelle alture dove, non visto, era riuscito fino a quel momento a contrastare la via alle ali liberatrici.

Della formazione anzidetta faceva parte un giovanissimo sergente, che della terra di Toscana possedeva lo spirito arguto ed il facile parlare. Si chiamava Umberto Coppini. In tutte le azioni alle quali aveva fino ad allora partecipato, aveva dato la chiara dimostrazione del suo coraggio e della sua audacia, di quella audacia propria dei giovani forti, per i quali è bella la vita, ma che non esitano a metterla in giuoco per un radioso ideale.

Quello doveva essere il suo ultimo volo. Le postazioni nemiche furono individuate e battute quindi col fuoco delle armi prodiere prima e con gli spezzoni poi: con i difensori rossi della collina di Valdeltormo la partita era stata definitivamente saldata.

Ma nell'irruenza dell'attacco il velivolo pilotato dal sergente Coppini veniva colpito da proiettile incendiario e quasi istantaneamente le fiamme lo avvolgevano, trasformandolo in un rogo volante che la volontà eroica del pilota riusciva a mantenere in aria fino all'esaurimento delle munizioni, sotto gli occhi esterrefatti dei compagni d'arme e di fede impotenti a prestargli aiuto.

Solo quando ebbe terminato il proprio compito, precipitò fra quegli stessi nemici che forse, in quel momento, assistevano ghignando alla sua agonia, e mentre la fiammata si spegneva sul suolo di Spagna ancora irredento, Umberto Coppini ascendeva all'Olimpo degli Eroi circondato dall'aureola del suo martirio.

«Pilota sicuro, combattente magnifico, — come dice la motivazione della medaglia d'oro — ispirato da puro idealismo, tendente al trionfo della Causa fascista si prodigava in ogni azione bellica con fierezza indomita e con non comune spirito di abnegazione. Chiesto ed ottenuto di fare parte di una speciale squadriglia di mitragliamento, in ben trentaquattro audaci azioni a volo radente, e benché più volte colpito dalla reazione nemica, si distingueva sempre per ammirevole serenità e sprezzo del pericolo. Il 4 giugno 1938 durante un'arditissima azione di mitragliamento a volo radente su formidabile posizione nemica, colpito in una parte vitale dell'apparecchio, era costretto ad affidarsi al paracadute. Sceso inerme fra le linee nemiche cadeva sotto il fuoco dell'avversario immolando la sua giovane esistenza di valoroso soldato».

Il 25 giugno 1938 una formazione di velivoli d'assalto decollava dal campo di Puig Moreno (Aragona) per compiere un'azione sul fronte di Castellon de la Plana. Da circa 20 minuti aveva lasciato il campo di partenza, quando uno dei gregari, il sergente Sebastiani, abbandonava improvvisamente la formazione. Un rapido controllo permise di accertare che un principio d'incendio si era sviluppato a bordo, mentre il motore girava al minimo, tanto da impedire sia il proseguimento del volo che il rientro alla base.

Data la natura del terreno, assolutamente inadatto per un atterraggio di fortuna, il Sebastiani avrebbe potuto senz'altro affidare la propria salvezza al paracadute, ma non fu così.

La volontà del pilota, tesa al salvataggio della macchina, rifiutò la salvezza sicura e cercò di conservare alla Patria il materiale di volo, tentando un atterraggio sul greto di un torrente asciutto incassato fra i monti, dopo avere accortamente lasciati cadere gli spezzoni su una zona di terreno completamente deserta.

Ma la mèta era lontana, le possibilità di planata del velivolo limitate anche per il carico che ancora restava a bordo, ed il suo nobile intento non ebbe fortuna.

Fu così costretto a prendere terra sulla sommità di una collina, e nel disastroso atterraggio riportò varie ferite che lo tennero lontano dalla attività bellica del reparto per tutto il periodo della sua ulteriore permanenza in Spagna. Pochi giorni avanti lo stesso sottufficiale era rientrato da una azione con oltre cinquanta squarci nella fusoliera dell'apparecchio, prodotti da proiettile antiaereo, ed anche in tale frangente aveva dimostrato le sue elette virtù di combattente, mantenendo contegno sereno ed esemplare.

25 luglio 1938. L'esercito marxista aveva improvvisamente invaso il territorio nazionale in Aragona: mercé la ingegnosa costruzione di piccoli ponti mobili, approfittando del favore

della notte, molte migliaia di uomini erano riusciti a passare l'Ebro e dilagavano sulla riva opposta dopo avere sistematicamente travolto i piccoli presidi lasciati a guardia di quel settore del fronte.

Il grosso delle forze legionarie e nazionali era impegnato in una lotta ai ferri corti nel Levante, ove l'esercito di Franco si apriva sanguinosamente la via verso Valencia, ancora sottoposta al dominio rosso.

Per alleggerire la pressione nazionale sul fronte del Levante, i rossi crearono il diversivo dell'Ebro, attaccando con forze ingenti e tentando di riconquistare quei territori già bagnati dal sangue generoso delle truppe liberatrici, nella loro vittoriosa, avanzata verso il Mediterraneo.

La situazione si presentava oltremodo difficile: per togliere dal Levante i rinforzi da inviare sull'Ebro, occorreva del tempo ed intanto i rossi, imbaldanziti dal facile successo, avanzavano.

L'Aviazione Legionaria ebbe il compito di arrestarne la marcia: le formazioni da bombardamento si avvicendarono sull'obiettivo con un crescendo impressionante e per due giorni e due notti il martellamento delle linee nemiche fu incessante, vigoroso, implacabile. Ed anche la aviazione d'assalto ebbe il suo compito.

Due pattuglie di tre velivoli «Ba. 65» vennero inviate sulla zona invasa con l'incarico di battere i ponti che servivano al nemico per il passaggio del fiume, situati uno di fronte al villaggio di Ascò e l'altro di fronte al villaggio di Flix.

Quest'ultimo doveva essere attaccato a bassa quota da una pattuglia condotta dal tenente Piccolomini giovane e valoroso ufficiale già distintosi in numerose precedenti azioni.

Come giunse la formazione sull'obiettivo, incominciò il tiro rabbioso delle batterie contraeree, ma Piccolomini con una decisa e velocissima affondata, attaccò con la sua pattuglia il ponte, mitragliandolo e spezzonandolo a volo radente.

La sua audacia però ebbe la immediata risposta dei difensori: una granata esplodeva sotto la fusoliera del suo velivolo e mentre una scheggia lo feriva ad un braccio, un'altra andava a colpire il motore che, danneggiato, iniziò a funzionare irregolarmente.

E fu allora che la sua fede, la sua volontà ed il suo cuore di soldato fascista, seppero trionfare di ogni avversità. Con abile e brillante manovra, sfuggendo al fuoco nemico che, data la bassa quota, lo riteneva già sicura preda, riuscì a riportare la propria formazione in terreno amico, dopodiché, essendo impossibilitato a rientrare alla base, effettuava un atterraggio di fortuna su terreno accidentato producendo solo lievi danni all'apparecchio e salvando la propria esistenza ad altre brillanti e valorose azioni di guerra.

Ci siamo qui limitati a segnalare gli episodi di maggiore rilievo, ma altri se ne potrebbero citare perché innumeri furono le dimostrazioni di fede, di coraggio e di assoluta abnegazione date dai piloti d'assalto in terra di Spagna. Non fu una dimostrazione di sereno coraggio quella data da Fanali, a Teruel, allorché fu ripetutamente colpito dalle scheggie dei proietti dell'artiglieria rossa e proseguì imperterrito nell'azione fino al suo completo assolvimento? In quella circostanza ben ottantasette scheggie crivellarono il suo «Ba. 65»!

Accanto all'opera dei piloti, però, è doveroso mettere in evidenza anche quella del personale specialista che silenziosamente lavorò nella diuturna preparazione delle macchine di guerra e visse coi piloti la vita di ogni giorno in una perfetta fusione di spiriti.

Numerosi furono, dunque, i piloti che si misero in luce per l'attività svolta, per la valentìa dimostrata e per l'audacia con cui compirono le missioni loro assegnate. Ne ricordiamo, qui, qualcuno, non senza rammentare però che tutti cercarono di emularsi e di superarsi in audacia, in valentìa, in coraggio. Da Cigersa a Fanali, da Miotto a Caponetti, da Testerini a Sartirana, da Piccolomini a Sebastiani, a Boldrini, fino all'eroico Coppini, tutti gli assaltatori della squadriglia recarono un contributo di gloria non indifferente all'Ala Legionaria. E non va dimenticato Colombo che fu quegli che per primo, a tutto suo rischio, portò in Spagna queste belle macchine, per la potenza dell'Ala Legionaria.

Se le macchine non corrisposero sempre allo scopo, gli uomini furono, in ogni momento, all'altezza della missione loro affidata e si prodigarono in ogni circostanza all'estremo limite delle loro energie, con assoluta dedizione alla Causa. I loro comandanti, da Barba a Lalatta, tutto fecero per stimolarne con l'esempio le meravigliose qualità.

Anche nei piloti dell'aviazione da assalto mai venne meno la fede dell'immancabile trionfo finale, mai, nemmeno nelle ore più tristi e, giusto premio, il sole della vittoria baciò la fronte dei combattenti fascisti che dal motto mussoliniano «Credere, obbedire, combattere» avevano permeato lo spirito nella dura fatica di ogni giorno di lotta.

I SERVIZI

Diciamo ora qualche cosa dei tanto utili servizi e particolarmente di quelli d'Intendenza.

L'Aviazione Legionaria, rivelatasi fattore essenziale e decisivo per la vittoria della gloriosa rivoluzione franchista, ebbe nel volgere della campagna tale progressivo incremento da porre in essere problemi organici e logistici di sempre maggiore entità. Da ciò in particolare modo la necessità di dare organico assetto a tutti quegli elementi che, sorti e sviluppatisi in ragione delle necessità verificatesi, dovevano ormai essere modificati ed organizzati sotto una direttiva unica ed efficiente.

In un primo tempo gli organismi dell'Aviazione Legionaria dovettero per necessità provvedere con mezzi di fortuna alle esigenze di carattere logistico e con elementi non operanti sotto una unica direttiva.

Successivamente si addivenne alla creazione di un ente denominato Centro Servizi, il cui capo esercitava azione di comando e di coordinamento sui vari servizi dipendenti, azione naturalmente limitata sia per ragioni di grado che di competenza.

Il Centro Servizi assolveva in modo sintetico i seguenti compiti: servizio del materiale aeronautico vero e proprio e cioè rifornimento, manutenzione e riparazione di aeromobili e motori; servizio dell'armamento e del munizionamento di lancio e di caduta; servizio delle comunicazioni per radio e per filo; servizio degli autotrasporti; servizio fotografico; servizi di commissariato e servizio sanitario.

Tuttavia il Centro Servizi non ebbe mai vera figura d'Intendenza, in quanto era invece un'organizzazione il cui capo aveva semplici funzioni di controllo verso i singoli capi di servizio, professionalmente competenti.

Nemmeno organico poté essere sempre il funzionamento dei singoli servizi in ispecie nei primi tempi, tanto che — ad esempio — può dirsi che il servizio amministrativo-contabile abbia preso il suo ordinario assetto soltanto col 1° gennaio 1938, mediante l'istituzione di quattro uffici amministrativi, fra i quali venne ripartito il territorio da amministrare.

È interessante notare che alla dipendenza del Centro Servizi si trovavano altresì le officine aeronautiche di Siviglia e di Logroño, per la riparazione e la messa in efficienza dei velivoli duramente provati dall'attività bellica e le squadre riparazioni aeromobili funzionanti su qualche aeroporto. Oltre a ciò l'officina di Siviglia aveva organizzato un interessante e redditizio lavoro di ricupero e di rigenerazione delle parti buone ed avariate dei velivoli che ad essa affluivano, creando così una preziosa risorsa non agevolmente sostituibile con i rifornimenti dalla Patria.

Sennonché l'accresciuta entità dell'Aviazione Legionaria rendeva sempre più evidente la necessità di organizzare in maniera più corrispondente alle varie necessità dei reparti operanti gli organi del servizio logistico. Si addivenne quindi alla scissione del Centro Servizi in tutto un gruppo di servizi tecnici aventi peculiari caratteri e necessità di gestione distinta.

Venne così costituito al principio del 1938 un Ufficio di Commissariato autonomo per i servizi relativi.

Il capo del Centro Servizi ed il capo dell'Ufficio di Commissariato erano entrambi alla dipendenza del capo di Stato Maggiore dell'Aviazione Legionaria.

Tuttavia tale nuovo ordinamento non poteva considerarsi che un primo graduale passo verso una più organica e razionale sistemazione dei servizi ed infatti nell'estate del 1938 venne istituita alle dirette dipendenze del comandante l'Aviazione Legionaria una Intendenza, organizzata e diretta in primo tempo dal generale Maceratini, ufficiale di specifica preparazione professionale, e poi dal col. Lanzafone. Così tutti i servizi poterono avere tempestivamente più armonico funzionamento nel quadro di un organismo unico, in modo da conseguire economia di mezzi ed elevamento di efficienza alla vigilia del decisivo sforzo che la Spagna nazionale doveva tentare verso la munitissima Catalogna.

I servizi furono quindi così raggruppati: 1) una direzione dei servizi su quattro sezioni: *a)* aeromobili e motori, approvvigionamenti relativi, servizio del carburante e dei lubrificanti; *b)* trasporti: autoreparti ed officine relative; *c)* basi aeree e demanio: assistenza alle esigenze demaniali aeroportuali; *d)* cinematografica: servizio fotografico e cinematografico.

2) una direzione di commissariato su due sezioni: *a)* amministrativo-contabile; *b)* logistica; oltre un reparto per gli atti legali e di stato civile e quattro uffici amministrativi di settore.

3) un ufficio tecnico per l'assistenza tecnica ai reparti di volo e per tutta l'attività inerente alla riparazione ed alla revisione del materiale di volo ed ai recuperi.

4) un ufficio armamento su 2 sezioni: armamento e munizionamento.

5) un ufficio telecomunicazioni su 2 sezioni: radio e filo.

6) un ufficio sanitario e per l'assistenza religiosa.

Il passaggio alla nuova e definitiva organizzazione si dimostrò altamente redditizio e permise ben presto di dare un fruttifero contributo all'azione dei reparti nel vittorioso ciclo invernale di operazioni che portò alla conquista della Catalogna e virtualmente alla sconfitta definitiva dei rossi, nonché durante le fasi operative successive culminate nella resa senza condizioni del nemico.

All'atto stesso della sua costituzione, l'Intendenza si rivelò elemento direttivo e di coordinamento di essenziale importanza. Nella sua breve ma operosa esistenza brillanti furono i risultati conseguiti dalle complesse attività svolte.

Anche nei periodi di avanzata e di spostamento dei reparti di volo i servizi procedettero regolarmente, precedendo tempestivamente i reparti stessi sulle nuove sedi prescelte.

Esorbita dagli scopi del presente volume una esposizione analitica del lavoro svolto e dei risultati conseguiti dall'Intendenza A. L. Può tuttavia affermarsi con tutta sicurezza che l'avvenuta istituzione di essa abbia costituito un utile esperimento, dalla riuscita del quale non si è potuto fare a meno di tener conto, non appena gli eventi hanno chiamato nuovamente in guerra la gloriosa arma del cielo.

Ed ora un cenno alla Scuola specialisti aviazione di Malaga alla quale tanto si sono dedicati gli ufficiali dell'Aviazione Legionaria.

Nel mese di dicembre 1937 il Governo spagnolo dimostrò il desiderio che l'Aeronautica Italiana organizzasse in Spagna una scuola specialisti, di cui era stata notata la mancanza.

Il Ministero dell'Aeronautica accettò di occuparsene inviando in Spagna il colonnello Sabatucci Ranieri, che aveva già dato buona prova nello identico incarico assolto a Capodichino.

Il 9 aprile 1938 a Malaga si inaugurava il primo corso con 500 allievi spagnoli delle varie specialità: motoristi, montatori, armieri, marconisti, elettricisti.

Nei 22 mesi di permanenza della missione italiana, furono istruiti 1500 specialisti, suddivisi in tre corsi, e furono scritte e pubblicate le dispense (in lingua spagnola) per tutte le specialità.

La Scuola attualmente segue il suo lavoro, sotto la direzione di ufficiali dell'aviazione spagnola, ufficiali che sono stati allievi dei pari grado italiani.

L'attività della Missione non si limitò alla organizzazione e alla direzione della Scuola, ma con stile veramente fascista penetrò in profondità svolgendo opera di italianità in Malaga, e specialmente nel «barrio» (quartiere) ove era nata la scuola, «barrio» noto per il suo color «rosso».

Quest'opera si sviluppò sotto forma di assistenza alimentare e sanitaria; curò la propaganda con la distribuzione di fotografie riproducenti il Duce, con proiezioni di pellicole riguardanti la produzione aeronautica italiana e le organizzazioni giovanili create dal Partito.

Potranno passare gli anni, ma la Scuola specialisti di Malaga, manterrà quella impronta che gli Italiani le diedero.

Tra i così detti servizi non si può non ricordare quelli compiuti dall'aviazione civile. L'aviazione civile italiana ha contribuito non poco alla vittoria franchista in terra di Spagna con l'opera di collegamento svolta dagli apparecchi dell'«Ala Littoria» che in linea regolare o in servizio speciale hanno permesso e reso facilissimi gli spostamenti rapidi dall'Italia alla Spagna e nell'interno della Spagna nazionale. Tali servizi sono andati dall'affiancamento quotidiano dei trasporti militari — permettendo ad alti ufficiali, a personalità della giunta di governo, a prefetti, a specialisti di spostarsi rapidamente nell'interno della zona nazionale — all'opera di pronto soccorso dei malati e dei feriti — invio di medicinali e di specialità estere a infermi gravissimi — all'assistenza e approvvigionamento delle città che le truppe vittoriose trovavano prive di pane, di viveri, di tutto — al collegamento postale immediato e frequente fra le città dell'interno prive di qualsiasi altra comunicazione e fra la Spagna e l'estero.
Servizi impareggiabili che si sono effettuati per tutta la durata della lunga ed estenuante guerra con piena soddisfazione per tutti coloro che ne hanno usufruito.
L'«Ala Littoria», com'è noto, a guerra finita ha ceduto alla spagnola «Saeta» apparecchi e impianti. Nella vita aerea interna della Nazione iberica la società italiana non entra più direttamente come movimento. Vi entra invece in quanto ad essa è stato riconosciuto il 12,5 per cento del capitale che ora forma la società spagnola.
E vi entra soprattutto per la gratitudine che ha saputo conquistarsi nello svolgere nei turbinosi anni della guerra civile un preziosissimo servizio di utilità generale.

IL DOMINIO DEL CIELO

Nella guerra di Spagna la funzione delle forze aeree ha avuto una importanza così grande che difficilmente può essere compresa da chi non è stato presente agli avvenimenti bellici: nei diversi settori, nelle varie zone, comprese quelle marittime, si è accanitamente lottato pel predominio del cielo, per il dominio dell'aria. Posta difficilissima, dalla quale tuttavia dipendeva ogni altra probabilità per la vittoria generale. È stato affermato che nessuna probabilità di vittoria avrebbe potuto accampare, in Spagna, quel belligerante che, per quanto forte a terra, non fosse riuscito a possedere il dominio del cielo. Esatto. La signoria dell'aria era condizione indispensabile persino per ottenere successi parziali; maggiormente indispensabile, dunque, per raggiungere la vittoria finale.

Con un'aviazione da guerra ormai matura, capace di scardinare le più forti posizioni, capace anche di annientare interi eserciti e di precludere la strada ai rifornimenti, quale belligerante avrebbe potuto accampare probabilità di vittoria se non avesse potuto combattere questa aviazione e ad essa imporsi con forze aeree più possenti?

Tornano qui in giuoco tutte le teorie sull'importanza assunta oggi dal fattore aereo nella guerra; teorie che nella guerra di Spagna hanno avuto pratica applicazione.

Ed è appunto l'applicazione pratica dei principii che ha permesso di stabilire senza equivoci il grande e in molti casi decisivo valore del mezzo aereo.

Nazionali e rossi hanno lottato aspramente per conseguire il dominio del cielo. All'inizio della rivolta l'impiego delle forze aeree non è stato vistosissimo — come già abbiamo avuto occasione di far rilevare — né da una parte né dall'altra, ma chi dei due belligeranti ha meglio impiegato le forze aeree a disposizione ha ottenuto il successo e chi sia stato a conseguire il successo lo abbiamo già posto in evidenza. Poi, da una parte e dall'altra, l'aviazione ha avuto successivi potenziamenti e la guerra aerea ha assunto, sotto molti punti di vista, le caratteristiche preconizzate dagli assertori del fattore aereo. La lotta per il dominio del cielo si è fatta perciò serrata ed ha raggiunto momenti di drammaticità intensa. Dall'impiego degli aerei a piccole pattuglie, si è passati all'impiego a massa e si è giunti a vere e proprie battaglie aeree.

L'Aviazione Legionaria ha saputo brillantemente conquistare con bella sicurezza il dominio dell'aria, nonostante la sua inferiorità numerica, ed ha saputo mantenerlo sempre influendo enormemente sui risultati delle battaglie. Del prezioso, decisivo ausilio recato dall'Aviazione Legionaria alle truppe nazionaliste del generale Franco è ricca la storia di questa speciale guerra, e l'ausilio non avrebbe potuto certamente palesarsi, o quanto meno essere efficace come è stato, se fosse mancato il dominio dell'aria da parte dell'aviazione dei legionari.

Aviazione da caccia e aviazione da bombardamento, aviazione d'assalto e da ricognizione, tutta cioè l'Aviazione Legionaria, s'è dimostrata all'altezza della situazione in ogni circostanza e nella sua azione complessiva ha spesso determinato fulgide vittorie. Madrid, Bilbao, Brunete, Teruel, Santander, Tortosa, Lerida e via di seguito, sono i nomi di altrettante battaglie, di altrettante vittorie dei nazionali, e sono nello stesso tempo i nomi di determinati, lunghi periodi della guerra in cui le forze aeree legionarie hanno spadroneggiato nei cieli non senza avere prima lottato aspramente contro l'efficiente aviazione nemica.

Ad essi si aggiunge quella non meno significativa di Saragozza. Contro questa città, per alleggerire la pressione su Santander, si accanirono i rossi con una grande offensiva preceduta ed accompagnata da imponente concorso dell'aviazione, di quell'aviazione comunista che su altri fronti non aveva più il coraggio di azzardarsi per i cieli e che compì là il tentativo stimando che l'Aviazione Legionaria fosse tutta impegnata nell'azione di Santander. Ma i rossi errarono nei calcoli ed anche nel cielo di Saragozza, allorché ne tentarono la conquista, ebbero dure lezioni che si riassumono in una cifra: 35 apparecchi abbattuti in soli otto giorni.

È qui il caso di chiarire un poco le idee sulla partecipazione quantitativa dell'Aviazione Legionaria alla guerra. Sono molti, moltissimi anzi, coloro che ritengono essere stata l'Aviazione Legionaria costituita da parecchie e parecchie centinaia di velivoli, con adeguato numero di piloti e con adeguata quantità di altro personale. Chi crede questo, si basa soprattutto sulla onnipresenza degli aviatori e degli apparecchi legionari, di cui infatti hanno dato contezza le corrispondenze giornalistiche. Il solo fatto che le squadriglie ed i gruppi dei bombardieri, dei cacciatori e degli assaltatori siano sempre intervenute tempestivamente là dove se ne presentava la necessità (accentrarsi di rifornimenti, costituzione di magazzini bellici ben provvisti, transito di truppe, agglomeramenti di riserve, tentativi del bombardamento aereo nemico, presenza di formazioni nemiche da caccia), ha spinto i più a credere che il complesso numerico dell'Aviazione Legionaria fosse più che rispettabile, o, comunque, assai superiore a quello dell'aviazione rossa. È accaduto invece proprio l'opposto, in quanto sono stati i rossi ad avere il vantaggio numerico. Che poi questo vantaggio essi non abbiano potuto o saputo far valere subendo il predominio legionario, questo è imputabile a diversi fattori a cui più volte abbiamo fatto cenno. Sono stati la bontà della organizzazione, la dedizione assoluta degli uomini, la loro disciplina, la loro fede e il loro spirito soprattutto, insieme alla bontà dei mezzi usati, i principali coefficienti che hanno portato a conseguire vittorie su vittorie anche in condizioni di inferiorità numerica, ad ottenere brillantissimi risultati nonostante le enormi difficoltà.

Non si è verificato, infatti, il caso di battaglie aeree tra quattro, otto, dieci apparecchi legionari e quindici, venti, trenta rossi, finite con la peggio di questi ultimi? E non si è assistito alla misera fine di tentativi di bombardamento rossi, eseguiti in forza, perché pochi caccia legionari li hanno assaltati al momento giusto?

E' certo ed abbondantemente documentato che i rifornimenti ricevuti dai rossi dalle compiacenti nazioni bolsceviche e democratiche sono stati tanto continui e tanto abbondanti da creare nell'aviazione marxista una superiorità numerica notevolissima nei confronti di quella nazionale e legionaria. Che poi di questa superiorità i rossi di Valencia e di Barcellona non abbiano potuto o saputo valersi non può recare meraviglia, appunto perché sono note le grandi qualità organizzative, spirituali e tecniche di cui fin dall'inizio della guerra civile, l'Aviazione Legionaria è stata ben provvista.

I rossi furono largamente riforniti anche d'artiglierie per la difesa controaerea, la quale, secondo un calcolo degno di credito, consisteva verso la fine della guerra di 22 batterie russe «S.K.» da 7,62, tre batterie fisse «Skoda» da 8,5, due batterie «Vickers» da 8, sedici batterie svedesi «Bofors» da 4,5 e un notevole numero di «Oerlikon». Tuttavia i successi dei bombardieri legionari non poterono essere contrastati efficacemente. Ad esempio, il 13 giugno 1938, ad Onda, sul fronte del Levante, per due ore e mezza i bombardieri si succedettero nell'azione: per due ore e mezza, a gruppi di nove. La difesa controaerea s'impegnò totalmente e finì per trovarsi senza munizioni dopo avere sparato 750 colpi coi grossi pezzi e 1500 coi piccoli senza riuscire ad abbattere un apparecchio. Ancora: la difesa del porto di Valencia era assicurata prima da quattro e poi da sei batterie ed entrava in azione tre volte alla settimana in media; ma durante tutta la guerra queste batterie non abbatterono che un bombardiere. E i bombardamenti non venivano fatti a caso, ma con la massima precisione, esclusivamente su obiettivi militari.

Tutte le specialità dell'Aviazione Legionaria hanno gareggiato fra loro in coraggio, in ardimento, in attività. Specialmente nella battaglia del sud Ebro esse hanno dato ogni giorno e con ogni tempo la dimostrazione piena della superiorità collettiva e singola. La cronaca degli avvenimenti bellici di ogni giorno lo rivela.

Considerando la guerra di Spagna e cercando di trarne insegnamenti, molti studiosi e non pochi esponenti dell'aviazione internazionale hanno espresso il loro personale parere sulla

funzione ivi assolta dalle forze aeree, sul concorso che esse hanno dato nella risoluzione di determinati episodi bellici, sul fattore aereo nell'andamento generale della guerra. C'è chi ha parlato da teorico e c'è chi è intervenuto nella discussione, forte dell'esperienza pratica. E sono balzati fuori pareri assai discordi, spesso addirittura in pieno contrasto.
Ci sembra ancora presto trarre conclusioni circa l'opera, la funzione e l'impiego dell'aviazione in una più ampia guerra, basandoci unicamente su quanto di utile è scaturito dalle battaglie nei cieli di Spagna. Qualsiasi conclusione sarebbe affrettata e soggetta sempre ad essere perfezionata o corretta, se non proprio capovolta, e questo perché ancora v'è qualcosa di non conosciuto nella guerra aerea di Spagna e perché tale guerra ha avuto caratteristiche tutte sue sì da non permettere la generalizzazione dei suoi insegnamenti.
Molte cose può avere insegnato la guerra aerea di Spagna, ma ci sembra prematuro codificare e trasportare nella teoria gli insegnamenti, tanto più che la guerra nei cieli spagnoli si è svolta in condizioni particolari che ben difficilmente potrebbero ripetersi. Effettivamente due masse contrapposte, sia pure poderose, ma dalla efficienza limitata ed oscillante a causa delle difficoltà dei rifornimenti e del funzionamento dei servizi tecnici, hanno operato per contrasto di obiettivi, ma con una densità di mezzi enormemente inferiore a quella che già nella nuova guerra hanno messo e mantengono in linea le grandi Potenze.
Non è il caso quindi, almeno per ora, di generalizzare. Però è utile conoscere il pensiero di qualcuno di coloro che più si sono interessati alle vicende belliche aeree, soprattutto perché giudizi, testimonianze, pareri e punti di vista ci varranno per meglio mettere in evidenza che innovazioni di sistemi bellici non sono mancate e che in tali innovazioni è rifulso, oltre al valore, lo stile dei piloti legionari; stile che è ineguagliabile.
Una fonte autorevolissima francese, cioè il generale Armengaud, ha affermato che la debolezza delle forze aeree in presenza non ha permesso ai due partiti di influire reciprocamente sulle operazioni attraverso l'attività adeguata e regolare dell'aviazione da ricognizione e da esplorazione. Questa attività avrebbe potuto, secondo il generale Armengaud, influire forse decisamente sull'esito di offensive come quella di Bilbao, di Santander, di Brunete, di Belchite e di Teruel.
Per quanto si potrebbero avanzare confutazioni, non si può trascurare questo punto di vista. Del resto il generale francese ha precisato meglio il suo giudizio scrivendo:
«Le operazioni di bombardamento durante la battaglia sono quelle che fanno subire ai reparti le perdite più gravi, sia per l'assenza di sorpresa, sia perché debbono essere effettuate a quota media e a bassa quota; ma in tal caso le perdite sono risultate minori quando i bombardamenti impiegati sono stati dei monomotori rapidi, maneggevoli, capaci di pronunciare attacchi in picchiata. Anche negli attacchi contro navi da guerra questi aeroplani si sono dimostrati particolarmente appropriati. I bimotori e i trimotori da bombardamento possono essere adibiti ad operazioni anche durante la battaglia, ma da quota più elevata, e per conseguenza contro obiettivi più ampi».
A questa affermazione, una nota apparsa in «Le Vie dell'Aria» opponeva validi argomenti che è bene conoscere.
«E' vero che le operazioni sulle retrovie sono in Spagna le più facili, e si fanno spesso senza perdite; è vero che le operazioni effettuate contro il territorio a oltre 120 o 130 chilometri dal fronte sono state per lo più effettuate senza perdite sensibili anche dall'aviazione rossa: ma anche questa esperienza non presenta grande valore, ai fini di un confronto con le condizioni di una guerra su un teatro eventuale nel centro d'Europa, giacché non bisogna dimenticare che il fronte aereo sul teatro terrestre spagnolo ha una estensione di 1.300 km. (si tenga presente che Armengaud si riferisce alle condizioni della campagna spagnola quali si presentavano alla metà del febbraio 1939) ed è tenuto da 250 a 300 caccia, laddove durante la grande guerra il fronte aereo occidentale misurava soltanto dai sette agli ottocento chilometri, ed era presidiato, nel 1918, da mille aeroplani da caccia. In una eventuale guerra europea, la densità dei caccia difensori sarebbe dunque assai più grande di quella attualmente constatabile in Spagna, in

relazione allo spazio da difendere.

Se per la caccia l'eccellente qualità degli apparecchi costituisce un elemento di prim'ordine, elemento che tenderà costantemente, in misura più o meno grande, a limitarne il numero in relazione con la necessità di un rapido rinnovamento, per il materiale aviatorio da bombardamento lontano e da ricognizione lontana, questa condizione sarebbe ancora più imperativa, inquantochè questi non beneficiano affatto della superiorità dell'aviazione da caccia del loro partito, e il successo delle loro spedizioni dipenderebbe soprattutto dal loro possesso di una velocità quasi uguale a quella dei caccia nemici».

Ora che una nuova, vastissima esperienza si va facendo nei più larghi cieli europei, queste prime conclusioni sulla guerra aerea di Spagna si rivelano di grande interesse.

Interessante è anche quanto ha scritto il capitano svizzero Bauer, che ebbe modo di compiere una accurata indagine nella Spagna.

«Da parte nazionale è stato praticato con molto successo il bombardamento delle linee di comunicazione: in Spagna, come già in Etiopia, l'aviazione rinforza e prolunga razione delle artiglierie, impiegando bombe assai più efficienti e un tiro altrettanto preciso». Il Bauer ha descritto con molta vivezza il contrattacco aereo dei rossi su Guadalajara, al quale si dovette lo scacco della grande offensiva delle unità motorizzate nazionali. «Approfittando di nubi molto basse che secondavano mirabilmente la sorpresa» l'aviazione rossa ristabilì all'ultima ora una situazione che pareva disperata, grazie alla circostanza che le squadriglie nazionali non potevano decollare dai loro campi di fortuna completamente inondati. Ma a Brunete nel luglio e a Saragozza nel settembre successivo i nazionali resero la pariglia ai rossi. In molti casi i carri d'assalto sono stati distrutti dall'aviazione, sia con bombardamento da alta quota, sia con attacchi in picchiata».

A suffragare l'importanza del fattore aereo nella guerra civile di Spagna interviene anche uno scritto del comandante André Langeron, dell'aviazione francese, il quale non solo ha affermato che è stata l'aviazione «a permettere la conquista della Spagna settentrionale» ma ha riconosciuto anche che fu l'aviazione a battere a Teruel senza tregua le trincee e che «spesso un attacco fu fermato dall'aviazione ben collegata alle forze di terra e dell'aria».

Conclusioni affrettate sull'opera dell'aviazione furono enunciate da vari organi di stampa inglesi e tra essi da «Flight», per il quale la guerra di Spagna avrebbe dimostrato che l'offensiva dall'aria non basta a troncare la resistenza della popolazione civile, basando il giudizio unicamente sui risultati scaturiti sui fronti madrileni, dove, come è noto, l'aviazione non fu impiegata in grandi azioni di bombardamento appunto per non infierire contro popolazioni inermi e contro i tesori artistici della Spagna.

Effettivamente questo giudizio ha avuto anche altri sostenitori e di qui a formulare teorie d'indole generale sulle future possibilità d'impiego dell'aviazione il passo è stato molto breve. Non certo vorremo noi interloquire tra tanto parlare. Siamo del parere che la massacrante, specialissima guerra non ha offerto materia per costruire teorie di applicazione generale, bensì una serie lunghissima di episodi atti a chiarire l'impiego in ben determinate circostanze di tempo, di luogo e di situazione.

Se di qualche cosa si vuole discorrere con la sicurezza di non incappare in errori grossolani bisogna riferirsi all'azione sempre gloriosa delle ali legionarie, le cui gesta sono state esattamente controllate, allo stile ineguagliabile di questi piloti, al loro eroismo e coraggio.

Questo squarcio di cronaca che qui inseriamo vale bene a documentarlo.

Fu nella terza decade di maggio, precisamente il 23, che la caccia legionaria, dopo qualche giorno di sosta, riprese a svolgere la sua meravigliosa collana di vittorie, e fu il gruppo di François, il 16°, ad assumersi il ruolo di protagonista. Il maggiore François stesso, oltre che valente comandante del gruppo, fu uno dei più valorosi combattenti. Ma narriamo l'episodio che è veramente uno dei più caratteristici di questo periodo e che sta a comprovare la perfetta intesa esistente nei reparti della formazione legionaria.

Partito dal campo col compito di effettuare la scorta indiretta agli «S. 79» che dovevano bombardare Lerida e Belviss e nello stesso tempo svolgere crociera d'interdizione sulla testa di ponte di Balaguer, il gruppo «Cucaracha» dislocatosi con la 25ª e la 26ª squadriglia a 5000 metri di quota e con la 24ª a 5500 in protezione, giunge all'ora fissata sull'obiettivo e svolge come predisposto la prima parte del programma. Spostatasi su Balaguer, la formazione legionaria s'imbatte in un nucleo di «Martin Bomber» scortati, a quota varia, da «Rata» e da «Curtiss» in buon numero. François, con la 25ª e la 26ª squadriglia attacca deciso prima i bombardieri, poi i caccia, poi di nuovo i bombardieri. Dall'alto interviene anche la 24ª, cosicché due squadriglie possono dedicarsi alla caccia nemica ed una, la 25ª, può proseguire l'attacco contro i «Martin». Il combattimento è magnifico: si frantuma in una serie di duelli nei quali rifulgono abilità e coraggio dei nostri piloti. Alcuni caccia rossi, mitragliati a dovere, cadono lasciandosi dietro la scia di fumo nero come fossero torcie. La 24ª squadriglia del capitano Bianchi, col suo valoroso comandante in testa, dà spettacolo d'audacia e consegue brillantissimi risultati; ma anche le consorelle sanno il fatto loro. Alla fine del combattimento cinque «Rata» risultano abbattuti con certezza; e probabili abbattuti sono altri tre «Rata» e un «Martin Bomber». I piloti che ottennero le vittorie? Eccone i nomi; il maggiore François, il sergente Fucci, il capitano Fassi, il maresciallo Acerbi, il sergente Tarantola. Ma tutti furono maestri d'ardimento e di valentìa: come sempre.

Per non essere da meno del gruppo fratello, nella stessa giornata del 23 maggio l'«Asso di bastoni», con Zotti in testa, s'impegna in battaglia, nel cielo di Belcaire, contro una formazione di «Curtiss» che probabilmente tentava di attaccare il bombardamento legionario allora in azione. E arricchisce il suo serto di successi con un'altra bellissima vittoria: sei «Curtiss» sono abbattuti da Zotti, Antonicelli, Gonda, Foschini, Tomaselli e Buvoli. Purtroppo, del gruppo non fece ritorno al campo il maresciallo Boschelli: era caduto in territorio nemico.

Nei fatti singoli e nell'azione complessiva l'Aviazione Legionaria ha impartito sempre ai rossi lezioni efficacissime: lezioni di potenza, di abilità, di talento, di bravura, di virtuosismo, di coraggio, di valore. Leggendo queste righe di Juan Domingos, nelle quali è passata in rassegna l'attività di un sia pur brevissimo periodo di guerra, se ne ha la sensazione netta.
«I cacciatori legionari sono fuori della grazia di Dio; essi volano, incrociano, ritornano senza neanche aver avuto la soddisfazione di incontrare un simulacro di apparecchio rosso. «Non c'è più religione!», mi dice un ufficiale, dall'aspetto vigoroso e un po' spavaldo, che ha al suo attivo un discreto numero di vittorie ed un desiderio ardente di aumentarlo. Che cosa c'entri la religione in questo fatto dell'assenza dei rossi nei cieli della battaglia io non riesco ancora a spiegarmi; a meno che questo ufficiale italiano del «Tercio» non intenda dire che i rossi non avendo alcuna religione — e lo sanno purtroppo le nostre Chiese venerande — non sentono alcun rimorso nell'abbandonare senza difesa i loro compagni miliziani al terribile martellamento cui sono sottoposti dalla instancabile aviazione nazionale. Oppure sarà un modo di dire degli italiani, quando avviene qualche cosa che non va secondo il corso normale degli avvenimenti; anzi credo proprio che sia così.
In effetti l'aviazione nazionale non ha mai cessato dalla sua attività: e come sempre quella legionaria non conosce sosta. Il bombardamento nazionale non incontra più ostacoli nel suo procedere: d'altra parte i «Martin Bomber» dei rossi non ardiscono di passare le linee. Ciò vuol dire che la padronanza del cielo da parte dei legionari è assoluta o quasi e questa padronanza permette di rovesciare le offese più terrificanti sugli obiettivi militari di prima linea e su quelli dislocati nelle lontane retrovie.
Non c'è un «centuron de Hierro» che possa resistere al martellamento degli aviatori legionari, né può esistere un uomo, per quanto strenuo e convinto dell'idea per cui combatte, che sopporti il tormento della mitraglia e delle bombe e spezzoni dell'aviazione d'assalto.

I micidiali «Breda 65» si avvicendano ai «Romeo 37» ai quali si aggiungono spesso i «Fiat CR. 32» dei cacciatori «disoccupati»; tutti questi apparecchi si tuffano con coraggio temerario fra colle e colle, fra trincea e trincea, quasi a scovare il fante nei suoi ricoveri, oppure si scagliano a poche decine di metri da terra sulle colonne di autocarri e di miliziani, in marcia di ripiegamento lungo strade, sbaragliandole e terrorizzandole. Così è stato lungo le linee di Las Beladas, del Muleton, del Mansueto, di Santa Barbara, dell'Ebro, sulla via di Tortosa, di Morella e di Alcalà, come già sulle postazioni blindate dell'Alfambra e della Valle del Guadalope, che, smantellate dall'aviazione, hanno reso più facile e meno cruento lo scatto delle strenue fanterie che, travolte le difese residue, hanno iniziato la loro marcia vittoriosa.

Ma se l'offesa dell'aviazione si sviluppa e si moltiplica in campo tattico, quando cioè è necessario portare tutto il peso della potenza disponibile e la massima violenza su una zona di rottura del fronte, oppure quando si tratta di accelerare i sintomi di una sconfitta ed è necessario non dar quartiere al nemico in ritirata per provocarne la disfatta, non è detto che gli obiettivi veri e propri che i principi di guerra del grande generale italiano Douhet, che presso gli aviatori legionari è venerato come un profeta, ha assegnato all'aviazione, vengano trascurati. Sono specialmente i grandi depositi, le grandi fabbriche, i grandi incroci stradali che vengono presi di mira, e in questi ultimi tempi, da quando l'interruzione costiera delle comunicazioni fra la Catalogna e Valencia ha reso più importante e più intenso il traffico dei porti, sono gli impianti marittimi che fanno specialmente le spese della guerra.

Posso narrarvi un'altra missione offensiva non meno brillante e non meno redditizia, effettuata da queste vere fortezze volanti che sono gli «S.79» sul Porto di Cartagena. Ho avuto la ventura di prender posto, anche questa volta, a bordo di uno degli apparecchi.

L'azione è stata effettuata in due tempi, a breve spazio d'ora, da due squadriglie di sei apparecchi ciascuna; la prima ha preso il volo alle sei del mattino; la seconda alle nove e trenta. Alcuni informatori avevano dato notizia di un forte concentramento di navi nel porto di Cartagena e queste notizie erano state confermate e documentate con fotografie, dalla ricognizione strategica dell'«Aviacion Legionaria». L'obiettivo non poteva essere più certo, e non poteva essere più attraente. Purtroppo solo in parte gioivo della febbre che attanagliava i miei amici italiani; per quanto degna di sprezzo ed indegna di chiamarsi spagnola è sempre gente della mia gente che vedrò cadere sotto i colpi implacabilmente precisi dei bombardieri legionari.

La formazione in cui mi trovo marcia in pattuglia di tre apparecchi; una pattuglia dietro l'altra, a distanze molto ravvicinate a seimila metri di quota. Alle 7,45 siamo su Cartagena; in effetti il porto è in grande traffico. Conto due grandi navi e tre minori attraccate alla banchina di sbarramento: due seminascoste dietro punta... Quattro navi di medio tonnellaggio ancorate nel centro dello specchio d'acqua; un'altra decina di navi ai barcarizzi e attraccate alle banchine lungo costa. Inoltre i magazzini e i bacini costituiscono un bersaglio che non sarà trascurato certamente dagli «Sparvieri».

La formazione si predispone all'offesa: direttrice Sud Nord col sole alle spalle.

Alle 7,50 si sganciano le bombe: le vedo cadere a grappolo, seguire un istante la rotta dei veivoli, designare una curva, sventagliarsi, precipitare, sparire; dove cadono si solleva un enorme ciuffo di spuma bianca; alcune navi sono contenute nella serie dei colpi; in meno di pochi secondi ben 12.000 chilogrammi di esplosivo hanno colpito il bersaglio; l'altra formazione farà poi altrettanto.

Nonostante la sorpresa, dall'aeroporto di Los Alcazares — ve lo ricordate o prodi aviatori atlantici dell'Aeronautica d'Italia? — si levano alcuni cacciatori che non raggiungono i veloci «S.79». La reazione antiaerea è invece giusta e violentissima. Siamo circondati da nuvolette ed udiamo i colpi che ci scoppiano vicino con un tonfo sordo, quasi ovattato.

Per rombo di bussola a 236° facciamo ritorno a Palma, ove atterriamo alle 9,30 appena in tempo a vedere la seconda squadriglia sollevarsi in volo, con la nostra stessa mèta.

«Buona fortuna, amici legionari».

Instancabili sempre questi arditi volatori della base delle Baleari! Instancabili come lo furono nelle loro prime azioni e come sempre è stata tutta l'Aviazione Legionaria e nazionale».

Senso ed intuito hanno guidato l'azione dei volatori franchisti, sicché in più circostanze essi hanno saputo capovolgere a loro favore situazioni che si presentavano svantaggiosissime. Con percezione pronta e finissima essi hanno saputo approfittare spesso con intelligenza impareggiabile di situazioni propizie ottenendo successi e vittorie di grande risonanza quando non c'era da aspettarsi che qualche affermazione di poco conto. Sempre questi ardimentosi dell'aria hanno saputo cogliere la palla al balzo e sfruttare a fondo il favore di un momento. Schiuso abilmente un uscio a chiusura ermetica, aperta una sottile fessura, sono riusciti ad irrompere e ad agire di forza sino a far diventare strepitosa vittoria ciò che era l'iniziale lieve successo.

E in determinate azioni, quelle imperniate sulla sorpresa, si sono specializzati in modo nulla meno che superbo. Del coefficiente sorpresa essi hanno saputo farne un prezioso elemento che li ha condotti più volte alla vittoria. Con l'intelligenza propria di ciascuno di essi hanno valorizzato l'elemento fino a farlo pesare terribilmente in loro vantaggio. Altri non avrebbe saputo sfruttarlo e si sarebbe lasciato sfuggire occasioni propizie.

V'è una quantità enorme di magnifici e significativi episodi dai quali appunto traspare quanto la sorpresa sia stata abilmente sfruttata dai volatori legionari tanto collettivamente che singolarmente. Sarebbe interessantissimo riferirli tutti e commentarli ad uno ad uno. Ma ci dovremmo dilungare non poco e forsanche ripeterci perché alcuni episodi si sono ripetuti con esattezza. Noi possiamo, tuttavia, omettere di riferirne qualcuno a titolo esemplificativo. Il lettore saprà da sé trarne le debite deduzioni.

Fu una bellissima azione di sorpresa, ad esempio, quella compiuta da un idro legionario delle Baleari su Valencia nel dicembre 1937. Era un normale apparecchio da ricognizione su cui era stata posta una bomba incendiaria da 250 chili. S'era portato, volando altissimo, nel cielo di Valencia e, non visto, era sceso a motore spento sull'obiettivo da lungi individuato. Con precisione geometrica vi pervenne sulla perpendicolare, a trecento metri d'altezza; lasciò cadere la bomba, la collocò anzi con rara precisione, e subito risalì veloce. La bomba ad effetto ritardato colpì in pieno il bersaglio appiccando il fuoco al gruppo dei grandi serbatoi di benzina. Tutto il vasto deposito non fu che un immenso rogo dal quale dense nubi salivano al cielo. Da lontano si vide durare l'impressionante incendio per ben tre giorni.

E sorpresa classica fu, come già abbiamo narrato, anche quella compiuta da una squadriglia di cacciatori sul campo rosso di Somorrostro, da dove stavano per levarsi in volo diversi apparecchi. I caccia legionari vi giunsero sopra inavvertiti dalla segnalazione nemica e come saette vi si buttarono addosso per ben due volte mitragliandoli con precisione assoluta. Le scariche serrate dei proiettili incendiari produssero in breve l'effetto voluto: in meno che non si dica tutti gli apparecchi marxisti furono in preda alle fiamme sotto gli occhi del personale rosso che, impotente, assistette all'irreparabile disastro.

Specialmente sulle truppe in marcia, sulle colonne motorizzate, sui punti di concentramento, l'attacco di sorpresa fu infallibile sistema degli assaltatori legionari. In queste imprese le squadriglie dalla croce di S. Andrea si sono specializzate facendo uso di uno stile particolare, stile e metodo di cui era stato fervido sostenitore il creatore della specialità italiana d'assalto, il colonnello Mecozzi.

Così accadde a Bujaraloz, dove i veloci «Breda 65» del gruppo «Cicogne» sorpresero truppe ed automezzi in un momento di crisi mentre si ritiravano. Fu un macello di uomini e di macchine. L'assalto fu impressionante per la sua fulmineità, che i legionari non lasciarono tempo allo scampo, ma prontissimi spezzonarono e mitragliarono con precisione assoluta.

E quando l'obiettivo era rappresentato da un bocconcino difficile a digerire, cioè da posizioni fortificate, da truppe munite di mitragliatrici e cannoncini automatici a tiro rapidissimo, allora la sorpresa fu la vera arma del successo: di essa seppero brillantemente farne uso i piloti legionari allorché ripetute prove di ardimento incomparabile, rivelarono a più riprese di quale animo coraggioso fosse il soldato italiano, seppero dimostrare di non temere la morte ed incontro ad essa andarono a cuore aperto. Due episodi sono sufficienti ad attestarlo: quello del sergente Umberto Coppini, l'assaltatore intrepido di Valdeltormo, e quello del sottotenente Duilio Nicchiarelli.

Ma di tutti i giudizi sull'impiego dell'Aviazione Legionaria in Spagna il più interessante ed il più obiettivo ci sembra quello formulato dal generale di squadra Francesco Pricolo, giudizio che qui ci piace riferire alcuni punti essenziali.

«In Spagna, per particolari condizioni politiche e per le caratteristiche stesse della guerra civile, l'aeronautica non ha potuto intervenire in grandi masse e con il pieno svolgimento della sua guerra integrale sulle città, sui centri industriali e su tutte le fonti di vita. Questi criteri restrittivi sembra siano stati voluti o imposti in un primo tempo dal comando truppe volontarie, dalle quali dipendeva la nostra aliquota di aviazione; poi sono stati adottati sempre. L'attività bellica condotta dai reparti delle Baleari è stata di più ampio respiro e costituisce un meraviglioso saggio di quanto potrebbe essere compiuto da una aeronautica adeguata ai compiti da svolgere.

Anche l'aviazione del continente ha compiuto bellissime ed ardite azioni da bombardamento su obiettivi importanti e di particolare sensibilità; ma nel complesso — essendo mancata anche una piena coordinazione di mezzi — si è trattato soltanto di punture di spillo e di disturbi gravi — se si vuole — ma mai tali da imporre al nemico una situazione insostenibile».

SIAMO PASSATI

Non senza significato la fine effettiva della guerra aerea in Spagna ha coinciso, nella data del 28 marzo, con la festa celebrativa dell'Arma Azzurra italiana. Il destino ha voluto, per singolare coincidenza, che mentre gli apparecchi rossi fuggivano oltre il Mediterraneo per scendere sul suolo algerino rinunciando alla lotta di fronte ai vittoriosi legionari, il Duce, artefice della potenza aerea italiana, consegnasse sull'Altare della Patria le ricompense al valore alle famiglie degli eroici aviatori caduti nella guerra di Spagna ed ai valorosi sopravvissuti.

La vittoria dell'Aviazione Legionaria, in una lotta durata poco meno di tre anni e combattuta duramente, è stata piena, completa, magnifica. Nessuna vittoria è stata altrettanto indiscutibile, e nessuno potrà mai infirmarla o sminuirla.

Nel tripudio di gloria della Spagna nazionale l'Aviazione Legionaria ha avuto la sua parte; una grande parte, come abbiamo documentato nelle pagine precedenti e come attestano i 900 e più apparecchi rossi abbattuti dai piloti legionari.

Come attestano, del resto, le seguenti cifre in cui si riassume la complessiva attività dell'Aviazione Legionaria durante la guerra di Spagna.

A circa 6000 unità ammonta il numero del personale militare e ad oltre 300 quello civile partecipanti alla campagna. Furono eseguiti 86.420 voli per un totale di 135.265 ore, lanciati kg. 11.584.420 di esplosivo, sparate 1.042.712 cartucce. Furono sostenuti 266 combattimenti, eseguiti 5318 bombardamenti, effettuate 2.170 ricognizioni e compiuti 155 attacchi al suolo. Ben 224 furono le navi colpite durante gli attacchi aerei e 903 precisamente gli apparecchi nemici abbattuti, mentre altri 40 furono distrutti sui campi di volo. Di fronte a questo numero impressionante di vittorie sta la perdita di 86 apparecchi legionari abbattuti.

Complessivamente hanno preso parte alla guerra le seguenti forze aeree legionarie: tre stormi e due gruppi da bombardamento; uno stormo, due gruppi da caccia; una squadriglia da caccia e mitragliamento; una squadriglia da assalto; un gruppo da osservazione. E precisamente: 21° Stormo Bombardamento Pesante «S. 81» (XXIV Gruppo «Pipistrelli»); 111° Stormo Bombardamento Veloce «S. 79» (XXIV Gruppo «Sparvieri», XXX Gruppo «Sparvieri»); 8° Stormo Bombardamento Veloce «S. 79» (XXVII Gruppo «Falchi delle Baleari», XXVIII Gruppo «Falchi delle Baleari»); 35° Gruppo Autonomo Bombardamento Veloce «B.R. 20» («Cicogne»); 25° Gruppo Bombardamento Notturno («Pipistrelli delle Baleari»); 3° Stormo Caccia «CR. 32» (VI Gruppo «Gamba di ferro», XVI Gruppo «La Cucaracha», XXII Gruppo «Asso di bastoni»); Gruppo Caccia Sperimentale «G. 50»; 10° Gruppo Autonomo Caccia delle Baleari «C.R. 32»; Squadriglia Auton. Caccia e Mitragliamento «C.R. 32» («Frecce»); Squadriglia Assalto «Ba 65» («Il Baffo»); 22° Gruppo Osservazione Aerea «Ro 37» («Linci»).

Nata dallo slancio volontaristico di chi ha abbracciato la nobilissima Causa della Spagna civile, dalla volontà di contrastare a qualsiasi costo la marcia del bolscevismo, dallo spirito fascista che conosce tutti i sacrifici e tutte le abnegazioni, che non disdegna il combattimento anche quando in esso le forze sono impari, sorta quasi per incanto, l'Aviazione Legionaria ha scritto col sangue nei cieli di Spagna pagine di eroismi sublimi adornati del lauro della vittoria.

La più grande e la più semplice serietà hanno ispirato sempre l'operato dei legionari: non sono state ricercate le facili vittoriucole a detrimento del compito generale da assolvere, contro l'essenza e lo spirito degli ordini da eseguire. In più casi è stato sacrificato l'entusiasmo sano e giovanile dei singoli piloti ed è stato costretto il bellicoso spirito di ognuno al severo impiego della formazione. Quello spirito che ha sempre imperato, ad esempio, nella specialità caccia, dando esempi brillanti di eroi e di valori personali, è stato costretto, disciplinato nel quadro generale, più vasto, anche se non da tutti immediatamente comprensibile, dall'interesse dell'azione totale o d'assieme. Per giungere a tanta dimostrazione di comprensione e disciplina il personale ha dato prova di educazione e di preparazione non comuni. Era il personale dell'Italia nuova, dell'Italia del Fascismo, fascista e perciò non amante degli esibizionismi.

Durante tutto il periodo della guerra l'Aviazione Legionaria è sempre stata all'ordine del giorno. La sua azione è stata continua, costante, serrata. Sfruttando magistralmente la sua principale caratteristica, quella di trasferirsi rapidamente da un punto all'altro, è stata sempre presente ovunque il suo intervento si presentava necessario.

Ha svolto con impeto impareggiabile azioni straordinarie, stupende e insuperabili, dando sovente il tono alle battaglie stesse. Dicendo che questa aviazione è stata prodigiosa, che ha compiuto veri e propri prodigi, si rimane nell'esatta realtà e non si compie ingiusta esaltazione. Del resto la storia della guerra civile non è altro che un documento vivissimo della gloria di cui si sono coperti gli aviatori legionari. E dicendo aviatori, vogliamo qui intendere il personale tutto, quello navigante e quello a terra; i piloti, come gli specialisti e perfino gli artefici delle macchine alate. Non si deve dimenticare, infatti, che l'Aviazione Legionaria ha costituito in ogni momento un tutto armonico, una vera organizzazione di perfetta fattura, che ha le sue origini nel clima fascista.

C'è forse da chiedersi donde derivi tanta bravura che gli aviatori legionari hanno dimostrato in Spagna? C'è forse da indagare sulle origini dell'ardimento, dello slancio, della combattività, della tenace volontà di successo, di cui sono permeati questi prodi dell'aria che nei cieli di Spagna hanno posto indelebilmente il segno della gloria più pura? Non promana tutto forse da Roma fascista, da Colui che, impareggiabilmente, sa temprare le energie più riposte e valorizzare come nessun altro le doti degli uomini?

E' soprattutto il valore spirituale che ha portato alla vittoria l'ala legionaria.

Figlia diretta della magnifica Aviazione Fascista, voluta dal Duce, l'Aviazione Legionaria ha tratto dalle imprese belliche e pacifiche di quella l'esperienza, l'ammaestramento, lo spirito. I piloti italiani dell'Aviazione Legionaria in Spagna si sono presentati al duro conflitto civile con un voluminoso bagaglio di esperienza acquisita sui cieli d'Italia e d'Africa, attraverso gesta sublimi di pace e di guerra, che molti hanno voluto imitare ma che nessuno è riuscito ad eguagliare. Il prezioso fardello è stato in verità uno dei maggiori coefficienti che hanno reso possibile il successo dell'Aviazione Legionaria; unitamente alle elevatissime qualità morali degli uomini, alle alte caratteristiche del materiale, alla perfezione del metodo, questa causa può ben considerarsi la determinante della superiorità dell'Aviazione Legionaria su quella rossa nella guerra di Spagna.

Ma c'è dell'altro. Gli aviatori legionari si sono battuti per una fede, per un ideale, per la civiltà. Di qui hanno tratto la forza per misurarsi col nemico anche in condizioni d'inferiorità, per battersi da eroi, per vincere. Dovevano combattere la falsa ideologia di natura bolscevica, lottare contro il comunismo che giuocava la posta nel Mediterraneo occidentale; avevano cioè di fronte un nemico la cui propaganda, in altri tempi, si era fatta sentire in Italia, che aveva aiutato quindici, sedici e diciassette anni avanti l'avanzata del comunismo nel nostro paese, che, sia pure in modo differente, era già stato combattuto. Era, dunque, la lotta della civiltà contro la barbarie, e questo ai legionari ha centuplicato le forze, l'ardore bellico, il valore, il coraggio. Specialmente in aria, dove l'azione individuale è all'ordine del giorno, dove la lotta fra uomo e uomo è frequente, i legionari del Tercio hanno sentito la spinta potente dell'ideale e della fede e si sono impegnati fino allo spasimo per combattere l'ideologia demagogica e sanguinaria.

I piloti legionari hanno combattuto contro l'aviazione rossa che è scesa in lizza numerosa ed agguerrita. Sulla terra di Spagna l'Aviazione Legionaria ha combattuto contro l'aviazione alimentata dalle forze comuniste e demoplutocratiche internazionali, contro piloti tolti da forze aeree regolari, montati su aerei di modernissima produzione e di grandi qualità, scelti fra i migliori prodotti dell'industria americana, francese, russa, inglese e di altre nazionalità.

Persino i comandi e tutta l'organizzazione dell'aviazione comunista erano in mano a stranieri. Anche se numericamente inferiore, l'Aviazione Legionaria ha conseguito la vittoria mantenendo quasi sempre il dominio del cielo. Contro i caccia legionari italiani e tedeschi nulla hanno potuto fare gli apparecchi avversari, anche se velocissimi e formidabilmente armati. Durante un certo periodo del 1937 la superiorità in fatto di materiale è stata, è vero, dalla parte dei rossi, ma si è trattato di pochissimi mesi, nei quali, del resto, lo slancio legionario ha sopperito all'inferiorità qualitativa delle macchine, le quali sono state tosto sostituite da altre più moderne e più perfezionate, tanto italiane che tedesche. L'allenamento, la scuola e l'addestramento dei piloti legionari — come più volte abbiamo avuto occasione di rimarcare — non hanno avuto riscontro nei piloti comunisti, né russi, né francesi, né di altra nazionalità, ai quali peraltro è mancata anche quella genialità combattiva che mai è venuta meno ai legionari, quel senso del tempo che i piloti legionari hanno sempre posseduto in copia. Anche nell'intuito, nella prontezza, nella decisione gli aviatori del Tercio sono stati superiori agli avversari, dimostrandosi inoltre più abili e più ardimentosi.

Nella specialità da bombardamento è stata la continuità d'azione, non meno del saggio criterio di impiego e della eccellenza del materiale di volo, che ha consentito lo stabilire, nel raffronto con i nemici, una netta superiorità. I «Savoia» e gli «Junkers» e i «BR. 20» hanno dimostrato nell'insieme continuità d'azione e rendimento ben maggiori dei «Martin Bomber», dei «Potez», dei «Marcel Bloch» e in genere di tutti i bombardieri avversari, conseguendo risultati che, in una guerra specialissima come quella di Spagna, non si prevedeva di raggiungere.

Come i brillanti risultati, tanto per la caccia che per il bombardamento, siano stati ottenuti nelle successive fasi, lo abbiamo esposto nelle pagine precedenti. E' perciò superfluo trarre conclusioni e dilungarci in commenti. Ciascuno è ora in grado di trarre le illazioni che vuole, sulla base evidentissima dei fatti quali essi sono registrati dalla cronaca. Quanti hanno voluto esprimere giudizi sulla guerra aerea di Spagna si sono dimostrati concordi nel riconoscere una complessiva, enorme superiorità all'Aviazione Legionaria e Fascista.

Non si può perciò non mettere in rilievo ancora una volta che l'Aviazione Italiana, attraverso la meravigliosa opera dei legionari del Tercio, ha dato in Spagna una chiara dimostrazione della potenza raggiunta e della sua capacità.

Alle coraggiose truppe del generale Franco, combattenti per liberare la Spagna dalla servitù bolscevica, per ridare la civiltà alla nobile nazione latina, l'Aviazione Legionaria ha recato il contributo di sangue che esse meritavano.

Non si può dimenticare che nel conflitto lungo ed estenuante l'arma del cielo ha, in realtà, portato un contributo eccezionale alla guerra manovrata permettendo, ad esempio col suo bombardamento in massa e a catena, di realizzare sfondamenti di fronti munitissimi e ritenuti pressoché insuperabili, ed ha poi permesso di sfruttare a fondo le avanzate anche dove queste, senza l'ausilio dell'arma aerea, rischiavano di venire interrotte formando insaccature più o meno grandi.

L'aviazione ha inoltre portato la guerra nelle retrovie nemiche, ha impedito la ricostruzione delle unità battute, ha reso oltremodo difficile l'affluire dei rinforzi avversari verso le linee di combattimento ed ha, viceversa, facilitato i rifornimenti delle unità avanzanti. Non più arma sussidiaria, l'aviazione ha pure rivelato un'autonomia, nonché possibilità enormi, forse neppure pensate dagli studiosi e realizzate solo nella pratica, secondo le ispirazioni suggerite dalle necessità immediate. L'Aviazione Legionaria di ogni specialità è stata nulla meno che superba.

Del resto le verità che ha dimostrato la guerra aerea di Spagna le ha riassunte con chiarezza un intrepido legionario, il colonnello pilota Raffaelli, comandante dei bombardieri del «Tercio». Ecco quanto ha egli affermato, al lume dell'esperienza compiuta.

«Per quanto riguarda il bombardamento: l'importanza del fattore velocità; la necessità di un buon armamento difensivo per i settori più vitali; l'efficacia dell'appoggio reciproco di fuoco nella difesa delle formazioni; il valore e la pratica attuabilità delle azioni non scortate anche in profondità, con l'ausilio delle condizioni atmosferiche; l'opportunità economica di limitare al massimo l'offesa aerea rivolta ad obiettivi battibili con le armi terrestri e al tempo stesso l'efficacia soprattutto morale dell'intervento aereo contro truppe e la necessità che tale intervento importa. Per quanto riguarda la caccia: l'importanza enorme di qualsiasi fattore di prevalenza (velocità orizzontale ed ascensionale, maneggevolezza), anche se la entità di tale prevalenza è modesta; la necessità di un ottimo munizionamento; l'efficacia di una tattica aggressiva, ragionata, di una coordinazione preordinata e fermamente attuata, frutto di una preparazione molto accurata; l'opportunità economica di limitare al minimo indispensabile la protezione delle truppe, eseguita con le continue e logoranti crociere lungo tutto il fronte di operazioni, protezione che le truppe stesse possono invece procacciarsi con l'integrale applicazione delle norme di occultamento, mimetizzazione, dispersione. Per quanto riguarda l'assalto: che salvo casi veramente eccezionali non si appalesa la necessità di una specialità a sé, per assolvere compiti di offesa contro obiettivi di limitate dimensioni; che per la maggior parte dei casi, quando convenga battere obiettivi animati o comunque del campo tattico delle operazioni terrestri, le specialità esistenti sono sufficientemente atte alla bisogna, sfruttando opportunamente le rispettive capacità offensive (e cioè i velivoli da bombardamento con il carico esplosivo e con l'eventuale mitragliamento al suolo; i velivoli da caccia con il mitragliamento e con l'eventuale carico esplosivo; i velivoli da ricognizione con l'uno e l'altro mezzo); che il velivolo d'assalto, in funzione di combattimento, per essere costituzionalmente meno atto del velivolo da caccia — o comunque del velivolo studiato per la sola funzione del combattere — non può contare, per assolvere i suoi compiti, che sulle possibilità stesse del bombardiere (meno, forse, quelle insite nello sfruttamento delle meteore) mentre in funzione di bombardamento le varie deficienze — e prima di ogni altra quella del carico offensivo — lo rendono assai meno adatto.

Per quanto riguarda tutte le specialità in genere, oltre alla constatazione della netta superiorità del nostro materiale e della ottima preparazione del nostro personale, quadri e gregari:

— l'importanza, confermata nella maggior parte delle azioni, così come dall'andamento generale della guerra aerea, di adeguare i mezzi (numero di bombe, numero di velivoli) nel più scrupoloso e per quanto possibile matematico dosamento, di fronte agli obiettivi, ai compiti, alla situazione, valutando a fondo — di volta in volta — tutti i fattori in giuoco tra i quali primeggia quello della «densità dei proiettili». Ciò, beninteso, sia per gli obiettivi di superficie (bombardamento) come per gli aerei (caccia); giacché in ogni caso il successo — quello integrale, non quello affidato al capriccio della fortuna — esige la saturazione del bersaglio. Quindi: volume di fuoco, massa di aerei, massa di unità, nel tempo e, quando possibile e conveniente, nello spazio.

— la necessità, che si fa sentire ogni giorno maggiormente, dell'«impostazione specifica» se con questa espressione può sintetizzarsi l'indirizzare specificatamente ogni determinata costruzione aeronautica verso uno — ed uno soltanto — dei compiti fondamentali (combattere contro caccia — combattere contro bombardamento — bombardare — esplorare) in modo da procacciarsi la massima conseguibile prevalenza nelle funzioni specifiche di tale compito;

— la necessità di rendere quanto più è possibile omogenea la massa non solo nel personale, ma anche nel materiale e nelle relative parti e materiali di scorta, tenendo presente la verità fondamentale — anche se in apparenza paradossale — che l'arma aerea, quale essa è oggi nella sua complessità, vive più di parti di ricambio che non di velivoli o di motori».

Ecco dunque, in sintesi, quali specifici insegnamenti ci ha procurato la guerra aerea di Spagna.

Ma, insegnamenti a parte, prima di chiudere questa rapida rassegna, dobbiamo ricordare ancora qualche persona.

Fra le più insigni figure della guerra aerea di Spagna primeggiano certamente quelle della famiglia dell'Infante. D'Orleans il quale serviva nell'aviazione franchista con tutti i suoi figli.

Il colonnello D'Orleans, abilissimo pilota appartiene alla esigua schiera dei primi piloti dell'aviazione, poiché il suo brevetto data dal 1910.

Fin dall'inizio del conflitto egli serviva nell'aviazione mentre gli altri figli seguivano il suo esempio. Due erano presso i reparti italiani e l'altro, Adolfo, prestava servizio presso la «Condor» distinguendosi moltissimo per l'instancabilità nel volare. Infatti in un anno ha compiuto più di 300 bombardamenti. Un fratello cadeva per un incidente di volo con un «Ro. 37» mentre Don Alvaro ha compiuto tutto il ciclo della guerra con gli apparecchi italiani.

La mamma, Infanta Beatrice, ha prestato servizio tutta la guerra in prima linea soccorrendo feriti e bisognosi e prestando un'opera mirabile di bontà e di abnegazione. Basterà dire che era prima ad occupare i paesi riconquistati per organizzare l'assistenza sociale ed il soccorso ai feriti. Entrata prima delle truppe a Madrid riconquistata, questa esemplare madre spagnola poteva vantarsi giustamente di aver dato tutto alla sua Patria.

Caratteristica quanto mai la vita di Don Alvaro D'Orleans, il quale, fidanzato con la signorina Parodi, ne riceveva la visita al campo di Soria, dove gli aviatori legionari accoglievano la gentile creatura con grandi feste, offrendo un pranzo di guerra sotto la tenda qualche giorno prima delle nozze.

La gentile compagna di Don Alvaro D'Orleans doveva dividere le ansie ed il lavoro del marito, vivendo in pieno la vita di guerra e seguendo costantemente le peregrinazioni dei reparti. A Soria da prima e poi a Salamanca per razione contro Santander, poi di nuovo a Soria e di qui a Burgos; quindi ad Alfaro in Navarra e poi ad Alfamen fra Saragozza e Calataiud per l'azione dell'Ebro e dello sfondamento fino al mare e di qui al campo di Munzon per l'azione finale su Barcellona. Questa esemplare creatura è stata la vera fata benefica per tutti i reparti italiani che la vedevano ovunque in mezzo a loro ad esplicare un'opera di gentilezza e di bontà. Il battaglione «Folgore» la elesse a propria madrina quando attendeva a Soria di fare l'azione di Guadalajara. Essa fu in mezzo ai valorosi del battaglione «Folgore» per l'azione di Teruel. Nel marzo-aprile del 1938 fu festeggiata dal battaglione «Folgore» e, durante la festa, partecipò al loro rancio insieme al marito ed al collega Mario Massai. In questo periodo la Principessa D'Orleans cadde gravemente malata con febbri altissime delle quali in un primo tempo non si spiegava l'origine e fu grazie ad un amico di famiglia aviatore, che si recò a Londra in volo a fare esaminare il sangue al Senatore Castellani, che si seppe che la Principessa era malata di tifo. Di notte il Console Generale Muti si recò ad Alcañiz per chiedere un apparecchio al Generale Bernasconi ed all'alba un «S. 79» trasportava a Palma di Majorca la Principessa che ripartiva subito con altro apparecchio per l'Italia dove poteva venire energicamente curata e miracolosamente guarita dalla gravissima infezione presa vivendo con le truppe. Appena guarita riprendeva il suo posto accanto al marito e nonostante la sua incipiente maternità continuava a prestare soccorso alle truppe prodigando la sua bontà fino all'azione di Barcellona mentre sua suocera si era distinta stupendamente nella battaglia dell'Ebro rimanendo oltre un mese in prima linea ad esplicare la sua preziosa assistenza alle truppe.

Questa è la famiglia dell'Infante D'Orleans della quale fa degnamente parte la Principessa D'Orleans nata Parodi che sta a significare ed a simbolizzare la profonda unione tra l'Italia e la Spagna.

Scrivendo della guerra aerea di Spagna e dell'opera in essa svolta dall'Aviazione Legionaria, non si può tralasciare di ricordare specificatamente l'opera compiuta dall'aviazione spagnola perché queste forze aeree ed i loro componenti non solo trassero alimento nel materiale della consorella legionaria, ma con l'organizzazione legionaria formarono spesso un tutto unico. Senza dubbio i piloti spagnoli dell'aviazione franchista non furono inferiori per ardimento, per valentia, per eroismo, per valore dei camerati legionari: bastano i nomi di Carlo Martinez Vara de Rey, di Carlos de Haya e di Joaquin Garda Morato ad illuminare della più vivida luce di gloria questa aviazione.

Nel corso della descrizione abbiamo più volte avuto l'occasione di fare cenno alle gesta eroiche dei piloti spagnoli militanti nelle file di Franco e più volte abbiamo ricordato i loro ardimenti. Ma quelli riferiti non furono che episodi; viceversa tutta la guerra condotta da questi prodi fu un episodio di valore, di sacrificio, di abnegazione dal principio alla fine. Basta leggere gli articoli, documentatissimi, che su tale argomento ebbe a scrivere Vincenzo Lioy riassumendo magistralmente l'opera esplicata dall'aviazione spagnola nazionale nella guerra civile. Di questi articoli ci limitiamo a riprodurre qualche brano di maggiore interesse.

Ecco quello dove è descritto il sublime eroismo di Vara de Rey. «Alla vigilia del movimento dice il Lioy — era stato predisposto da parte dei capi votati alla Causa di Franco, un complesso di provvedimenti, intesi a neutralizzare la superiorità aerea dei rossi mediante atti di sabotaggio e di distruzione, da effettuarsi all'aeroporto di Getafe, alle porte di Madrid e sull'altro di S. Javier presso Cartagena. Se fortunata fu l'opera eseguita a S. Javier da parte del personale di quell'aeroporto, che ebbe a sacrificarsi numeroso, non così può dirsi del campo di Getafe, dove il tenente colonnello aviatore Alvarez Rementeria, anima del movimento a Madrid, mentre personalmente si accingeva ad occupare il campo col suo battaglione, trovò morte eroica lasciando una numerosa famiglia. Iniziatesi le ostilità, i pochissimi apparecchi (una quindicina) dislocati a Laon, Burgos e Logroño, ebbero a eseguire ognuno fino a sei missioni di guerra in numero, ed in qualità di materiale. L'aeroporto di Siviglia dopo qualche giorno passò nelle mani dei nazionali senza danni ai pochi apparecchi ivi dislocati, quello di Tetuan invece venne occupato a viva forza ed i pochi apparecchi «Breguet» che vi si trovavano erano stati danneggiati dagli aviatori rossi. Con energia ed entusiasmo e nonostante quattro bombardamenti rossi sul campo, in quarantotto ore i pochi apparecchi furono messi in completa efficienza; fin dal 21 luglio quindi poterono iniziare azioni di guerra contro unità della squadra rossa nello Stretto, nonché il trasporto di truppe nel Continente, trasporto che in seguito doveva prendere altro sviluppo ed altre dimensioni. A dare una idea dello spirito di sacrificio e di ardore che regnava nelle file degli aviatori votati alla Causa nazionale, ci piace riferire un episodio che da solo basterebbe a qualificare tutta una categoria sociale. Il 18 luglio in Siviglia non si era ancora iniziato il movimento ed il Governo disponeva di tutta l'organizzazione politica e militare della città e della provincia. Avendo saputo che sull'aeroporto di quella città il Governo aveva inviato apparecchi da bombardamento per rifornirsi di bombe da lanciare poi su Tetuan che si era sollevata, il capitano pilota Carlo Martinez Vara de Rey concepì il disperato proposito di impedire a tutti i costi il compimento di quell'azione fratricida. Pur convinto della quasi sicura morte alla quale andava incontro, armato di moschetto e di pistola, con la sua automobile privata, si recò infatti al campo, completamente in mano ai rossi, e portatosi all'ingresso dell'aviorimessa, dove si trovava un «Douglas» da bombardamento, sparò immediatamente tutti i colpi di moschetto contro l'apparecchio inutilizzandolo. Nonostante che il personale dell'aviorimessa gli sparasse contro e lo ferisse nell'anca sinistra, Vara de Rey, esaurite le munizioni del moschetto, diede mano alla pistola con la quale sparò efficacemente contro i motori di altri apparecchi ivi ricoverati, riuscendo infine a mettersi in salvo nel refettorio della truppa. Questo atto di decisione disperata e di freddo eroismo, eseguito in un momento in cui a Siviglia non si era iniziato il movimento nazionale non ha bisogno di commenti. Il capitano Vara de Rey venne per questo atto insignito della massima onorificenza militare spagnola: la Croce Laureada di S. Ferdinando, e questo simbolo del più puro eroismo fu l'auspicio più bello per gli ardimenti futuri, di cui doveva dar prova l'aviazione spagnola».

La quale non difettò davvero di uomini pronti a donare la vita per la Causa franchista.

Gli apparecchi di cui questa aviazione era dotata durante la guerra risultano in progresso dai seguenti dati:

Fine dicembre 1936 n. 25, fine giugno 1937 n. 170, fine dicembre 1937 n. 230, fine giugno 1938 n. 255, fine dicembre 1938 n. 343, fine marzo 1939 n. 347.

Pur considerando le perdite ed i rimpiazzi e pur considerando che lo sforzo fu veramente eccezionale, si vede bene che l'aviazione spagnola non poté contare per lungo tempo su un elevatissimo numero di apparecchi. Sopperì però lo slancio ed il valore dei suoi piloti, tra i quali quelli della caccia eccelsero anche perché fu questa la specialità che ebbe maggiore sviluppo nel complesso delle forze aeree spagnole nazionali.

«Appena costituitasi la prima squadriglia da caccia con apparecchi moderni — narra Vincenzo Lioy — i piloti spagnoli rivelarono qualità di primo ordine nelle particolari mansioni della specialità: temerarietà calcolata nella manovra, prontezza d'intuito ed irruenza nell'attacco, qualità queste dovute al loro temperamento latino, fatto di equilibrio e di individualismo, dote quest'ultima che imprime al cacciatore una personalità tutta propria. Le vittorie si aggiunsero alle vittorie e presto emerse con spiccati caratteri di valentia tecnica ed irruente generosa e pur calcolata temerarietà il primo e il più grande asso spagnolo Joaquin Garda Morato, perfetto cavaliere dell'aria, che anche nel tratto ricordava agli aviatori il nostro Baracca. Un banale incidente di volo, occorsogli il 4 aprile 1939 presso Madrid, quattro giorni dopo l'ingresso nella capitale delle vittoriose truppe di Franco, doveva strappare alla nuova Spagna e alla sua aviazione questo suo grande figlio, al quale pure è stata decretata la nostra Medaglia d'oro al valore militare. Alla scuola di Morato crebbero altri valorosi piloti ed i cacciatori spagnoli andavano sempre più mietendo allori nelle incessanti scorribande aeree per i cieli contesi della lotta. Il capitano Garcia Morato ormai faceva scuola presso i cacciatori suoi connazionali, ed alla fine del 1936 aveva al suo attivo 13 vittorie aeree. Dove il suo valore ebbe la consacrazione ufficiale fu nei cieli di Arganda, presso Madrid, il 18 febbraio del 1937. Erano giunti ai rossi dall'estero molti apparecchi di nuova costruzione e sul fronte di Madrid per qualche settimana assicurarono al nemico un certo predominio dell'aria, il che gli permetteva di ostacolare le azioni aeree dei nazionali. Nella mattinata del 18 febbraio i bombardieri, scortati dai caccia nazionali, tra i quali trovavasi la squadriglia Morato, si videro attaccati da 26 caccia nemici. Dice testualmente il giudizio contradittorio, che precede la concessione della massima onorificenza militare spagnola — la Laureada di San Ferdinando — decretata per un complesso di eroiche gesta al capitano Morato il 12 maggio 1937 — senza la minima vacillazione il capitano Garcia Morato si lanciò contro un nemico tanto superiore di numero. Il suo esempio fu secondato dal resto delle nostre forze, il che generalizzò la lotta, nella quale furono abbattuti otto apparecchi rossi; nel pomeriggio dello stesso giorno ed in analoghe circostanze, il capitano Morato abbatté altri tre apparecchi».

Il complesso del lavoro svolto durante 32 mesi di lotta fornì l'aviazione spagnola di un personale volatore di primo ordine, che nella diuturna lotta affinò le proprie qualità professionali e temprò le proprie capacità guerriere, stabilendo così le premesse di una tradizione di gloria per la giovanissima arma aerea, che nel nuovo clima eroico alimentato dalla vittoria sta irrobustendo le sue fibre e potenziando le sue fonti di vita, per il suo sempre maggiore sviluppo. La somma dei sacrifici che l'aviazione spagnola dette al trionfo della causa nazionale nella guerra aerea vera e propria, è rappresentata da 121 caduti fra il personale navigante (piloti, osservatori, specializzati): soldati eroici della giovane arma, che dalle solitudini dei cieli di Spagna s'involarono a raggiungere l'immensa schiera di tutti coloro che, nelle sierre insanguinate, nei baluardi circondati, nelle carceri tetre, nelle *carreteras* deserte s'immolarono per dar vita alla nuova Spagna, o furono immolati dal marxismo bestiale, perché colpevoli di volere una patria più libera e più grande. Uno degli indici più significativi dell'efficienza di una forza aerea, come è noto, è dato dalla capacità di contrastare il libero uso del cielo alla forza aerea avversaria; questa capacità è rappresentata dalla specialità da caccia che, combattendo il nemico nel suo naturale elemento, facilita l'assolvimento dei vari compiti bellici alle altre specialità dell'aviazione. Anche in questo campo l'aviazione spagnola ha le sue glorie, che si sintetizzano in un numero di apparecchi abbattuti, che superano largamente la cifra di 300. Ora le forze aeree di Spagna, riunite sotto la direzione del Ministero dell'aria, si stanno alacremente assestando ed organizzando per i futuri sviluppi e compiti che potranno essere chiamate ad assolvere nell'interesse della loro patria.

Chiudendo questo libro, dobbiamo ricordare ancora una volta le leggendarie gesta della Medaglia d'Oro Ettore Muti — il capitano Gim, come lo conoscevano i legionari — instancabile e ardito volatore, durante tutta la durata del conflitto, e dire delle sue arditissime, eroiche gesta perché tutta la guerra aerea di Spagna ha avuto in Gim Valeri il pilota di audacia esemplare e di altissime virtù.
Magnifica la sua capacità tecnica accoppiata all'ardimento. Il compagno di Galeazzo Ciano nei cieli dell'Impero, ha agitato in mezzo alle giovani masse la fiamma ardente della fede mussoliniana ed ha portato ovunque la schiettezza del suo animo squisitamente romagnolo. Egli è stato sempre animato da una sola ambizione: combattere per l'Italia Fascista e per il Duce. Nei cieli della Spagna egli ha seguitato la lotta senza quartiere a quel nemico marxista che egli perseguì nelle contrade d'Italia. Alle gesta gloriose della lotta sullo Stretto di Gibilterra, al centrato bombardamento temerario dell'incrociatore *Cervantes,* ai cento e cento bombardamenti, egli ha aggiunto fino agli ultimi giorni della guerra gli allori superbi delle azioni con i vari stormi di «S. 79», colpendo il nemico ovunque con una serie a catena di azioni che resteranno nella storia della guerra aerea. La medaglia d'oro e le altre cinque medaglie d'argento al valore, le sue tre promozioni per merito di guerra, la promozione a Console Generale per merito di guerra conferitagli dal Duce, fanno di questo magnifico fascista una figura leggendaria della guerra di Spagna.
Ecco la splendida motivazione della Medaglia d'Oro al valor militare:
«Ufficiale superiore pilota, volontario fra i primi in una missione di guerra combattuta per l'affermazione dei più alti ideali fascisti, si distingueva per eccezionale attività bellica svolta con ammirevole fervore e con dedizione assoluta.
«Già distintosi precedentemente per valore e coraggio e sempre pronto ad ogni più rischiosa missione, eseguiva, nel periodo di un anno, oltre 160 azioni di bombardamento colpendo efficacemente il nemico nei più lontani e vitali obbiettivi.
«Più volte attaccato dai caccia avversari, durante l'espletamento della sua ardimentosa attività di bombardiere, impegnava, per tredici volte, aspro combattimento in condizioni di assoluta inferiorità, riuscendo sempre a respingere gli attacchi e concludendone due vittoriosamente, con l'abbattimento in fiamme di due apparecchi avversari».
Questo per il periodo aprile 1937-aprile 1938. Ma furono più di 400 le azioni a cui Muti prese parte, da alcune delle quali ritornò solo per quei miracoli che proteggono gli uomini audaci.
Le gesta di Ettore Muti, eroe di tre guerre, furono magistralmente descritte da Luigi Barzini jr. in un ampio articolo di giornale. Non si può non riprodurre qui la parte che riguarda le azioni di Spagna.
«Muti fu tra i primi — scrive il Barzini — ad arruolarsi nella Legione straniera, nel *Tercio,* agli ordini del colonnello Bonomi. Protese lo sbarco della truppa marocchina ad Algesiras, bombardando un incrociatore rosso che stava per attaccare il convoglio di trasporti nello stretto e affondando con una raffica di bombe un sommergibile rosso che tentava di silurare la più grossa delle navi di Franco. Lanciando spezzoni sul campo di aviazione di Malaga, di notte, scese a bassa quota per distruggere gli apparecchi a terra: venne colpito a un motore e gli si incendiò un'ala. Erano secondo pilota Carrera e puntatore Erasi. Fece un giro sul mare; spegnendo il motore colpito evitò il propagarsi dell'incendio, tornò sull'aeroporto nemico a bassa quota, scaricò gli spezzoni che gli restavano e rientrò in sede con due soli motori. Scrive il colonnello Ruggero Bonomi, il comandante dell'«Aviacion» del *Tercio* nel suo diario di guerra spagnola: «A bordo c'era anche un torero, Pasquale Marquez, che ci è stato assegnato come autista. Muti lo aveva fatto salire come passeggero clandestino e ora si diverte a fargli raccontare le impressioni del suo primo volo notturno e lo prende in giro per la giustificatissima paura passata». Ancora all'imbrunire attacca da solo l'incrociatore *Cervantes* che tenta di imbottigliare il porto di Huelva affondando due vecchi piroscafi. Era con lui il tenente Baldi. Dice Bonomi: «Nella notte lunare le navi nemiche vengono facilmente avvistate.

Sulla foce sono le siluranti e un poco più al largo l'incrociatore. Muti e Baldi si abbassano sull'incrociatore sino a 300 metri e sganciano metà del loro carico di bombe. Le vampate delle esplosioni illuminano le torri corazzate e lo spostamento d'aria investe l'apparecchio che fa un balzo pauroso. Ripreso l'assetto normale con una forte picchiata, il valoroso equipaggio ripete l'attacco sulla nave colpendola nuovamente. Muti è veramente un uomo in gamba e bravo il vecchio Baldi». Il *Cervantes* viene messo fuori combattimento. Dovette farsi rimorchiare al porto di Malaga e sbarcò gran numero di feriti e di morti. Gim Muti aggiunge, quando racconta l'avventura: «Anche il mio apparecchio, a dire la verità, venne messo fuori combattimento. Sparavano all'impazzata. Avevo fori da tutte le parti».
Una colonna entrava a Cordova. Aveva già occupato le prime case. La città non aveva difese sufficienti. Muti con un volo basso mollò un rosario di spezzoni lungo la colonna distruggendola. Entrarono a Cordova solo tre cavalli. Gli altri, uomini, cavalli, carriaggi, cannoni, erano dispersi, distrutti, sparpagliati.
Oviedo deve la sua salvezza alla squadriglia di Muti, che, con dieci bombardamenti, la liberò dall'assedio rosso. Muti fece il primo attacco di notte al campo di Los Alcazares dove erano cassoni di aeroplani russi ancora da montare, attraversando alla cieca la Sierra Nevada, coperta di neve, con l'ausilio delle carte «Michelin» per automobilisti. Muti prese parte a tutte le azioni contro Madrid. Ebbe diecine di combattimenti aerei con caccia nemici. Sul ponte di Alcañiz si trovò da solo con il suo apparecchio da bombardamento contro 18 caccia rossi che lo attaccarono. Era a 150 chilometri dal territorio nazionale. Accettò la sfida. Si liberò dagli assalitori, li mise in fuga abbattendone due. Lui stesso non riesce ancora a capire come non si incendiò il suo apparecchio: «Tornai con le vampate dei motori che lambivano la benzina che colava dai serbatoi» dice ricordando l'avventura. Era con lui a bordo il tenente Pucci. La battaglia durò 22 minuti che parevano anni.
Non si può raccontare la storia di 400 azioni di guerra aerea. Motori colpiti, feriti a bordo da riportare, terreno sconosciuto da riconoscere sulle carte «Michelin» prima che manchi la benzina, atterraggi fuori campo con il terrore di essere fra i rossi, incendi, duelli coi caccia nemici, gragnuola di *shrapnels* che si fanno sempre più vicini e sempre più precisi. Tutto succede a chi fa 400 azioni di guerra. Eppure questo non bastava a Muti. Volle persino provare il bombardamento strategico delle Baleari contro i porti del nemico, per qualche settimana. Quando faceva cattivo tempo e non si poteva volare, si metteva alla testa di un reparto a piedi, legionari o marocchini, e organizzava un colpo di mano. Una notte a Madrid andò a catturare un gramofono oltre le linee e lo offrì al suo colonnello. Due giorni dopo la presa di Madrid partì in aereo per l'Italia. C'era da andare in Albania».
Dopo circa tre anni di dura e pericolosissima guerra gli aquilotti legionari fecero ritorno in Patria. Fu il ritorno dei vittoriosi, con l'accoglienza trionfale dovuta ai vittoriosi. Genova possente accolse esultante i prodi cavalieri dell'aria sui cui petti brillavano i segni del valore. Dal comandante, il generale Monti — quarto dopo Bonomi, Velardi e Bernasconi — all'ultimo gregario, all'aviere meno conosciuto, tutti avevano l'espressione radiosa e inconfondibile di chi ha piena la coscienza di avere assolto alla propria missione.
I prodi volontari dell'aria ebbero il supremo onore di essere passati in rivista dal Sovrano, accompagnato dal Ministro Ciano, dal Segretario del Partito e dal capo dell'aviazione spagnola, il gen. Kindelan. Per le vie della Dominante sfilarono gli eroi in folti stuoli, con passo sciolto e lento, come saggiassero per la prima volta il suolo ritornando dal cielo mutevole; sfilarono tra l'esultante scrosciare degli applausi della popolazione che nei sopravvissuti, nei valorosi superstiti, rendeva omaggio al valore degli eroi caduti, degli altri valorosi periti nei cieli di Spagna per la sua liberazione.
Ma l'omaggio più aperto a tanta gloria lo fece il comandante delle forze aeree di Spagna, il generale Alfredo Kindelan, ai cui ordini i legionari aviatori combatterono per la causa di Franco e della civiltà latina. Lo fece in un articolo che tutti gli Italiani debbono leggere e che perciò riproduciamo nella sua integrità perché vale da solo ad inquadrare tutta la storia

dell'Aviazione Legionaria in Spagna.

«Affabilmente invitato dall'insigne Ministro della Aeronautica dell'Impero Italiano «Il Duce», accompagnai nel loro viaggio di ritorno i valorosi *aviatori legionari* a bordo del magnifico piroscafo *Duilio* attraverso le acque del Mediterraneo, divenuto un lago tranquillo sotto lo sfolgorante sole di estate.

Pensavo in quella occasione alle piacevoli emozioni che dovevano provare i miei prodi camerati italiani. È sempre bello il ritorno in Patria, sempre piacevole ritornare a vedere i propri cari; però questo godimento spirituale si centuplica, quando questa Patria è la metropoli di un magnifico Impero all'apogeo della sua potenza e quando ai propri cari ognuno si presenta aureolato di gloria, con la coscienza del dovere compiuto e la soddisfazione di aver prestato la propria opera al servizio di nobili ideali, in un avvenimento storico, che trascende la contingenza.

Potevano ben sentirla intensa questa soddisfazione gli aviatori italiani, che combatterono sotto il nome veramente romano di *legionari*. La loro storia per due anni e mezzo venne scritta col fuoco e fu santificata dal sangue generoso di quei piloti, che s'immolarono nei cieli azzurri della nobile Spagna.

Variata nella sua attuazione, ebbe essa nella sua varietà due caratteristiche costanti: il Valore e la Vittoria; l'uno e l'altra furono i suoi compagni inseparabili, fedeli e costanti durante tutte le operazioni di guerra dall'agosto del 1936 alla fine del marzo del 1939.

Non tenterò io oggi rievocare, neppure in forma molto sintetica, gli episodi gloriosi, che illuminarono di sé quella superba attività guerriera. E' ancora troppo presto per fare uno studio di carattere storico che, per essere obbiettivo e verace, necessita di una raccolta diligente di dati e di un maggior distacco di tempo dal periodo in cui i fatti si produssero e svilupparono.

Non posso fare a meno tuttavia di accennare ad alcune azioni particolarmente salienti, che meritano un esame particolare e che suggeriscono una meditazione serena e profonda.

Alla chiaroveggente intuizione ed all'esperienza politica di Mussolini bastarono pochi minuti per comprendere i motivi che stavano dalla parte di tutti noi che in Spagna ci sollevammo per impedire che la Patria nostra si disfacesse o divenisse schiava dei Sovieti, e per comprendere che era dovere morale di un grande Popolo e di un grande Statista tendere la mano generosa a Franco che, come Garibaldi per l'Italia, diceva della Spagna:

Io la vorrei deserta
E i suoi palagi infranti
Pria di vederla trepida
Sotto il baston del vandalo.

E poche ore anche bastarono, al Duce, per tradurre in azione il suo pensiero ed inviarci un aiuto efficace. Quest'azione fu tanto rapida che, prima che gli aviatori spagnoli cominciassero ad offrire alla Morte il tributo di sacrificio, che fu poi tanto oneroso e sensibile, trovarono sepoltura degna dell'Italia e della sua Aviazione nelle onde del *Mare Nostrum* equipaggi completi di «S. 81», ai quali l'ardore e la bravura non permisero di attardarsi a considerare se il raggio di azione degli apparecchi fosse largamente o strettamente sufficiente per intraprendere così lunga traversata sul mare.

Bisognava arrivare ed arrivar presto. L'Italia ed il Duce lo volevano.

Ed arrivarono i rimanenti equipaggi, aggruppati in una bella unità aerea agli ordini del Tenente colonnello Bonomi. Essi iniziarono immediatamente un'azione offensiva contro la Squadra rossa, che costituiva il più temibile nemico in quel delicato momento, data la pratica inesistenza della Squadra nostra.

Tra alcune fortunate ed efficaci azioni dei «Savoia», il Tenente colonnello Bonomi propose un'operazione del tutto originale, che doveva significare l'inizio di una nuova tappa nella lotta secolare delle Nazioni per il dominio del mare.

Affermava egli che la sua Unità aerea, rinforzata da quattro idrovolanti «Dornier Wal», da una mezza dozzina di vecchi «Breguet» e da un «Douglas» (era tutto ciò che noi tenevamo in Africa), poteva garantire la libertà assoluta nello Stretto di Gibilterra durante il tempo necessario, perché un convoglio marittimo, carico di uomini, munizioni e materiale bellico vario lo potesse attraversare senza rischi.

Accettata l'idea da parte del generale Franco, e caricati i piroscafi di cui disponevamo a Ceuta, si iniziò un servizio intensamente aggressivo contro la Squadra rossa, col risultato che un forte nucleo di essa dovette rifugiarsi a Malaga, mentre alcuni cacciatorpediniere si rifugiarono nei porti vicini, neutrali in apparenza, ma nemici nella sostanza: Tangeri e Gibilterra.

Quest'ultima circostanza fece fallire un primo tentativo fatto nella mattinata del 5 agosto del 1936 e fece differire l'operazione al pomeriggio, quando la nostra energica protesta costrinse ad uscire da Gibilterra un caccia ivi rifugiatosi e che, assieme alle altre navi da guerra che trovavansi a Tangeri, rappresentava un grande rischio per l'operazione progettata.

Questa fu alla fine compiuta con pieno esito sul far della sera, nonostante l'allungamento del convoglio che, causato dalle enormi differenze di velocità tra i piroscafi convogliati, rendeva assai difficile la protezione aerea.

Un caccia nemico accorse veloce per impedire il passaggio; avvistato in tempo però ed attaccato da vari apparecchi a bassa quota, doppiò la linea dei nostri piroscafi zigzagando, senza neppur tentare di lanciare i suoi siluri nell'attraversare la rotta del convoglio.

Non faccio commenti; li faccia il lettore e rifletta che il dominio del mare per alcune ore fu ottenuto col solo volo e col solo sforzo di una dozzina e mezzo di apparecchi, la metà dei quali dotata di efficienza militare quasi nulla.

Un altro episodio glorioso e molto spettacolare, soprattutto, fu quello che, alcuni giorni dopo, ebbe come protagonista *un solo apparecchio da caccia* «Cr. 32» nell'Isola di Majorca.

Era ivi sbarcato un piccolo esercito rosso, provvisto di adeguata aviazione ed avanzava verso la città di Palma, quando la Provvidenza volle che in una di quelle notti arrivasse alla baia di quella città un piroscafo italiano, che trasportava alcuni apparecchi da caccia.

La situazione critica di quei giorni e la frenesia di combattere, da cui erano animati i cacciatori italiani, fecero scaricare nella notte gli apparecchi, trasportarli sopra un aerodromo vicino e montarli; il pilota del primo apparecchio che trovavasi in condizioni di volare era così impaziente, che immediatamente si portò in volo e da solo in un'ora mise fuori combattimento tutti gli apparecchi rossi, abbattendone alcuni ed incendiandone altri sul suolo.

Operazione questa che, se più facile della precedente, nella sua fulmineità ebbe conseguenze enormi, perché costrinse i rossi a reimbarcarsi e ad abbandonare l'operazione di Majorca.

Quante imprese eroiche e di quanta efficacia debbo lasciare nella penna, e quante riflessioni esse suggeriscono!

Non voglio tuttavia omettere di citare il lavoro magnifico dell'Aviazione autonoma, che operò dalle Baleari contro i porti della costa mediterranea spagnola, Aviazione che ebbe a colpire circa duecento navi, tra navi da guerra e contrabbandiere, e ad affondarne più di un centinaio, nonostante che vari di quei porti disponessero di aguerriti mezzi di difesa attiva e passiva.

Fu dimostrato con quei bombardamenti che, contro un'Aviazione disciplinata e aggressiva, poco vale la difesa controaerea, che l'apparecchio arriva dove vuole, colpisce con le sue bombe ciò che si propone di colpire e che rientra incolume e con danni insignificanti alle sue basi.

E fu dimostrata inoltre, con quei bombardamenti, la economia delle munizioni impiegate; risultati così ingenti infatti vennero conseguiti in 1400 bombardamenti-apparecchio, cioè a dire con un'attività che può realizzare in soli due giorni l'attuale Aviazione Italiana.

Col mio fervido augurio che essa ottenga sempre brillanti risultati nell'avvenire; con l'affermazione che la accompagnerà, certamente, con lo spirito e con l'affettuoso anelito, l'Anima collettiva delle Ali Spagnole, se pure le circostanze non dispongano una più completa collaborazione; con l'autorità e la forza che mi conferisce la carica che ricopro per volontà di

Franco, mi accomiato dai miei valorosi collaboratori, dicendo loro: Aviatori Legionari! *Siate sempre come foste in Spagna»*.

A questo riconoscimento magnifico, un altro ancor più caro per i legionari dell'aria doveva far seguito poco dopo. Fu proprio il «Caudillo» a manifestare la sua grande ammirazione e la sua profonda riconoscenza per i piloti legionari, e questo egli volle fare a Galeazzo Ciano quando il Ministro degli Esteri compié nella Spagna liberata il suo trionfale viaggio quale inviato del Duce.

Le prodezze dell'Aviazione Legionaria che sono state ammirate in tutto il mondo testimoniano una cosa soprattutto, e cioè lo spirito altissimo di questi eroi che hanno lottato per la difesa della civiltà vincendo una difficilissima battaglia.

Tanta audacia e tanto eroismo trovano la loro spiegazione nel simbolo che li ha sempre accompagnati, dipinto sulla coda dell'apparecchio: e cioè l'«M». Questa lettera significa Mussolini, che non ha mai cessato, volando, di dare l'esempio e l'incitamento ai piloti fascisti. Nel lontano 1923 alla riunione al Grand Hôtel di Roma, ove accorsero tutti i dispersi aquilotti dell'aviazione italiana, il Duce disse alla fine del suo discorso: *«Lo spirito ve lo darò io!»*. E con lo spirito egli ha sempre dato l'esempio, ed ecco la ragione intima cha ha dato ai piloti legionari ed ai piloti fascisti il meraviglioso eroismo che in tutti i campi riscuote la giusta ammirazione del mondo.

Ed ora questi valorosi dell'aria sono stati chiamati a dare nuove prove e nuovo contributo per la Causa italiana nei cieli d'Europa e d'Africa. Lo spirito che li anima li vedrà, come sempre, vincitori.

I PILOTI LEGIONARI "ASSI"

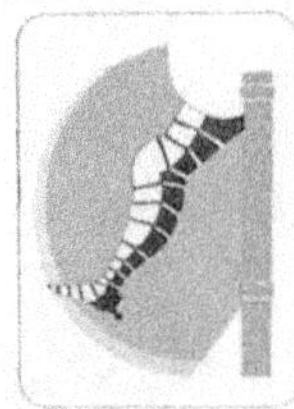  

S.Ten.	Bruno	MONTEGNACCO	15
Serg.Magg.	Guido	PRESEL	13
Cap.	Adriano	MANTELLI	10
Magg.	Corrado	RICCI	10
Col.	Guido	NOBILI	9
Ten.Col.	Carlo	ROMAGNOLI	9
Ten.Col.	Andrea	ZOTTI	9
Cap.	Enrico	DEGLI INCERTI	8
Cap.	Giuseppe	AURILI	7
Cap.	Giuseppe	MAJONE	7
Magg.	Guiseppe	CENNI	6
Ten.	Vittorino	DAFFARA	6
Col.	Armando	FRANÇOIS	6
	Ricardo Emo	SEIDL	6
M.llo	Gianlino "Giri"	BASCHIROTTO	5
T.Col.	Giuseppe	BAYLON	5
T.Col.	Ernesto "Gamba di Ferro"	BOTTO	5
Ten.	Gilberto	CASELLI	5
Cap.	Alfiero	MEZZETTI	5
T.Col.	Luigi	MONTI	5
T.Col.	Aldo	REMONDINO	5
		SECHARELLI	5
	Arrigo	TESSARI	5
	Nicola	ZOTTI	5
M.llo	Giuseppe	MOTTET	4
Ten.	Giuseppe	RUZZIN	4
Magg.	Roberto	FASSI	3
Magg.	Eugenio	LEOTTA	3
Magg.	Vittorio	MINGUZZI	3
M.llo	Raffaele	CHIANESE	2
Magg.	Mario	BONZANO	1
Cap.	Mario	VISINTINI	1

Eccezionale immagine di un cacciatore legionario che si salva con il paracadute "Salvator" azionato dal pilota ferito, non appena ha potuto alzarsi un poco dal posto di pilotaggio.

I "Sorci Verdi" volano sulla zona dell'Ebro fra gli strati di nuvole.

Bombardamento di due piroscafi rossi nel porto di La Selva il 25 gennaio 1939 dal tenente colonnello Seidl.

Le *"Cicogne"* del maggiore Lalatta in volo di bombardamento.

Le *"Cicogne"* rientrano al loro campo di Puig Moreno.

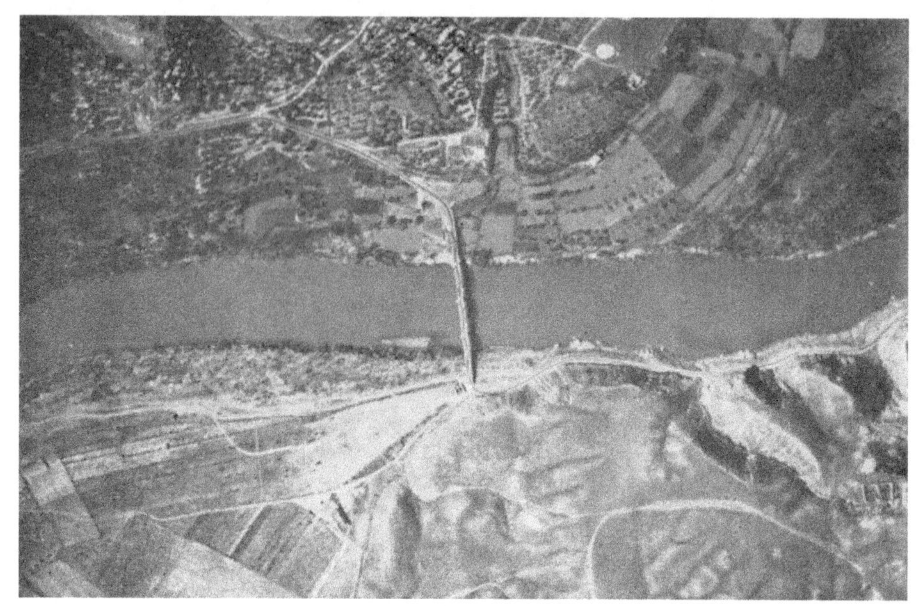

Un ponte sull'Ebro fotografato e centrato dagli "Sparvieri".

Le tre sorelle del glorioso gruppo "Asso di Bastoni". Avendo avuto i genitori trucidati dai rossi sono state durante tutto il conflitto le gentili e premurose assistenti dei baldi e invitti aviatori dell'"Asso di Bastoni".

I nomi del Duce e di Franco formati con le bombe dagli avieri.

I Breda 65 comandati dal maggiore Lalatta pronti per nuove azioni di assalto sul campo di Puig Moreno.

Le bombe dei Breda 65 usate per il tiro in picchiata.

I Breda 65 del capitano Fanali dopo l'azione, e sotto, Breda 65 pronti per nuove incursioni d'assalto.

LAMBERTO
FRUTTINI

MOSCHETTIERE DEL DUCE   OTELLO TESSITORE
PRESENTE!
CIELO DI SPAGNA – 7 APRILE 1938-XVI

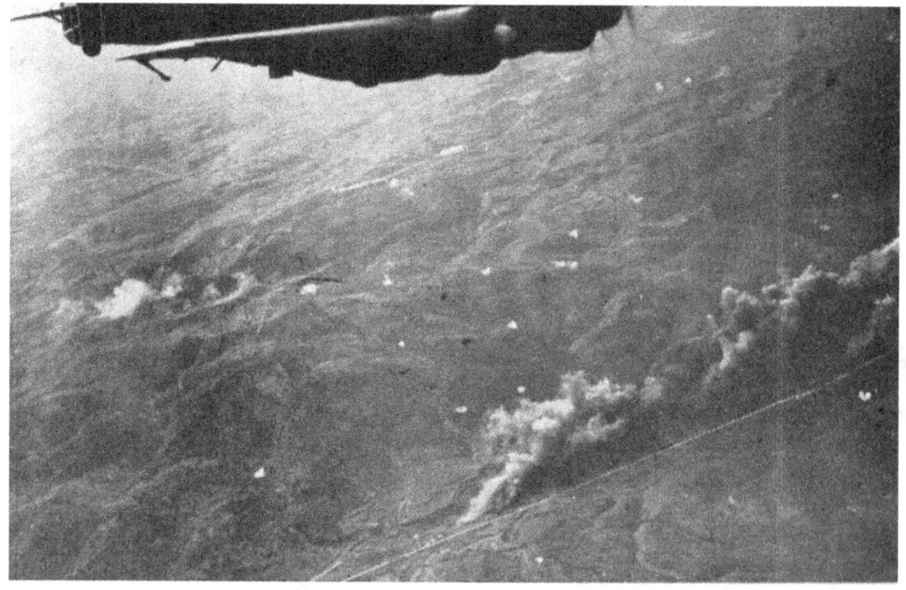

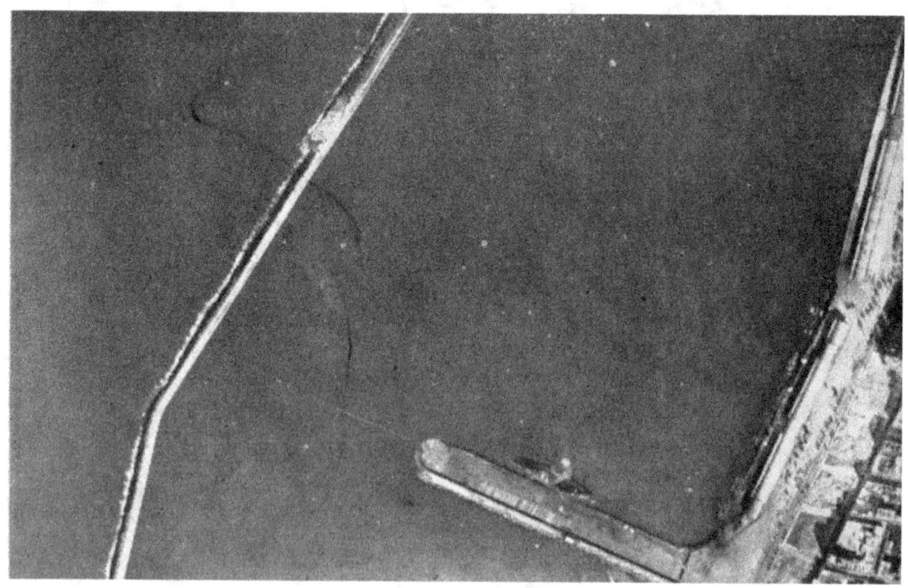

NIDO DELLE VERE CICOGNE INCAZZATE

Al Presidente del mal Governo Rosso dr. Juan NEGRIN, che già premuto alle reni dalle armi vittoriose dell'Ordine e della Giusti=
zia, si appresta a raggiungere sulle rive del Tami=
gi i giubilati Benes e Tafari, i Falchi delle Ba=
leari, qui giunti colla sola scorta del proprio
fegato, sfidando per l'ennesima, non ultima
volta, i cannoni francesi e gli aeroplani russi,
forniti in barba al non intervento, offrono a
titolo di perenne ricordo, insieme alla quo=
tidiana razione di tritolo, questo distinti=
vo, coniato in onore di coloro che rischiano
volontariamente la vita perchè la Spagna
di FRANCO, sulle orme dell'Italia di MUSSO=
LINI, trionfi per sempre sulla barbarie
bolscevica dei senzadio, dei senzapatria,
dei senzafamiglia.—

Amen

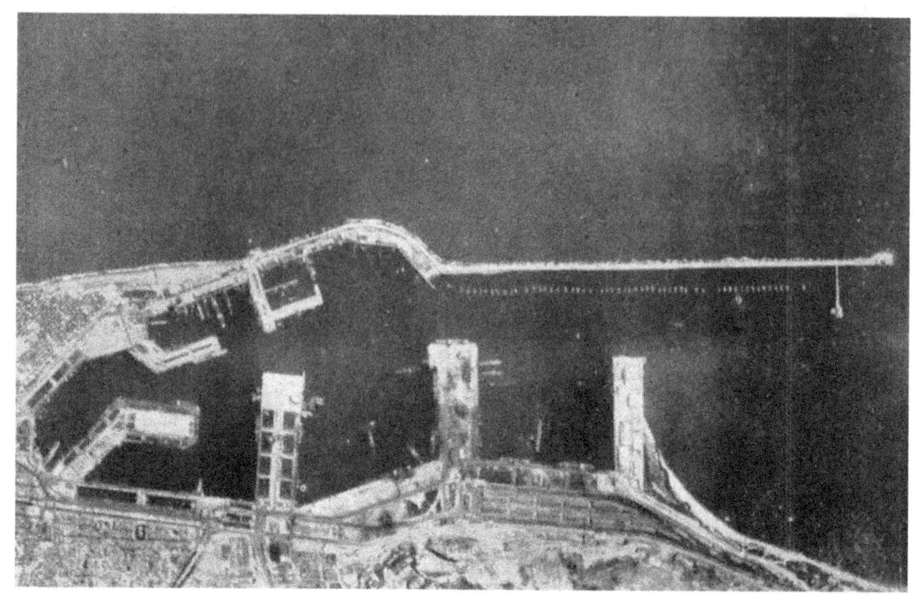

CoMANDo
12ª SQUADR. AR

AERODROMO
LUIGI NERIERI

VNA
LIBRE
GRAN
DE

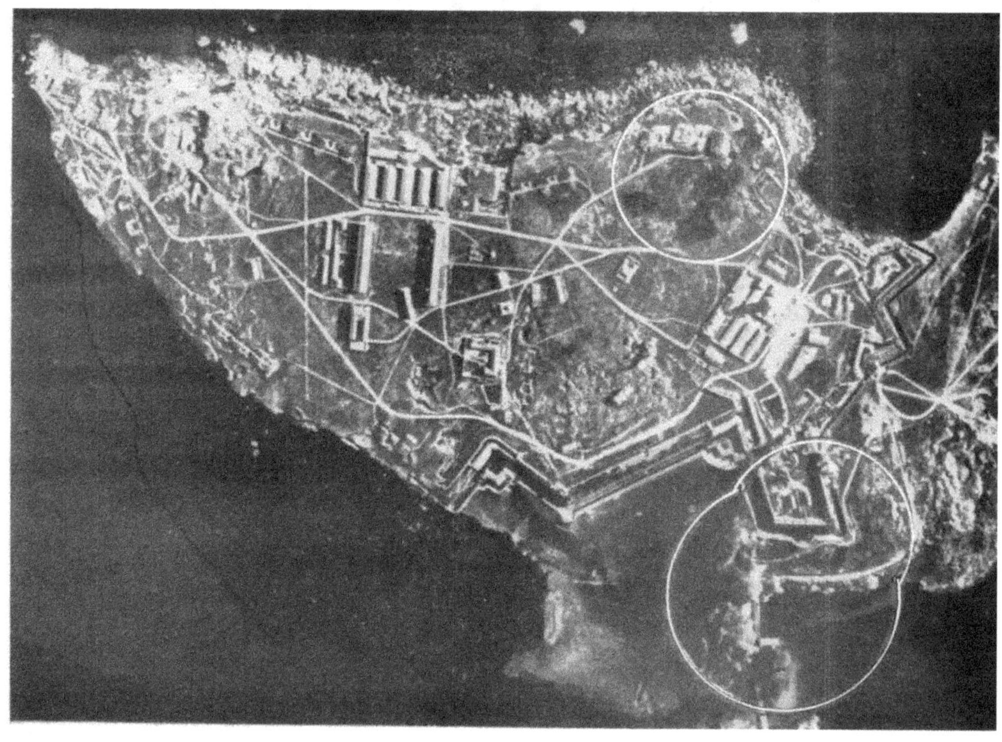

ALA L
LITTO

SOMMARIO

TITOLI PUBBLICATI - ALREADY PUBLISHING

www.ingramcontent.com/pod-product-compliance
Lightning Source LLC
LaVergne TN
LVHW060344200726
843507LV00005B/969